Franik · **Klausur- und Abiturtraining Chemie 2**

Roland Franik (Hrsg.)

Klausur- und Abiturtraining
Chemie 2

Protolysen
Strukturaufklärung
Stoffklassen
Synthesen
Indikatoren
Kunststoffe

Aulis Verlag Deubner & Co KG

Autoren:
Wolfgang Asselborn, Saarlouis
Roland Franik, Aspach
Renate Hermanns, Wuppertal
Michael Tausch, Syke
Magdalene von Wachtendonk, Erkelenz
Heinz Wambach, Neuss
Rudolf Weißenhorn, Münster

CIP-Titelaufnahme der Deutschen Bibliothek

Klausur- und Abiturtraining Chemie / Roland Franik (Hrsg.) —
Köln: Aulis-Verl. Deubner.
NE: Franik, Roland [Hrsg.]

2. Protolysen, Strukturaufklärung, Stoffklassen, Synthesen,
Indikatoren, Kunststoffe. — 1988
ISBN 3-7614-1081-6

Best.-Nr. 3002

Einbandgestaltung: Atelier Warminski, Büdingen
Druck und Bindung: Kahm GmbH, Frankenberg/Eder
ISBN 3-7614-1081-6

Inhaltsverzeichnis

Vorwort

Wir möchten allen Schülern im Kursunterricht und vor allem den angehenden Abiturienten geeignete und hilfreiche Trainingsmöglichkeiten zur besseren Vorbereitung auf die Klausuren in Chemie anbieten. Darüber hinaus werden Sie auch als Student in den Anfangssemestern einer naturwissenschaftlichen Fachrichtung mit Chemie als Beifach wertvolle Anregungen finden, um Ihr Schulwissen aufzufrischen und zu vervollständigen.

Die beiden Bände dieser Aufgabensammlung sind aus Klausurbeispielen entstanden. Einzelne Aufgaben stellen auch Zusammenfassungen von Klausurbeispielen dar. Die vorgestellten Beispiele sind also im Unterricht erprobt. Viele Schüler haben bei deren Bearbeitung schon gute Ergebnisse erzielt. Einzelne Trainingsbeispiele umfassen oft mehrere Inhaltsbereiche der Chemie. Eine Zuordnung zu bestimmten, eingegrenzten Kapiteln ist dabei nicht möglich und auch nicht beabsichtigt, da die Bearbeitung dieser Aufgaben einer zusammenfassenden Wiederholung dienen soll. Wir empfehlen Ihnen daher ganz besonders, nicht nur die Aufgabenüberschrift zur Kenntnis zu nehmen, sondern unbedingt auch die 'Voraussetzungen aus dem Unterricht' zum Einstieg in ein Klausurbeispiel und das ausführliche Sachregister zu studieren, wenn Sie sich auf ein bestimmtes Kursthema gezielt vorbereiten wollen.

Jede Aufgabe gliedert sich in fünf Teile: Die "*Voraussetzungen aus dem Unterricht*" ermöglichen Ihnen auch eine Einschätzung des individuell sehr unterschiedlichen Schwierigkeitsgrades. Um Mißerfolge und Frustrationen zu vermeiden, sollten Sie prüfen, ob alle fachlichen Voraussetzungen für einen erfolgreichen Lösungsversuch gegeben sind. Erst wenn Sie Erfolg haben, macht das Trainieren auch Spaß. Der eigentliche "*Aufgaben*"-Teil ist kurz und prägnant. Die Fragen beziehen sich auf den Kernbereich des chemischen Schulwissens.

Diese vorgegebene Gliederung liegt auch dem "*Lösungsvorschlag*" zugrunde, der durch Übersichtlichkeit, Verständlichkeit und Zielstrebigkeit die gestellten Fragen zu beantworten hilft. Obwohl es eigentlich selbstverständlich ist, wollen wir aber doch ausdrücklich darauf hinweisen, daß Sie zunächst eigene Lösungswege suchen sollen!

Die "*Weiterführenden Informationen*" weisen nicht nur auf mögliche Fehlerquellen hin. Hier werden Brücken zu Nachbarwissenschaften geschlagen, historische Hintergründe beleuchtet und Bezüge zu Anwendungen in Technik und Industrie sowie zum Umweltschutz hergestellt.

Den fünften Gliederungsabschnitt bildet die "*Literatur*". Hier wurde besonderer Wert auf leichte Beschaffbarkeit von Broschüren und Zeitschriften gelegt.

Auf Schul- und Stadtbibliotheken wird diesbezüglich besonders hingewiesen. Einschlägige Lehrbücher und wichtige Monographien, die beim Lösen der Aufgaben helfen, sind jeweils am Ende von Band I und Band II gesondert zusammengestellt. Nur spezielle problembezogene Literaturhinweise und besonders ausführliche Lehrbuch-Kapitel werden bei den einzelnen Aufgaben erwähnt.
Häufig wird das Lösen von Aufgaben mit "gemischten Gefühlen" betrachtet, weil es anstrengend und trocken ist. Wenn Sie unsere Hinweise beachten und anfangs das erforderliche Maß an Geduld und Ausdauer investieren, ist Ihnen früher oder später ein beglückendes Erfolgserlebnis sicher. Dies wünschen Ihnen die Autoren.

W. Asselborn
R. Franik
R. Hermanns
Dr. M. Tausch
Dr. M. von Wachtendonk
Dr. H. Wambach
Dr. R. G. Weißenhorn

Übersicht über die Aufgaben-Autoren

W. Asselborn: II/10, III/16, III/17, IV/21, IV/23, VI/28

R. Franik: I/7, III/12, III/13, III/18, VI/29, VI/30, VI/31

R. Hermanns: I/2, V/25

Dr. M. Tausch: I/4, I/8, II/9, II/11, III/14, IV/19, V/27, VI/32

Dr. M. von Wachtendonk: I/3, III/15, IV/20, IV/22, V/26

Dr. H. Wambach: I/6

Dr. R.G. Weißenhorn: I/1, I/5, IV/24

I. Verschiedene Typen chemischer Reaktionen

A. Protolysen

1. Protolysen und funktionelle Gruppen

Voraussetzungen aus dem Unterricht: Säure- und Base-Theorien nach *Arrhenius* und *Brönsted*; Protolyse, Dissoziationskonstante, Dissoziations-(Protolyse-)-grad, pH- und pK-Wert-Definition, (K_{Diss}/pK; K_s/pK_s); Elektronegativitätsskala nach *Pauling*; funktionelle Gruppen; Substituenten und Substituenten-Effekte in der organischen Chemie; chemisches Gleichgewicht, Massenwirkungsgesetz.

Aufgaben

Säuren und Basen sind eine sehr bedeutsame chemische Stoffklasse. Zur Charakterisierung der Eigenschaften dieser Stoffklasse benutzt man statische und funktionale (dynamische) Beschreibungsmodelle. Die statische Betrachtungsweise, z.B. die nach *Arrhenius*, geht von existierenden Teilchen in wäßriger Lösung aus. Danach enthalten Säuren in wäßriger Lösung Wasserstoff-Ionen und Basen Hydroxid-Ionen. Die dynamische (funktionale) Beschreibungsmethode, z.B. die nach *Brönsted* und *Lowry*, gibt Antwort darauf, wie es zur Bildung sauer und basisch reagierender Lösungen kommt. Entsprechend definiert *Brönsted* Säuren als Protonen-Donatoren und Basen als Protonen-Akzeptoren. Die Stärke von Säuren und Basen in wäßriger Lösung kann über die Konzentration an Wasserstoff- und Hydroxid-Ionen ausgedrückt werden. Sie hängt im weitesten Sinne von der chemischen "Umgebung" ab. Im nachstehenden Falle kann dieser Sachverhalt an der allgemeinen Reaktion

$$\text{R-COOH} + H_2O_{(l)} \underset{aq}{\overset{aq}{\rightleftharpoons}} \text{R-COO}^-_{(aq)} + H_3O^+_{(aq)}$$

erörtert werden. In welcher Weise die Säurestärke und damit auch das angegebene Reaktionsgleichgewicht von dem Rest 'R' abhängen kann, sollen Sie bei der Lösung der folgenden Aufgaben herausarbeiten.

1. Gegeben sind die Dissoziationskonstanten der folgenden Säuren:

Gruppe	Nr.	Säure	K_{Diss}	$-\lg K_{Diss}$ = pK
	1	H-COOH	$1{,}77\cdot10^{-4}$	4,25
	2	CH_3-COOH	$1{,}76\cdot10^{-5}$	4,75
A	3	CH_3-CH_2-COOH	$1{,}34\cdot10^{-5}$	4,87 (Ausn.) ?
	4	CH_3-CH_2-CH_2-COOH	$1{,}54\cdot10^{-5}$	4,81
	5	CH_3-CH_2-CH_2-CH_2-COOH	$1{,}51\cdot10^{-5}$	4,82

Fortsetzung Seite 2

Gruppe	Nr.	Säure	K_{Diss}	$-\lg K_{Diss} = pK$
	1	CH_3-COOH	$1{,}76 \cdot 10^{-5}$	
	2	CH_2F-COOH	$2{,}18 \cdot 10^{-3}$	
B	3	CH_2Cl-COOH	$1{,}40 \cdot 10^{-3}$	
	4	CH_2Br-COOH	$1{,}38 \cdot 10^{-3}$	
	5	CH_2I-COOH	$0{,}75 \cdot 10^{-3}$	
	1	CH_3-COOH	$1{,}76 \cdot 10^{-5}$	
C	2	CH_2Cl-COOH	$1{,}40 \cdot 10^{-3}$	
	3	$CHCl_2$-COOH	$5{,}14 \cdot 10^{-2}$	
	4	CCl_3-COOH	$2{,}00 \cdot 10^{-1}$	
	1	CH_3-CH_2-CH_2-COOH	$0{,}15 \cdot 10^{-4}$	
D	2	CH_3-CH_2-CHCl-COOH	$14{,}00 \cdot 10^{-4}$	
	3	CH_3-CHCl-CH_2-COOH	$0{,}89 \cdot 10^{-4}$	
	4	CH_2Cl-CH_2-CH_2-COOH	$0{,}30 \cdot 10^{-4}$	

1.1 Stellen Sie diese hier aufgeführten Sachverhalte in einer geeigneten Form graphisch dar, und wählen Sie statt der hier angegebenen K_{Diss}-Werte die *pK*-Werte. Nehmen Sie ferner für die graphischen Darstellungen die Daten von Punkt 1.1.1 und 1.1.2 zu Hilfe.

Mögliche Darstellungen:

Gruppe A: *pK* als Funktion der Anzahl der -CH_2-Gruppen in R der Säuren R-COOH.

Gruppe B: *pK* als Funktion der Abstände d(C-X) (X = H; F, Cl, Br und I) der Säuren X-CH_2-COOH und als Funktion der Elektronegativität von X.

Gruppe C: *pK* als Funktion der Anzahl n in $CH_{3-n}Cl_n$-COOH.

Gruppe D: *pK* als Funktion der Stellung (α, β, γ) in den substituierten Buttersäuren und pH als Funktion der Stellung (vergleiche Aufgabe 1.3).

1.1.1 Mittlere Atomabstände für Kohlenstoff-Halogenbindungen und Kohlenstoff-Wasserstoffbindungen, *d*(C-X):

X	Abstand *d*(C-X) in pm
F	139
Cl	176
Br	191
I	212
H	109

1.1.2 Die Elektronegativitäten (EN) der Halogen-Atome und des Wasserstoff-Atoms:

X	EN
F	4
Cl	3
Br	2,8
I	2,5
H	2,1

1.2 Welche Aussagen können Sie aus Ihren graphischen Darstellungen im Hinblick auf die in Wasser ablaufenden Protolyse-Reaktionen gewinnen? Welcher Zusammenhang besteht zwischen Säurestärke und Molekülaufbau (-struktur)? Formulieren Sie Ihre Aussagen einzeln!

1.3 Ermitteln Sie die pH-Werte für die Säuren der Gruppe D (1 - 4) bei einer Konzentration $c = 0{,}01\ mol \cdot l^{-1}$, und wählen Sie auch hier für einen zusammenfassenden Vergleich der Ergebnisse eine geeignete graphische Darstellung.

1.4 Eine Salzsäure der Konzentration $c = 0{,}01\ mol \cdot l^{-1}$ zeige den pH-Wert von 2. Vergleichen Sie die hierbei vorliegende H^+-Ionen-Konzentration mit einer Buttersäure von $c = 0{,}01\ mol \cdot l^{-1}$. Zu welchem Schluß kommen Sie?

1.5 Welche generalisierenden Aussagen sind nach der Bearbeitung der Teilaufgaben 1.1 bis 1.4 möglich?

Lösungsvorschlag:

Zu 1) Die Aufgaben können nacheinander bearbeitet werden. Zur Arbeitsersparnis tragen Sie die mit Hilfe Ihres Taschenrechners ermittelten pK-Werte in die unter Punkt 1 aufgeführte Tabelle (pK-Spalte) ein. Über dieser Spalte finden Sie auch die pK-Definition.

Zu 1.1) Damit die Säuren der Gruppen A bis D zusammenfassend betrachtet werden können, erscheint es zweckmäßig, den einzelnen Säuregruppen allgemeine Formeln zuzuordnen:

Gruppe A: $H\text{-}(CH_2)_n\text{-}COOH$ mit n = 0, 1, 2, 3 und 4.

Gruppe B: $X\text{-}CH_2\text{-}COOH$ mit X = H; F, Cl, Br, I.

Gruppe C: $CH_{3-n}Cl_n\text{-}COOH$ mit n = 0, 1, 2, 3.

Gruppe D: $\overset{\gamma}{C}H_2X\text{-}\overset{\beta}{C}HX\text{-}\overset{\alpha}{C}HX\text{-}COOH$ (X = H oder Cl und mit Cl in den drei voneinander unterscheidbaren Stellungen α, β, γ).

Folgende graphische Darstellungen erscheinen sinnvoll:

Gruppe A: pK-Werte der Säuren $H\text{-}(CH_2)_n\text{-}COOH$ als Funktion von n.

Gruppe B: 1. pK-Werte der Säuren $X\text{-}CH_2\text{-}COOH$ als Funktion von d(C-X) und
2. pK-Werte der Säuren $X\text{-}CH_2\text{-}COOH$ als Funktion der Elektronegativitäten von X.

Gruppe C: pK-Werte der Säuren $CH_{3-n}Cl_n\text{-}COOH$ als Funktion von n.

Gruppe D: 1. pK-Werte der Säuren D1 bis D4 als Funktion der Art und der Stellung des Substituenten im Carbonsäure-Molekül.
2. pH-Werte der Säuren D1 bis D4 für c(Säure) = 0,01 $mol \cdot l^{-1}$ als Funktion der Art und der Stellung des Substituenten (Aufgabe 1.3) im Carbonsäure-Molekül.

pK-Werte	3,75	4,75	4,87	4,81	4,82	4,75	2,66	2,85	2,86	3,12
Säure	A1	A2	A3	A4	A5	B1	B2	B3	B4	B5

pK-Werte	4,75	2,85	1,29	0,70	4,82	2,85	4,05	4,52
Säure	C1	C2	C3	C4	D1	D2	D3	D4

Zu 1.2) Im Hinblick auf die in Wasser ablaufende Reaktion

$$R\text{-}COOH + H_2O_{(l)} \underset{-aq}{\overset{aq}{\rightleftharpoons}} R\text{-}COO^-_{(aq)} + H_3O^+_{(aq)} \qquad (1.2)$$

mit $K = \dfrac{c(R\text{-}COO^-)\cdot c(H_3O^+)}{c(R\text{-}COOH)\cdot c(H_2O)}$ bzw.

$$K \cdot c_{H_2O} = K_{Diss} = \frac{c(R\text{-}COO^-)\cdot c(H_3O^+)}{c(R\text{-}COOH)} \mathrel{\widehat{=}} K_s \qquad (1.2.1)$$

können aus den Abbildungen 1 - 6 die nachfolgenden Aussagen gewonnen werden.

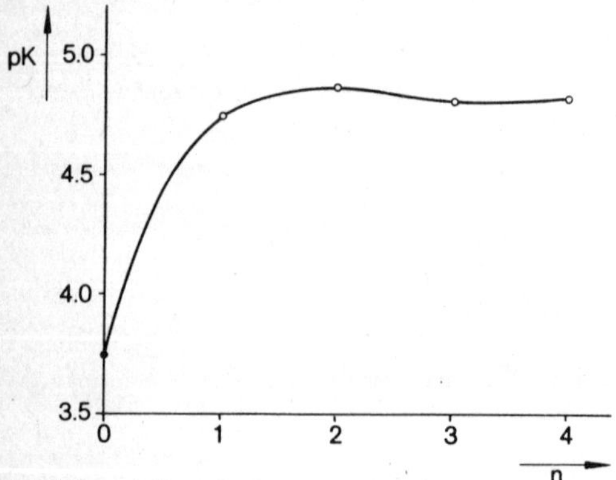

Abbildung 1/Gruppe A

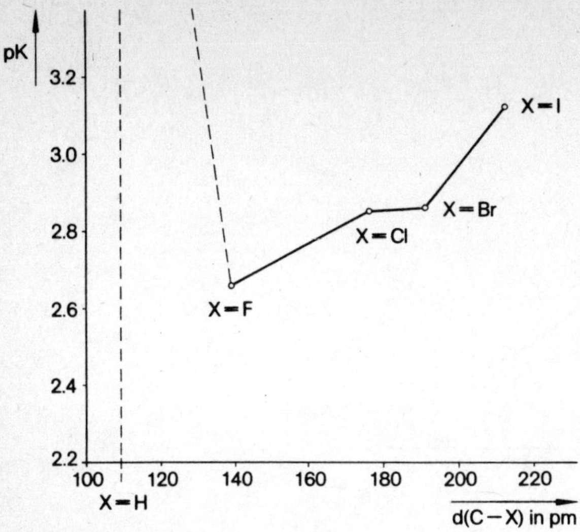

Abbildung 2/Gruppe B

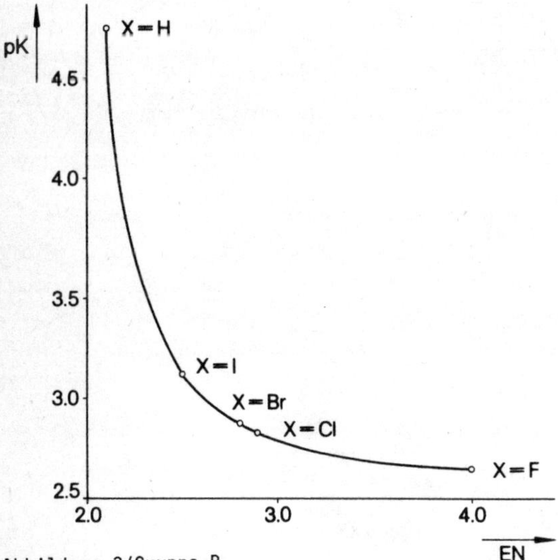

Abbildung 3/Gruppe B

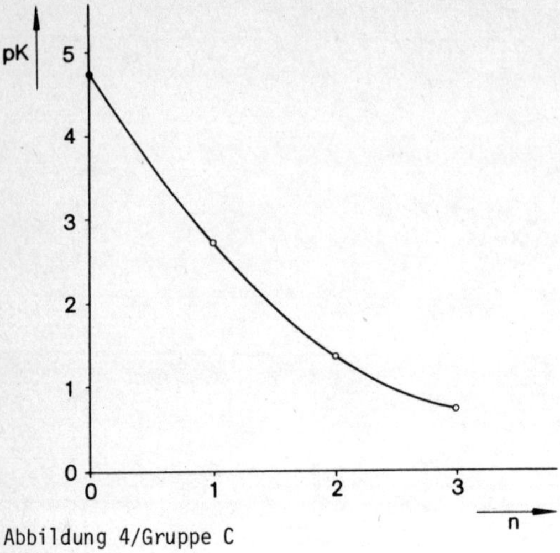

Abbildung 4/Gruppe C

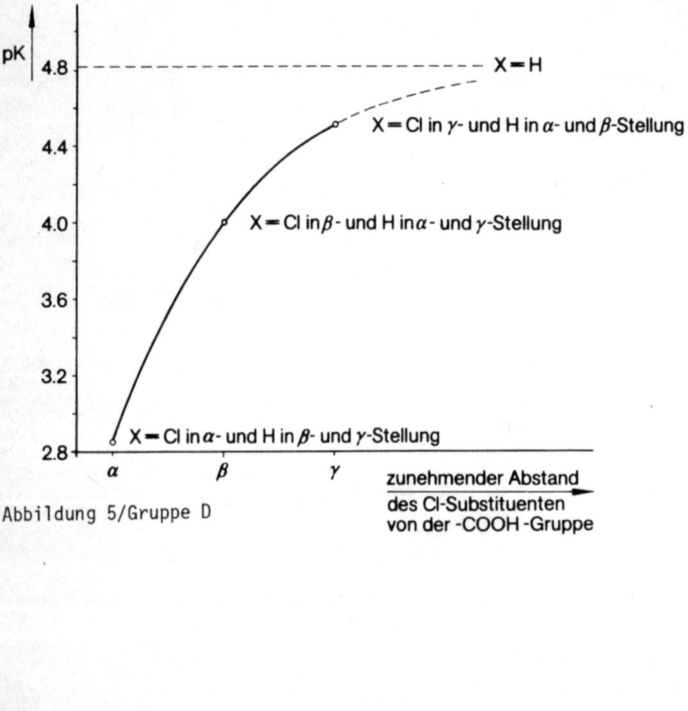

Abbildung 5/Gruppe D

Zu Abbildung 1/Gruppe A) Beim Übergang von Ameisensäure (n = 0) zu den homologen Alkylcarbonsäuren (n = 1, 2, 2, 4) steigt der pK-Wert um eine Einheit, das heißt, diese Säuren sind bedeutend schwächer als Ameisensäure. Die pK-Werte der Alkylcarbonsäuren pendeln um den Wert 4,8; diese Säuren sind also annähernd gleich stark. Unverständlich erscheint es, daß Propansäure (n = 2) schwächer sein soll als Butan- und Pentansäure (n = 3 und 4), da erwartet wird, daß die Säuren mit länger werdender Alkylkette schwächer werden.

Zu Abbildung 2/Gruppe B) Je größer der mittlere Bindungsabstand *d*(C-X) mit X = F, Cl, Br, I ist, desto schwächer ist die Säure. Dieser systematische Gang scheint aber ein typisches Gruppenmerkmal zu sein, da für X = H die Säure sehr viel schwächer ist als für X = Halogen, obwohl der mittlere Bindungsabstand *d*(C-H) mit *d*(C-H) = 109 pm noch kleiner ist als der Abstand *d*(C-F) = 139 pm. Für einen zusammenfassenden Vergleich aller (auch der unsubstituierten) Säuren ist diese Darstellung ungeeignet.

Zu Abbildung 3/Gruppe B) Mit zunehmender Elektronegativität von X nimmt der pK-Wert der Säuren X-CH_2-COOH ab; je größer die Elektronegativität des Substituenten X, desto stärker ist die Säure. Das Gleichgewicht

$$X\text{-}CH_2\text{-}C{\overset{\displaystyle O}{\underset{\displaystyle O\text{-}H}{\lessgtr}}} + H_2O_{(l)} \underset{-aq}{\overset{aq}{\rightleftharpoons}} [X\text{-}CH_2\text{-}C{\overset{\displaystyle O^-}{\underset{\displaystyle O}{\lessgtr}}}]_{(aq)} + H_3O^+_{(aq)}$$

kann also über den Substituenten X beeinflußt werden: es wird nach rechts verlagert, wenn X ein Substituent mit hoher Elektronegativität ist, der infolge seines starken Elektronenziehvermögens lockernd auf die O-H-Bindung im Essigsäure-Molekül wirkt; ist X ein Substituent mit kleiner Elektronegativität, so wirkt sich dies stabilisierend auf die Ausgangsprodukte aus, weil die O-H-Bindung relativ weniger polarisiert wird. Grundsätzlich müßte durch die Einführung geeigneter Substituenten in die Methylgruppe der Essigsäure eine schwache Säure in eine starke überführt (vergleiche Abbildung 4) werden können.

Zu Abbildung 4/Gruppe C) Essigsäuren der allgemeinen Zusammensetzung $CH_{3-n}Cl_n$-COOH werden umso stärker, je größer n ist, d.h. je mehr Wasserstoff-Atome der Methylgruppe durch Chlor-Atome ersetzt werden. Das Beispiel zeigt, daß durch eine gezielte Veränderung am Essigsäuregrundgerüst, der Übergang von einer schwachen Säure (n = 0) zu einer starken Säure (n = 3) vollzogen werden kann. Mit zunehmendem Substitutionsgrad flacht die gleichgewichtsverlagernde und damit säureverstärkende Wirkung ab. Nach den Erkenntnissen, die aus Abbildung 3 gewonnen werden konnten, kann gefolgert werden, daß von den Halogenessigsäuren die Trifluoressigsäure die stärkste Säure sein müßte.

Zu Abbildung 5/Gruppe D) Der Substituenteneinfluß auf die Säurestärke ist groß, wenn sich der Cl-Substituent am α-C-Atom befindet, er wird schwächer und verliert an Bedeutung, je weiter entfernt er von der Säuregruppe ist. Der relativ stark elektronegative Cl-Substituent wirkt am γ-C-Atom kaum noch säurestärkeerhöhend. Der Einfluß des Chlorsubstituenten in α-Position auf die Säurestärke ist so vorherrschend, daß Monochloressigsäure und α-Monochlorbuttersäure denselben p*K*-Wert haben, dies ist bei den unsubstituierten Säuren nicht der Fall.

Zu Abbildung 6/Gruppe D) Der pH-Wert bei monochlorsubstituierten Buttersäuren steigt (H^+-Ionen-Konzentration fällt) und nähert sich dem Wert der unsubstituierten Säure, je weiter der Substituent von der -COOH-Gruppe entfernt ist (vergleiche Abbildung 5). Am α-C-Atom ist der Substituenteneinfluß jedoch so dominierend, daß die pH-Werte der unsubstituierten und der α-Chlorsubstituierten sich um eine Einheit (die H^+-Ionen-Konzentration um den Faktor 10) unterscheiden.

Zu 1.3) Die Berechnung der Wasserstoff-Ionen-Konzentration (des pH-Wertes) erfolgt über die Gleichgewichts- beziehungsweise Säure-Konstanten (K_s) der Säuren D1 bis D4. Vereinfachend wird im Ausdruck für die Gleichgewichtskonstante für

$$R\text{-}COO^- \mathrel{\hat{=}} A^-,\ R\text{-}COOH \mathrel{\hat{=}} HA \text{ und für } H_3O^+ \mathrel{\hat{=}} H^+$$

geschrieben; damit ergibt sich für

$$K_s = \frac{c(A^-)\cdot c(H^+)}{c(HA)} \quad \text{(vergleiche Ausdruck 1.2.1.)}$$

Da K_{Diss} und c(HA) bekannt sind, kann $c(H^+)$ berechnet werden:

Da die Bildung von Protonen nur möglich ist, wenn gleichzeitig auch A^--Teilchen gebildet werden, gilt immer:

$$c(H^+) = c(A^-) \qquad (1)$$

Daraus folgt für

$$K_s = \frac{c(A^-)\cdot c(H^+)}{c(HA)} = \frac{c^2(H^+)}{c(HA)}; \qquad (2)$$

$$c^2(H^+) = K_{Diss}\cdot c(HA) \qquad (3)$$

$$c(H^+) = K_s\cdot c(HA); \qquad (4)$$

in logarithmischer Schreibweise lautet dieser Ausdruck:

$$\lg c(H^+) = \frac{1}{2}\lg K_s + \frac{1}{2}\lg c(HA);$$

unter Berücksichtigung der Definitionen $pH = -\lg c(H^+)$ und $pK = -\lg K_s$ ergibt sich dann:

$$-\lg c(H^+) = pH = -\frac{1}{2}\lg K_s - \frac{1}{2}\lg c(HA) \qquad > \qquad (5)$$

$$\underline{pH = \frac{pK_s}{2} - \frac{1}{2}\lg c(HA)} \qquad (6)$$

Im vorliegenden Fall (D1 bis D4) ist die Konzentration der Säure stets c(Säure) $= 10^{-2}\ mol\cdot l^{-1}$. Durch Einsetzen für $c(HA) = 10^{-2}\ mol\cdot l^{-1}$ kann der pH-Wert der Säuren D1 bis D4 wie folgt berechnet werden:

$$pH(D1 \rightarrow D4) = \frac{pK_s(D1 \rightarrow D4)}{2} - \frac{1}{2}\lg 10^{-2} \quad >$$

$$= \frac{pK_s(D1 \rightarrow D4)}{2} - \frac{1}{2}\cdot(-2) \quad >$$

$$\underline{pH(D1 \rightarrow D4) = \frac{pK_s(D1 \rightarrow D4)}{2} + 1}$$

Einzelergebnisse:

$$\underline{pH(D1)} = \frac{pK_s(D1)}{2} + 1 = \frac{4,82}{2} + 1 = \underline{3,41}$$

$$\underline{pH(D2)} = \frac{pK_s(D2)}{2} + 1 = \frac{2,85}{2} + 1 = \underline{2,43}$$

$$\underline{pH(D3)} = \frac{pK_s(D3)}{2} + 1 = \frac{4,05}{2} + 1 = \underline{3,03}$$

$$\underline{pH(D4)} = \frac{pK_s(D4)}{2} + 1 = \frac{4,52}{2} + 1 = \underline{3,26}$$

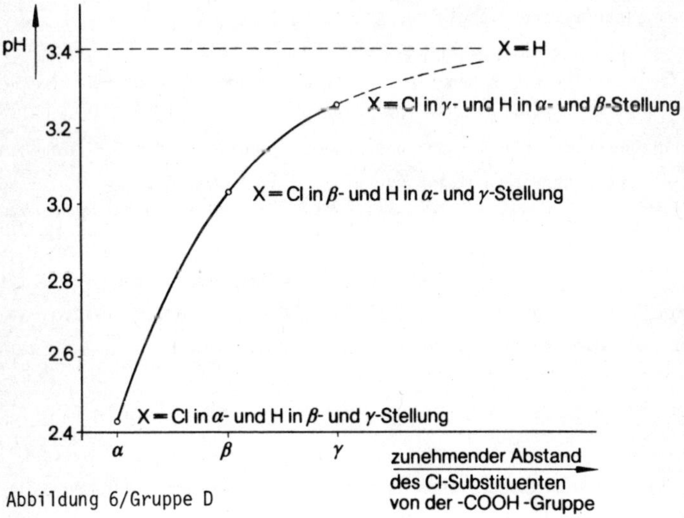

Abbildung 6/Gruppe D

Zu 1.4) Wenn eine Salzsäure der Konzentration $c(HCl_{aq}) = 0,01\ mol\cdot l^{-1}$ einen pH-Wert von pH = 2 = $-\lg c_{H^+}$ zeigt, dann bedeutet dies, daß diese Säure bei dieser Konzentration vollständig dissoziiert vorliegt, da die H_3O^+-Ionen-Konzentration (Cl^--Ionen-Konzentration) gleich der Konzentration der vorgelegten Säure-Konzentration ist. Dies ist charakteristisch für eine starke Säure. Nach Aufgabe 1.3 beträgt der pH-Wert einer Buttersäure mit c(Buttersäure) =

$0{,}01\ mol \cdot l^{-1} \triangleq pH = 3{,}41$. Dieser pH-Wert entspricht einer H_3O^+-Ionen-Konzentration von $c(H_3O^+) = 10^{-3,41}\ mol \cdot l^{-1} = 0{,}000389\ mol \cdot l^{-1}$; dies bedeutet, daß beispielsweise in einem Liter Lösung von den vorgelegten 0,01 mol Buttersäure nur 0,000389 mol, also 3,89 %, in Ionen zerfallen vorliegen, während 0,009611 mol (96,11 %) undissoziiert als Buttersäure-Moleküle vorhanden sind. Dieses Verhalten ist charakteristisch für schwache Säuren. Bei gleicher vorgegebener Gesamtsäurekonzentration von c(Säure) = $0{,}01\ mol \cdot l^{-1}$ enthält Salzsäure 25,7 mal mehr sauer reagierende H_3O^+-Ionen als Buttersäure $\left(\frac{0{,}01\ mol \cdot l^{-1}}{0{,}000389\ mol \cdot l^{-1}}\right)$.

Zu 1.5) Nach der Bearbeitung der Punkte 1.1 bis 1.4 wird deutlich, daß das Gleichgewicht

$$R\text{-}COOH + H_2O_{(l)} \underset{-aq}{\overset{+aq}{\rightleftharpoons}} R\text{-}COO^-_{(aq)} + H_3O^+_{(aq)}$$

ganz erheblich von der chemischen 'Umgebung', d.h. von dem an die Carbonsäuregruppe gebundenen Rest 'R' abhängt (vergleiche Abbildungen 1 bis 6). Dieser kann in Gegenwart von Wasser maßgebenden Einfluß auf die Stabilität der O-H-Bindung in der -COOH-Gruppe haben. Die Zusammensetzung von 'R' ist offenbar dafür verantwortlich, ob eine Carbonsäure als eine schwache, mittelstarke oder starke Säure eingestuft wird (vergleiche Abbildung 4).
Enthält 'R' einen stark elektronegativen Substituenten, wie z.B. Fluor oder Chlor, führt dies infolge des hohen Elektronenziehvermögens dieser Substituenten bevorzugt zu einer Lockerung oder zur Aufhebung der O-H-Bindung in der -COOH-Gruppe; dadurch wird die Bildung des $R\text{-}COO^-_{(aq)}$-Anions und damit die rechte Seite des Gleichgewichts begünstigt (vergleiche Abbildung 3).
Die Säurestärke kann durch die Art (vergleiche Abbildungen 1 und 3), die Anzahl (vergleiche Abbildung 4) sowie durch die Stellung (vergleiche Abbildungen 5 und 6) eines Substituenten in 'R' beeinflußt werden. pH-Messungen eignen sich, wie dies Abbildung 6 darlegt, auch dazu, (Stellungs-)Isomere zu unterscheiden und somit Aussagen über die Struktur einer Verbindung zu machen.

Weiterführende Informationen:

Rückblickend erscheint so der Begriff 'Säure' recht komplex und viel differenzierbarer als dies die Umschreibung 'schmeckt sauer' erahnen läßt. An der Aufhellung des Begriffes 'Säure' haben in der Vergangenheit viele Generationen von Chemikern gearbeitet, und zwar in Form von unzählbaren experimentellen Untersuchungen und neuen Synthesen in Forschungslaboratorien in aller Welt. Neue Untersuchungsbefunde kommen täglich hinzu. Liegt genügend (ab-)gesichertes Untersuchungsmaterial vor, faßt man dies zusammen. Gelegentlich führen solche Zusammenfassungen zu neuen Sichtweisen, manchmal zu neuen Theorien - zu 'Säure-Base-Theorien'. Einen Teil solcher Zusammenfassungen finden Sie dann in Lehrbüchern und einen wesentlichen Teil davon haben Sie, wenn Sie versucht haben, die voraufgegangenen Aufgaben selbst durchzulösen, bearbeitet.

Sollten Sie ein Interesse daran haben, noch mehr Hintergrundwissen über Säuren (und Basen) zu erfahren, können Sie folgenden Fragen nachgehen:

1. Statt 'Konzentration' benutzt man in der wissenschaftlichen Diskussion 'Aktivitäten'. Versuchen Sie zu ergründen, welcher Unterschied zwischen den Begriffen 'Konzentration' und 'Aktivität' besteht.

2. Bei genauerer Betrachtung beschreibt der Ausdruck

$$K_s = \frac{c(H^+) \cdot c(A^-)}{c(Ha)}$$

die tatsächlichen Verhältnisse nur angenähert. Welche Vereinfachungen wurden hier vorgenommen? Unter welchen Bedingungen erscheint diese Vereinfachung gerechtfertigt, unter welchen nicht?

3. Bei der Angabe von Gleichgewichts- oder Dissoziationskonstanten führt man häufig eine Temperaturangabe mit an. Wieso ist dies wichtig?

4. Bei der Darstellung in den Abbildungen 5 und 6 wurde die x-Achse willkürlich in gleich weit voneinander entfernte Abstände unterteilt, die einzelnen Abschnitte wurden den verschiedenen Stellungen des Substituenten in α-, β- und γ-Position zugeordnet. Diese Darstellungsweise ist anfechtbar. Versuchen Sie zu erfahren, warum diese Darstellungsweise problematisch sein kann.

5. Informieren Sie sich über die historische Entwicklung des Säure-Base-Begriffs!

6. Welche Säure meint man, wenn man von 'Magensäure' spricht? Welcher ungefähre pH-Wert herrscht unter normalen Bedingungen in einem gesunden Magen eines Erwachsenen?

7. Welche Vorstellung verbinden Sie mit dem Begriff Kohlensäure? Was wissen Sie über die Eigenschaften der Kohlensäure?

8. Eine Reihe von Metallen 'lösen' sich in Säuren, jedoch nicht in allen Säuren. Manche Metalle sind säure'resistent' oder werden nur unter sehr extremen Bedingungen angegriffen. Gehen Sie dieser Problematik nach!

9. Was versteht man unter einem 'I-Effekt'?

Wenn Sie auch diesen Fragen noch nachgehen, tun Sie das, was Wissen schafft. Wenn Sie dabei systematisch und gewissenhaft vorgehen, arbeiten Sie in einer Wissenschaft. Wenn Sie noch weitere Fragen zum Thema haben, sind Sie geistig rege!

Literatur:

[1] *H.R. Christen*, Grundlagen der organischen Chemie. Verlage Sauerländer und Salle, Frankfurt/M. 1982

[2] *Dickerson/Geis*, Chemie - eine lebendige und anschauliche Einführung. Verlag Chemie, Weinheim 1981

[3] *Morrison/Boyd*, Lehrbuch der Organischen Chemie. Verlag Chemie, Weinheim 1978
[4] *Klages*, Lehrbuch der organischen Chemie II. Walter de Gruyter & Co., Berlin 1962
[5] *Kortüm*, Lehrbuch der Elektrochemie. Verlag Chemie, Weinheim 1966
[6] *Staab*, Einführung in die theoretische organische Chemie. Verlag Chemie, Weinheim 1966
[L 1]
[L 5]
[L19]
[L20]

2. Protolysen-Puffer

Voraussetzungen aus dem Unterricht: Protolysengleichgewichte, pK_S- und pK_B-Werte, Titrationskurven, Puffersysteme, Analysis I (Differentialrechnung).

Aufgaben

1. Versuch: Nach Auskochen einer "*Coca-Cola*"-Limonade wurde die Restlösung mit Kalilauge ($c = 1\ mol \cdot l^{-1}$) titriert und dabei mit Hilfe eines Schreibers die Titrationskurve (I) und ihre Ableitung (II) aufgezeichnet.

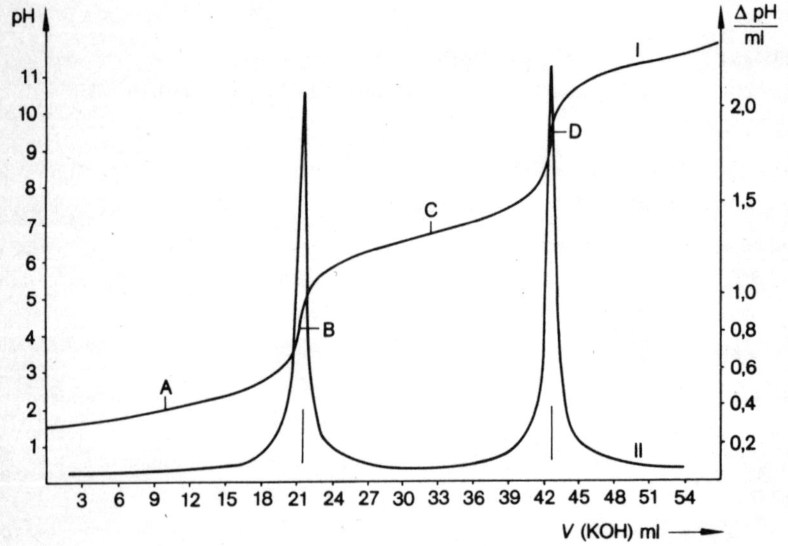

Abbildung 1: Titrationskurve (I) und deren Ableitung (II) zur Versuchsvorschrift unter 1.

1.1 Welche Säuren sind demnach in "*Coca-Cola*" enthalten? Begründen Sie Ihre Aussage unter Berücksichtigung eines Ausschnittes aus der "protochemischen Spannungsreihe" und der Zusatzbemerkung, daß die Titrationskurve noch zu vervollständigen ist, da nach Zugabe von 2,5 Äquivalenten Lauge (52,5 ml) ein pH-Wert von 11,5 (Literatur [12], [32]) gemessen wurde.

1.2 Erläutern Sie die Bedeutung der Punkte A, B, C und D (Kurve I) und die Funktion der Ableitungskurve.

Tabelle 1: Ausschnitt aus der "protochemischen Spannungsreihe"

Säure	Base	pK_S
HCl	Cl^-	-7
H_2SO_4	HSO_4^-	-3
H_3O^+	H_2O	-1,74
HNO_3	NO_3^-	-1,32
HSO_4^-	SO_4^{2-}	1,92
H_3PO_4	$H_2PO_4^-$	1,96
CH_3COOH	CH_3COO^-	4,75
$H_2O \cdot CO_2$	HCO_3^-	6,52
$H_2PO_4^-$	HPO_4^{2-}	7,12
NH_4^+	NH_3	9,25
HCO_3^-	CO_3^{2-}	10,4
HPO_4^{2-}	PO_4^{3-}	12,32

2. Bei einer Wasseranalyse wurden Bachwasserproben mit Natronlauge ($c = 0,1$ $mol \cdot l^{-1}$) bzw. Salzsäure gleicher Konzentration titriert und dabei die Titrationskurven aufgenommen.
Das eine Mal handelt es sich um Bachwasser aus einem Muschelkalkgebiet (Kurve III), das andere Wasser wurde aus einem Bach entnommen, der durch ein Buntsandsteingebiet fließt (Kurve IV).
(Abbildungen 2 und 3 siehe Seite 14.)

2.1 Vergleichen Sie die beiden Kurven, und beurteilen Sie danach die Pufferkapazität der beiden Gewässer.

2.2 Welche Stoffmenge an Hydroxonium-Ionen war bei beiden Wasserproben erforderlich, um den pH-Wert um drei Einheiten sinken zu lassen?
Welche Masse Schwefliger Säure würde diese Menge bei vollständiger Protolyse entsprechen?

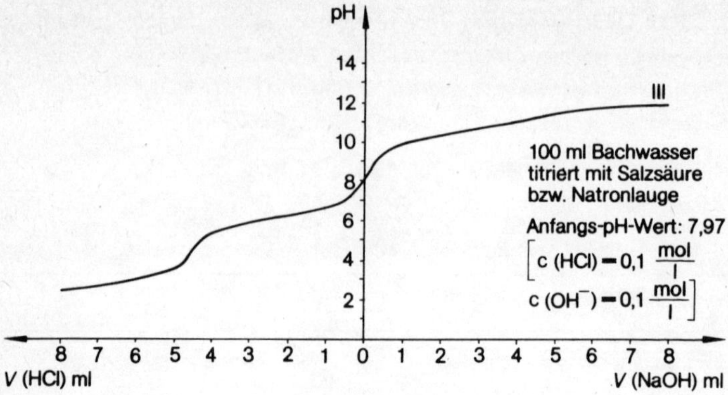

Abbildung 2: Pufferwirkung eines Bachwassers (Muschelkalk)

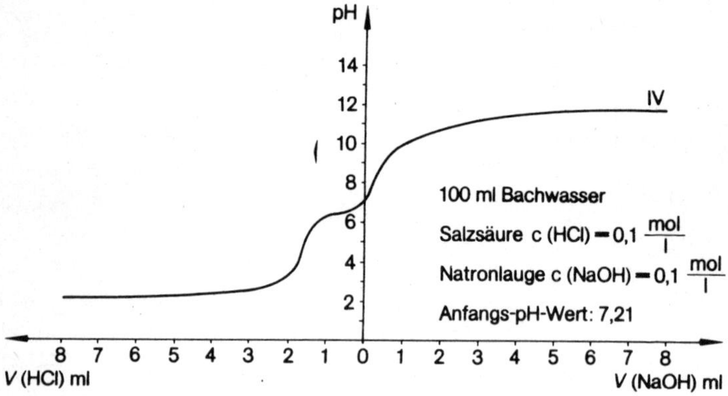

Abbildung 3: Pufferwirkung eines Bachwassers (Buntsandstein)

Lösungsvorschlag:

Zu 1.1) Es handelt sich um "Kohlensäure" $H_2O \cdot CO_2$, die durch das Erwärmen entfernt wurde, und Phosphorsäure gemäß den drei Protolysestufen:

1) $H_3PO_4 \rightleftharpoons H^+ + H_2PO_4^-$; $pK_S = 1,96$

2) $H_2PO_4 \rightleftharpoons H^+ + HPO_4^{2-}$; $pK_S = 7,12$

3) $HPO_4^{2-} \rightleftharpoons H^+ + PO_4^{3-}$; $pK_S = 12,32$

Zu 1.2) Die Punkte A und C sind jeweils die Halbäquivalenzpunkte für die Protolysestufen (1) und (2), während die Punkte B und D die entsprechenden Äqui-

valenzpunkte sind. An den Punkten A und C ist jeweils pH = pK_{S1} bzw. pH = pK_{S2}, wenn $c(H_2PO_4^-) = c(H_3PO_4)$ bzw. $c(HPO_4^{2-}) = c(H_2PO_4^-)$.
Die Ableitungskurve weist an den Äquivalenzstellen (Wendestellen) jeweils ein Maximum auf, und an den (fast) Horizontalwendestellen besitzt die Ableitungskurve Minima, die fast von der x-Achse tangiert werden.

Zu 2.1) Kurve III weist einen wesentlich flacheren Verlauf auf, was einer besseren Pufferwirkung dieses Baches entspricht. Vermutlich handelt es sich um einen Hydrogencarbonatpuffer, da Muschelkalk ein Carbonatgestein ist.

Zu 2.2) Aus der Kurve III kann man ablesen, daß der Anfangs-pH-Wert von pH = 7,97 auf pH = 4,97 gefallen ist, wenn ca. V = 5 ml Salzsäure der Konzentration $c = 0{,}1\ \text{mol}\cdot\text{l}^{-1}$ zugegeben worden sind. Es waren also n = 0,5 mmol an Hydroxonium-Ionen dazu erforderlich. Dagegen werden bei der anderen Bachwasserprobe nur n = 0,2 mmol an Hydroxonium-Ionen benötigt, um den pH-Wert von pH = 7,21 auf pH = 4,21 absinken zu lassen.
Diese Stoffmengen an Hydroxonium-Ionen würden, umgerechnet auf Schweflige Säure (H_2SO_3), unter der Annahme vollständiger Protolyse

$$H_2SO_3 \longrightarrow H^+ + HSO_3^-$$
$$HSO_3^- \longrightarrow H^+ + SO_3^{2-}$$

den Stoffmengen $n(H_2SO_3)$ = 0,25 mmol (Wasserprobe III) und $n(H_2SO_3)$ = 0,1 mmol (Wasserprobe IV) entsprechen. Da die molare Masse von Schwefliger Säure $M(H_2SO_3) = 82\ \frac{g}{mol}$ ist, betragen die Massen der entsprechenden Stoffportionen $m(n\ H_2SO_3) = 0{,}25\cdot 82\ \frac{mg}{mmol} = 20{,}5$ mg (Wasserprobe III) und $m(0{,}1\ \text{mmol}\ H_2SO_3)$ = 8,2 mg (Wasserprobe IV).
Da die Stoffmenge n = 1 mol an Schwefliger Säure der Stoffmenge n = 1 mol an Schwefeldioxid entspricht und Schwefeldioxid die molare Masse $M(SO_2) = 64\ \frac{g}{mol}$ besitzt, ergeben sich bei entsprechender Umrechnung die Massen der entsprechenden Stoffmengen an Schwefeldioxid:

$$m(0{,}25\ \text{mmol}\ SO_2) = 16\ \text{mg bzw. } m(0{,}1\ \text{mmol}\ SO_2) = 6{,}4\ \text{mg}.$$

Weiterführende Informationen:

Oberflächengewässer sind Ökosysteme, deren Stabilität vom Zusammenwirken mehrerer Gleichgewichtssysteme abhängt. Der Boden ist dabei gewissermaßen das Reaktionsgefäß des Ökosystems, wobei auch die unbelebte steinerne Materie in den ständigen Kreislauf des Lebendigen mit einbezogen wird.

Buntsandstein ist eine Gesteinsart, die der unteren Abteilung der Triasformation des Erdmittelalters (Mesozoicum) angehört. Die über 1000 m hohen roten Sandsteinbänke bestehen vorwiegend aus Feldspaten (Alumosilicate), z.B. Natriumalumosilicat ($NaAlSi_3O_8$), das aus einem dreidimensional vernetzten Gerüst aus $[SiO_4]$- und $[AlO_4]$-Tetraedern aufgebaut ist. (Gerüstsilicate oder Tectosilicate).

Muschelkalk ist eine andere Gesteinsart, die auch aus dem Mesozoikum stammt. Sie bildet die mittlere Abteilung der Triasformation und besteht aus Kalkstein ($CaCO_3$), Dolomit ($CaMg(CO_3)_2$) und Mergel (45 - 55 % Carbonatgehalt). Es handelt sich dabei um Meeresablagerungen, der Meeresboden war von Seelilien besiedelt, deren Stielglieder weitgehend den Trochitenkalk bildeten. (Muschelkalkgebiete in Deutschland: Schwaben, Franken, südl. Niedersachsen.) Auch der Wald ist ein Ökosystem, das in besonderer Weise durch Bodenfaktoren mit beeinflußt wird. Das "Waldsterben" ist sicher in erster Linie auf Luftschadstoffe zurückzuführen, aber saure Niederschläge stören auch Säure-Basen-Gleichgewichte im Boden, der wiederum über das Wurzelwerk der Bäume auf das Ökosystem Wald Rückwirkungen hat. Die Pufferkapazität eines Bodens hängt von vielen Faktoren ab. So kann z.B. in einem Boden mit hohem Basengehalt (etwa basische Kationen wie Calcium-Ionen) die bei der Mineralisation (d.h. dem Abbau der organischen Stoffe im Boden) entstehende Salpetersäure durch Kationenaustausch weitgehend abgepuffert werden. In sauren Böden dagegen reagiert die Säure mit Kationsäuren, vor allem Aluminium-Ionen, und es kommt nicht zur Neutralisation, sondern zur Umwandlung in eine andere Säure. Dies ist z.B. in Silicatgesteinen der Fall, deren Verwitterung wegen der dabei auftretenden Kieselsäuren ebenfalls ein Puffersystem darstellt.

Eine ganz besondere Bedeutung aber kommt den Puffern in biologischen Systemen zu. So ist z.B. die pH-Konstanz des menschlichen Blutes (pH = 7,4) auf das Ineinandergreifen verschiedener Puffersysteme zurückzuführen. Die wichtigsten Puffer des Blutes sind:

1. das Kohlenstoffdioxid-Hydrogenkarbonat-System (in Erythrozyten und Plasma),
2. das Hämoglobin (in Erythrozyten); oxidiertes Hb ist eine stärkere Säure (pK_S = 6,95) als nicht oxidiertes (pK_S = 8,25),
3. die Plasma-Proteine; das Proteinatpuffersystem beruht auf der Bildung von "Carbaminogruppen" der entständigen Aminogruppen:

$$\text{Protein-}\bar{N}H_2 + CO_2 \rightleftharpoons \text{Protein-}\underset{N}{\bar{N}}\text{-COOH},$$

4. Mono- und Dihydrogenphosphate, die eine Art Reserve bilden, die bei Störungen mobilisiert wird.

Besonders wirksam ist der Hydrogencarbonatpuffer. Die normale Konzentration an Hydrogencarbonat beträgt $c(HCO_3^-) = 24\ mmol \cdot l^{-1}$ und die Konzentration an Kohlenstoffdioxid wird über die Atmung konstant gehalten ($c(CO_2)$ = 1,2 mmol/l). Jede Änderung des Verhältnisses $c(HCO_3^-):c(CO_2)$ bewirkt sofort eine Verschiebung des Blut-pH-Wertes.

So wird z.B. durch verstärkte Atmung der Druck des Kohlenstoffdioxids $p(CO_2)$ gesenkt und der pH-Wert steigt ("respiratorische Alkalose"); außerdem ist die Konzentration an Hydrogencarbonat erniedrigt, da das Hydrogencarbonat Protonen aus dem Nicht-Hydrogencarbonatpuffer binden muß, um Kohlenstoffdioxid freizusetzen:

$$HCO_3^- + H^+ \rightleftharpoons CO_2 + H_2O$$

Die Kompensation erfolgt also durch Senkung des Verhältnisses der Konzentrationen $\frac{c(HCO_3^-)}{c(CO_2)}$.

Literatur:

[1] *Dickerson/Geis*, Chemie. Verlag Chemie, Weinheim 1981

[2] *Hammond/Osteryoung/Crawford/Gray*, Modellvorstellungen in der Chemie. Verlag Walter de Gruyter, Berlin 1976

[3] P. *Karlson*, Kurzes Lehrbuch der Biochemie. Thieme Verlag, Stuttgart 1977

[4] *Piiper*, Physiologie der Atmung. München, Berlin, Wien 1975

[5] K. *Kramer* (Hrsg.), Arbeitsbuch Physiologie Bd. 1. Verlag Urban & Schwarzenberg, 1980

[6] B. *Ulrich*, Waldsterben durch saure Niederschläge. In: Umschau Heft 11, S. 348, 1984

[7] B. *Prinz*, Woran sterben unsere Wälder? In Umschau H. 18, S. 544, 1984

[8] H. *Mohr*, Zur Faktorenanalyse des "Baumsterbens". In: Biologie in unserer Zeit, H. 3, S. 74, 13. Jg. 1983

[9] V. *Buß*, H. *tom Dieck*, J. *Rudolph*, Einführung in die Chemie, Teil 1. Verlagsgesellschaft Schulfernsehen, Köln 1975

[Z2] D. *Bregulla*, Puffergleichung und Pufferlösungen, S. 367, 12/1982

3. Pufferung

Voraussetzungen aus dem Unterricht: Säurestärken, pK_S-Werte, Zusammenhang zwischen pK_S und pH, Pufferung, Potentiometrische Titrationskurven, Basizität von Anilin.

Aufgaben

1. Im 1. Versuch werden V = 10 ml Ammoniumacetat-Lösung mit Natronlauge der Konzentration $c = 0{,}1\ mol \cdot l^{-1}$ titriert. Im 2. Versuch werden V = 10 ml Ammoniumacetat-Lösung mit Salzsäure der Konzentration $c = 0{,}1\ mol \cdot l^{-1}$ titriert. In beiden Versuchen wird der pH-Wert in Abhängigkeit von zugesetzten Volumina Natronlauge bzw. Salzsäure verfolgt. Man erhält die Titrationskurve lt. Abbildung 1 auf Seite 18.

1.1 Bestimmen Sie die Konzentration an Ammoniumacetat in der Lösung anhand der abgebildeten Titrationskurve.

1.2 Ermitteln Sie aus dieser Kurve die pH-Bereiche, in der die Lösung von Ammoniumacetat als Puffersystem wirkt. Beurteilen Sie die Aussage "Eine Ammoniumacetat-Lösung wirkt als Puffer, da die Ammonium-Ionen die Hydroxid-Ionen puffern und die Acetat-Ionen die Hydroxonium-Ionen puffern.

2.1 Die Gleichgewichtskonstante K der Reaktion

$$CH_3COOH(aq) + NH_3(aq) \rightleftharpoons NH_4^+(aq) + CH_3COO^-(aq)$$

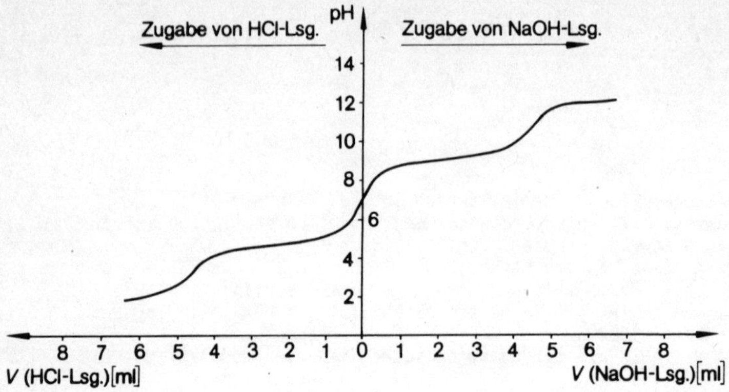

Abbildung 1: Graph der Titration von Ammoniumacetat-Lösung mit Natronlauge (rechter Kurvenzug) und mit Salzsäure (linker Kurvenzug)

ergibt sich nach

$$K = \frac{K_S(CH_3COOH)}{K_S(NH_4^+)} \qquad >$$

$$pK = pK_S(CH_3COOH) - pK_S(NH_4^+)$$

Leiten Sie in diesem Zusammenhang ab, und berechnen Sie die Gleichgewichtskonstante.

2.2 Berechnen Sie die Gleichgewichtskonstanten für das Gleichgewicht zwischen der Molekül- und der Zwitterionen-Struktur der α-Aminopropansäure sowie der p-Aminobenzoesäure:

$CH_3-CH(NH_2)-COOH$ $\qquad$ $CH_3-CH(\overset{+}{N}H_3)-COO^-$

$pK_B(-NH_2) = 4{,}31$

$pK_S(-COOH) = 2{,}34$

$pK_B(-NH_2) = 11{,}5$

$pK_S(-COOH) = 4{,}92$

Deuten Sie das Ergebnis.

2.3 Die pK_B-Werte der Aminogruppe der α-Aminopropansäure und der p-Aminobenzoesäure unterscheiden sich sehr stark. Erklären Sie dies aus der Struktur der Moleküle.

Lösungsvorschlag:

Zu 1.1) Bei der potentiometrischen Titration der Ammoniumacetat-Lösung mit Natronlauge ist ein schwach ausgeprägter, aber deutlicher pH-Sprung nach der Zugabe von V = 4,7 ml Natronlauge zu erkennen. Der Wendepunkt der Kurve gibt den Äquivalenzpunkt der Titration der schwachen Säure Ammonium-Ionen an.

$$NH_4^+(aq) + OH^-(aq) \longrightarrow NH_3(aq) + H_2O(l)$$

Die Kurve für die Titration der Ammoniumacetat-Lösung mit Salzsäure zeigt den entsprechenden pH-Sprung nach der Zugabe von V = 4,7 ml Salzsäure. Es ist der Äquivalenzpunkt der Titration der schwachen Base Acetat-Ionen.

$$CH_3COO^-(aq) + H_3O^+(aq) \longrightarrow CH_3COOH(aq) + H_2O(l)$$

Berechnung der Konzentration an Ammoniumacetat:

$$c(NH_4CH_3COO) \cdot V(NH_4CH_3COO\text{-Lsg.}) = c(NaOH) \cdot V(NaOH\text{-Lsg.}) \qquad (1)$$

$$c(NH_4CH_3COO) = \frac{0,1 \cdot 4,7}{10} \frac{mol}{l} \qquad (2)$$

$$\underline{c(NH_4CH_3COO) = 4,7 \cdot 10^{-2}\ mol \cdot l^{-1}} \qquad (3)$$

Zu 1.2) Eine Ammoniumacetat-Lösung vom pH-Wert pH = 7 besitzt nur eine geringe Pufferwirkung. Dies läßt sich aus der Titrationskurve ersehen, die bei pH = 7 einen deutlichen pH-Sprung aufweist. Bei Zugabe von geringer Menge Lauge steigt der pH-Wert relativ schnell von 7 auf 8,5, umgekehrt sinkt der pH-Wert bei der Zugabe geringer Mengen Säure relativ stark von 7 auf 5,5. Aus der Titrationskurve läßt sich weiterhin entnehmen, daß eine Ammoniumacetat-Lösung in den pH-Bereichen 4,3<pH<5,3 und 8,7<pH<9,7 als guter Puffer wirkt.
Im pH-Bereich von 4,3<pH<5,3 puffern die Acetat-Ionen die Hydroxonium-Ionen, und die Essigsäure-Moleküle puffern zugesetzte Hydroxid-Ionen.

$$CH_3COO^-(aq) + H_3O^+(aq) \rightleftharpoons CH_3COOH(aq) + H_2O(l)$$

$$CH_3COOH(aq) + OH^-(aq) \rightleftharpoons CH_3COO^-(aq) + H_2O(l)$$

Es liegt hier als ein Essigsäure-Acetat-Puffer vor.
Im pH-Bereich 8,7<pH<9,7 liegt ein Ammoniak-Puffer vor. Die Ammonium-Ionen puffern zugesetzte Hydroxid-Ionen, die Ammoniak-Moleküle puffern zugesetzte Hydroxonium-Ionen.

$$NH_3(aq) + H_3O^+(aq) \rightleftharpoons NH_4^+(aq) + H_2O(l)$$

$$NH_4^+(aq) + OH^-(aq) \rightleftharpoons NH_3(aq) + H_2O(l)$$

Die Aussage "Eine Lösung von Ammoniumacetat wirkt als Puffer" ist also ungenau.

Zu 2.1) Die Gleichgewichtskonstante der Reaktion zwischen Ammoniak und Essigsäure nach

$$CH_3COOH(aq) + NH_3(aq) \rightleftharpoons NH_4^+(aq) + CH_3COO^-(aq) \qquad \text{ist:}$$

$$K = \frac{c(CH_3COO^-) \cdot c(NH_4^+)}{c(CH_3COOH) \cdot c(NH_3)} \qquad (1)$$

Die Säurekonstanten sind:

$$K_S(H_3C\text{-}COOH) = \frac{c(CH_3COO^-) \cdot c(H_3O^+)}{c(CH_3COOH)} \qquad K_S(NH_4^+) = \frac{c(NH_3) \cdot c(H_3O^+)}{c(NH_4^+)} \qquad (2)$$

Durch Division erhält man:

$$\frac{K_S(CH_3COOH)}{K_S(NH_4^+)} = \frac{c(CH_3COO^-) \cdot c(H_3O^+) \cdot c(NH_4^+)}{c(CH_3COOH) \cdot c(NH_3) \cdot c(H_3O^+)} \qquad (3)$$

$$= \frac{c(CH_3COO^-) \cdot c(NH_4^+)}{c(CH_3COOH) \cdot c(NH_3)} = K \qquad (4)$$

$$K = \frac{10^{-4,76}}{10^{-9,25}} = 10^{4,4} = \underline{2{,}5 \cdot 10^4} \iff pK = 4{,}76 - 9{,}25 = -4{,}4 \qquad (5)$$

Das Gleichgewicht liegt also weit auf der Seite des Produkts Ammoniumacetat.

Zu 2.2) Für das Gleichgewicht zwischen Molekül- und Zwitterionen-Struktur der α-Aminopropansäure gilt:

$$pK = pK_S(\text{-COOH}) - pK_S(\text{-}\overset{\oplus}{N}H_3) = pK_S(\text{-COOH}) - (pk_W - pK_B(\text{-NH}_2)) \qquad (1)$$

$$pK = 2{,}34 - 9{,}69 \qquad (2)$$

$$= -7{,}35 \qquad (3)$$

$$\underline{K = 2{,}2 \cdot 10^7} \qquad (4)$$

Die Gleichgewichtskonstante ist sehr groß, d.h. α-Aminopropansäure existiert in der Zwitterionen-Struktur.
Für das Gleichgewicht zwischen Molekül- und Zwitterionen-Struktur der p-Aminobenzoesäure gilt:

$$pK = 4{,}92 - 2{,}5 = 2{,}42 \iff$$

$$\underline{K = 3{,}8 \cdot 10^{-3}}$$

Zu 2.3) Die Aminogruppe der p-Aminobenzoesäure ist sehr viel schwächer basisch als die Aminogruppe der α-Aminopropansäure. Dies ist damit zu erklären, daß das freie Elektronenpaar des Stickstoff-Atoms der p-Aminobenzoesäure mit in das delokalisierte π-Elektronensystem des Benzolkerns einbezogen wird.

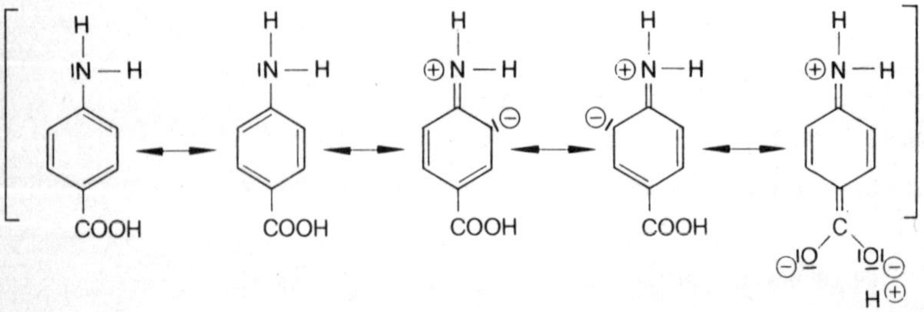

Wenn an die Aminogruppe ein Proton angelagert wird, wird diese Mesomeriestabilisierung aufgehoben, da das freie Elektronenpaar des Stickstoff-Atoms nun in der dritten N-H-Bindung fixiert ist.

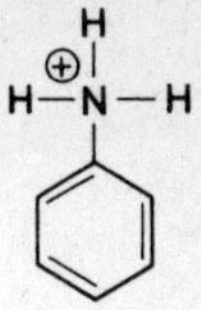

Weiterführende Informationen:

Die Anwendung von Puffersystemen spielt bei vielen technischen Prozessen, wie z.B. *Galvani*sieren oder Herstellung von Farbstoffen und vielen anderen Verfahren, eine wichtige Rolle. Puffer werden in der analytischen Chemie verwendet, z.B. zum Eichen von pH-Metern. Von besonderer Bedeutung sind Puffer in biologischen Systemen. Man denke nur daran, daß der pH-Wert des Blutes durch das Zusammenwirken verschiedener Puffer - des Kohlensäure/Hydrogencarbonat-, des Dihydrogenphosphat/Hydrogenphosphat-Puffers und der Protein-Puffer - konstant bei pH = 7,4 gehalten wird. (Siehe auch Aufgaben S. 16.)
Titrationskurven von Aminosäuren haben einen ganz ähnlichen Verlauf wie die in Abbildung 1 gezeigte Titrationskurve einer Ammoniumacetat-Lösung. Aminosäuren puffern ebenfalls im alkalischen Bereich ($R-NH_2/R-\overset{\oplus}{N}H_3$) als auch im sauren Bereich ($R'-COOH/R'-COO^-$), nicht aber am "isoelektrischen Punkt", dem pH-Wert, an dem die Konzentration der Zwitterionen $\underset{\oplus NH_3}{R-CH-COO^{\ominus}}$ am größten ist.
Der isoelektrische Punkt einer Aminosäure-Lösung entspricht dem pH = 7 einer Ammoniumacetat-Lösung. Die Wirkung der Protein-Puffer des Blutes beruht auf den funktionellen Gruppen ($-NH_2/\overset{\oplus}{N}H_3$) und ($-COOH/COO^-$) der Aminosäurereste (Literatur [1, L9, L28]).
Wie die Aufgabenteile 3 und 4 zeigen, läßt sich aus den pK_S-Werten die Lage des Gleichgewichts einer beliebigen Säure-Base-Reaktion berechnen. Qualitativ läßt sich die Gleichgewichtslage nach folgendem Schema

stärkere Säure + stärkere Base $\rightleftarrows$ schwächere Säure + schwächere Base

leicht abschätzen. Das Protolysegleichgewicht liegt auf der Seite der schwächeren Säure und Base (Literatur [L5, L6]).

Literatur:

[1] P. *Karlson*, Kurzes Lehrbuch der Biochemie, Kapitel 2. Georg Thieme Verlag, Stuttgart 1974
[L 5] Kapitel 6
[L 6] Kapitel 8.5, 8.7, 8.8
[L 9] Kapitel 6.2.1.3
[L28] Kapitel 14.3

4. pH-metrische Titrationen

Voraussetzungen aus dem Unterricht: Säuren und Basen, Protolysen, pH-Wert, Säurekonstanten, Titrationen, Carbonsäuren, cis-trans Isomerie, Puffersysteme.

Aufgaben

1. Bei der Titration von jeweils 20 ml Maleinsäure-Lösung (X) bzw. Fumarsäure-Lösung (Y) mit Natronlauge, c = 0,1 mol/l gegen Phenolphthalein als Indikator, wurden die in Abbildung 1 dargestellten Werte erhalten. Maleinsäure (cis-1,4-Buten-dicarbonsäure) und Fumarsäure (trans-1,4-Buten-dicarbonsäure) protolysieren beide in zwei Stufen. Die Verhältnisse der Aciditätskonstanten K_1 und K_2 für die erste und zweite Protolysestufe betragen: K_1/K_2 = 20000 (bei Maleinsäure) und K_1/K_2 = 23 (bei Fumarsäure).

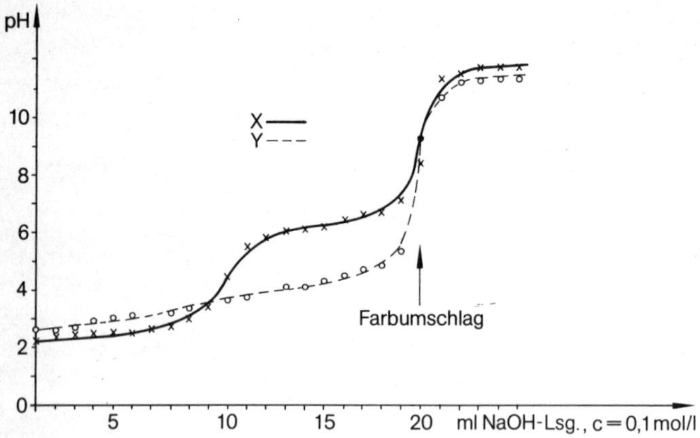

Abbildung 1: Titrationsergebnisse

1.1 Stellen Sie das Reaktionsschema auf. Welche Stoffmengen Maleinsäure bzw. Fumarsäure wurden titriert? (Rechnerische Begründung)

1.2 Bestätigen die Kurvenverläufe den Unterschied bei den genannten Verhältnissen K_1/K_2? Erläutern Sie ausführlich (auch unter Verwendung von Formeln und Reaktionsschemata).

1.3 Was kann man aus den Anfangs-pH-Werten (Abbildung 1) unter Berücksichtigung der Ergebnisse von 1.1 schließen? Erläutern Sie das Rechenverfahren, ohne mit Zahlenwerten zu rechnen.

2. Mehrere Puffersysteme tragen dazu bei, daß der pH-Wert des Blutes konstant gehalten wird. Der Normalwert liegt beim Menschen bei pH = 7,36. Bei pH = 6,9 tritt Tod durch Acidose (Übersäuerung) ein, bei pH = 7,6 Tod durch Alkalose. Eines der Puffersysteme im Blutplasma ist das System Kohlensäure/Hydrogencarbonat.

2.1 Erklären Sie die Wirkungsweise des obengenannten Puffersystems mit Hilfe von Reaktionsschemata.

2.2 Aus dem Protolyseschema der Säure eines Puffersystems läßt sich die folgende Gleichung (*Henderson-Hasselbalch*-Gleichung) herleiten:

$$pH = pK_S - \lg \frac{c(\text{Säure})}{c(\text{Base})}$$

pH: pH-Wert der Pufferlösung
pK_S: pK_S-Wert der Säure des Puffersystems
c(Säure): Konzentration der Säure in der Pufferlösung
c(Base): Konzentration der Base in der Pufferlösung

Leiten Sie die obengenannte Gleichung in der angedeuteten Weise her.

2.3 Berechnen Sie mit Hilfe der *Henderson-Hasselbalch*-Gleichung das Konzentrationsverhältnis für das System Hydrogencarbonat/Kohlensäure im Blut bei pH = 7,36. (Für Kohlensäure gilt pK_S = 6,5.)

Lösungsvorschlag:

Zu 1.1) Das allgemeine Reaktionsschema der Neutralisation einer Dicarbonsäure lautet:

$$R(COOH)_2(aq) + 2\ NaOH(aq) \longrightarrow Na_2R(COO)_2(aq) + 2\ H_2O(l)$$

Maleinsäure bzw. Fumarsäure — Natriumsalz der Maleinsäure bzw. der Fumarsäure

Aus dem Reaktionsschema läßt sich folgendes Stoffmengenverhältnis ablesen:

$$\frac{n(\text{Säure})}{n(\text{NaOH})} = \frac{1}{2}\text{; daraus folgt: } n(\text{Säure}) = \frac{1}{2} \cdot n(\text{NaOH})$$

Wenn wir berücksichtigen, daß $n(\text{NaOH}) = c(\text{Natronlauge}) \cdot V(\text{Natronlauge})$, können wir schreiben:

$$n(\text{Säure}) = \frac{1}{2} \cdot c(\text{Natronlauge}) \cdot V(\text{Natronlauge}).$$

Der Abbildung 1 ist zu entnehmen, daß bei beiden Titrationen bis zum Farbumschlag des Indikators, d.h. bis zum Verbrauch der gesamten Säure aus der titrierten Lösung, jeweils V(Natronlauge) = 20 ml verbraucht wurden. Außerdem gilt c(Natronlauge) = 0,1 mol/l.
Durch Einsetzen der Größen erhalten wir:

$$n(\text{Säure}) = \frac{1}{2} \cdot 0{,}1\ \frac{\text{mol}}{\text{l}} \cdot 20 \cdot 10^{-3}\ \text{l} = 0{,}001\ \text{mol}$$

Dieses Ergebnis gilt für jede der beiden Proben. Da jeweils 20 ml wäßrige Säure-Lösung titriert wurden , sind die Konzentrationen der beiden Lösungen gleich, und zwar:

$$c(\text{Säure}) = \frac{n(\text{Säure})}{V(\text{Lösung})} = \frac{0{,}001\ \text{mol}}{0{,}02\ \text{l}} = 0{,}05\ \text{mol/l}$$

$$c(\text{Säure}) = 0{,}05\ \text{mol/l}$$

Zu 1.2) Die beiden Kurvenverläufe lassen erkennen, daß es sich um zwei zweiprotonige Säuren handelt (jede Kurve hat zwei pH-Sprünge).
Die beiden Protolysestufen verlaufen nach den folgenden (vereinfachten) Reaktionsschemata:

1. Stufe: $RH_2 + H_2O \rightleftharpoons RH^- + H_3O^+$
Säure-Molekül → Säure-Monoanion

2. Stufe: $RH^- + H_2O \rightleftharpoons R^{2-} + H_3O^+$
Säure-Monoanion → Säure-Dianion

Die Säurekonstante K_1 für die 1. Stufe ist:

$$K_1 = \frac{c(H_3O^+)^2}{c(RH_2)} \quad ; \; c(RH^-) = c(H_3O^+)$$

Die Säurekonstante K_2 für die 2. Stufe ist:

$$K_2 = \frac{c(H_3O^+)^2}{c(RH^-)} \quad ; \; c(R^{2-}) = c(H_3O^+)$$

Im ersten flachen Teil der Kurven befindet sich jeweils noch ein Überschuß an Säure-Molekülen RH_2 in der Lösung; die durch die OH^--Ionen "abgefangenen" H_3O^+-Ionen werden nach dem Schema der 1. Stufe ständig nachgebildet. Beim ersten pH-Sprung sind gerade alle Säure-Moleküle aus der Lösung aufgebraucht; die Hydroxonium-Ionen, die jetzt noch in die Lösung kommen, bilden sich gemäß der 2. Protolysestufe, also aus den Monoanionen RH^-. Je schwerer die Monoanionen RH^- das Proton abgeben, desto höher ist dieser pH-Sprung und desto größer ist K_1/K_2. (K_1/K_2 ist ja umso größer, je kleiner K_2 im Vergleich zu K_1 ist!) Bei der Maleinsäure ist der erste pH-Sprung (Abbildung 1) tatsächlich höher als bei der Fumarsäure. Dies ist in Übereinstimmung mit den in der Aufgabenstellung genannten Werten. Erklärbar ist dieser Unterschied mit den Strukturformeln der beiden Monoanionen (siehe Seite 25).

Zu 1.3) Aus dem Anfangs-pH-Wert pH jeder der beiden Säuren kann man die Aciditätskonstante dieser Säure berechnen (Voraussetzung: alle in der Lösung befindlichen H_3O^+-Ionen stammen aus der 1. Protolysestufe). Wir gehen von folgenden Definitionen aus:

$$pH = -\lg c(H_3O^+) \quad (1) \quad \text{und} \quad K_1 = \frac{c(H_3O^+)^2}{c(\text{Säure})} \quad (2)$$

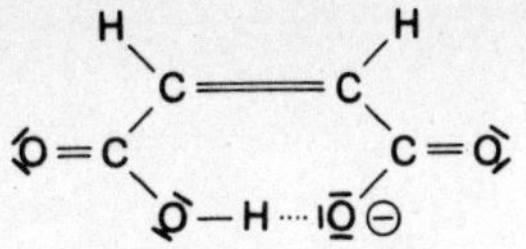

Maleinsäure-Monoanion

Die intramolekulare Wasserstoffbrückenbindung, möglich durch die cis-Stellung der beiden Carboxyl-Gruppen, stabilisiert das Anion und erschwert die 2. Protolysestufe.

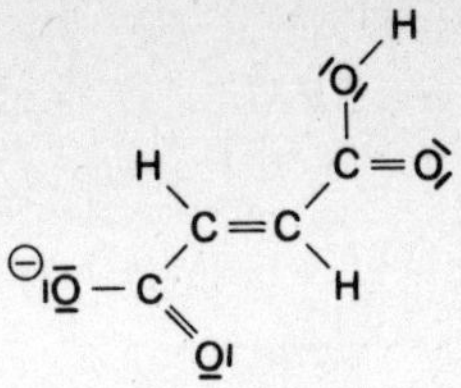

Fumarsäure-Monoanion

Eine intramolekulare Wasserstoffbrückenbindung ist wegen der räumlichen Entfernung der Carboxyl-Gruppen nicht möglich; die 2. Protolysestufe verläuft nicht wesentlich schwerer als die erste.

(1) wird wie folgt umgeformt:

$$c(H_3O^+) = 10^{-pH}$$

Dann wird es in (2) eingesetzt:

$$K_1 = \frac{(10^{-pH})^2}{c(\text{Säure})}$$

Bei schwachen Säuren (man kann Fumarsäure und gröber vereinfachend auch Maleinsäure als solche betrachten) setzt man die Konzentration der Säure beim Protolysegleichgewicht gleich mit der Anfangskonzentration der Säure.

Zu 2.1) Schema zur Wirkungsweise des Puffersystems Kohlensäure/Hydrogencarbonat:

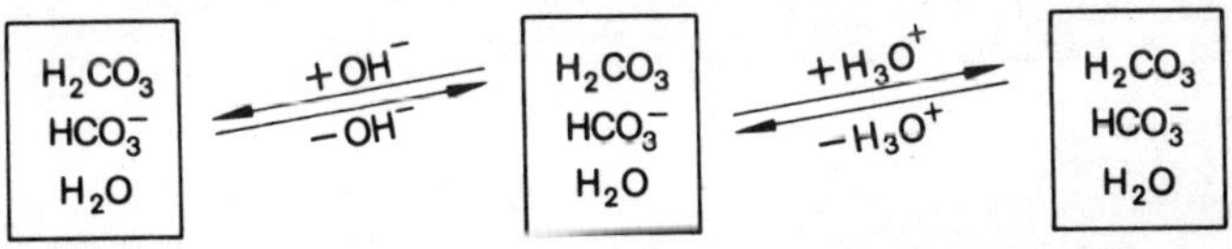

Bei Zugabe einer Lauge reagiert ein Teil der Kohlensäure mit den OH^--Ionen aus der Lauge zu Hydrogencarbonat-Ionen und Wasser-Molekülen. Der pH-Wert ändert sich also nicht wesentlich.

Puffersystem: Der pH-Wert wird durch das Protolysegleichgewicht der Kohlensäure (siehe 2.2) bestimmt.

Bei Zugabe einer Säure reagiert ein Teil der Carbonat-Ionen mit den H_3O^+-Ionen aus der Säure zu Kohlensäure und Wasser.
Der pH-Wert ändert sich dabei nicht wesentlich.

Zu 2.2) Jedes Puffersystem enthält eine Säure und eine Base, oft eine Säure HA und deren konjugierte Base A^-. Dies ist z.B. beim obengenannten Puffersystem der Fall. Die Protolyse verläuft nach folgendem Schema:

$$H_2CO_3 + H_2O \rightleftharpoons HCO_3^- + H_3O^+$$

Allgemein lautet das Schema:

$$HA + H_2O \rightleftharpoons A^- + H_3O^+$$

Die Definition der Säurekonstante K_s ist:

$$K_s = \frac{c(H_3O^+) \cdot (A^-)}{c(HA)}$$

Diese Gleichung wird logarithmiert und mit -1 multipliziert:

$$-\lg K_s = -\lg c(H_3O^+) - \lg c(A^-) + \lg c(HA)$$

Die beiden ersten Terme werden definitionsgemäß mit den bekannten Symbolen substituiert und die beiden anderen Terme zu Logarithmen eines Quotienten zusammengefaßt:

$$pK_s = pH + \lg\frac{c(HA)}{c(A^-)}$$

Die Gleichung wird so umgestellt, daß auf der linken Seite pH und auf der rechten pK_s (mit positivem Vorzeichen!) steht:

$$pH = pK_s - \lg\frac{c(HA)}{c(A^-)} \quad \text{also} \quad pH = pK_s - \lg\frac{c(\text{Säure})}{c(\text{Base})}.$$

Zu 2.3) Wir setzen die genannten Zahlenwerte in die *Henderson-Hasselbalch*-Gleichung ein:

$$7{,}36 = 6{,}5 - \lg\frac{c(H_2CO_3)}{c(HCO_3^-)}$$

Die Lösung dieser Gleichung erfolgt folgendermaßen:

$$7{,}36 = 6{,}5 - \lg x$$
$$0{,}86 = -\lg x$$
$$\underline{x = 10^{-0{,}86} = 0{,}138}$$

Daraus folgt:

$$\frac{c(H_2CO_3)}{c(HCO_3^-)} = \frac{1}{7{,}24} \quad \text{oder:} \quad \frac{c(HCO_3^-)}{c(H_2CO_3)} = \frac{1}{7{,}24}$$

Weiterführende Informationen:

Die Titration ist eine der wichtigsten Methoden der quantitativen Analyse, weil sie mit wenig apparativem Aufwand, einfach und schnell durchführbar und leicht auswertbar ist. Mit Hilfe ganz einfacher Computerprogramme kann man am Rechner eine Titration in Sekundenschnelle auswerten. Neben Farbindikatoren werden zur Sichtbarmachung des Äquivalenzpunktes einer Titration mehr und mehr auch pH-metrische, konduktometrische, thermische oder optische Eigenschaften

der Lösung herangezogen. Die pH-metrische Titration, bei der während der Zugabe der Lösung mit bekanntem Titer in die zu titrierende Lösung der pH-Wert letzterer gemessen und registriert wird, eignet sich besonders bei der Titration von mehrprotonigen Säuren und bei der Titration von Säuregemischen. Über Titrationen verschiedener Art kann in Literatur [1 - 5] nachgelesen werden.
Der Verlauf der meisten Reaktionen in flüssiger, wäßriger Phase (sehr viele technische und biologische Reaktionen laufen in wäßriger Lösung ab) ist pH-abhängig. Will man in einer Industrieanlage ein bestimmtes Produkt mit großer Ausbeute erhalten, so muß man dafür sorgen, daß der pH-Wert nur innerhalb bestimmter Grenzen schwankt. Wie unterschiedlich der pH-Wert verschiedener Körperflüssigkeiten sein muß, damit die biologischen Vorgänge im menschlichen Körper ungestört ablaufen können, zeigt Tabelle 1.

Tabelle 1: pH-Werte verschiedener Flüssigkeiten im menschlichen Körper

Körperflüssigkeit	pH	Körperflüssigkeit	pH
Blut	7,4	Leberflüssigkeit	8,0
Milch	6,6 - 6,9	Darmflüssigkeit	7,7
Galle	7,8	Rückenmarkflüssigkeit	7,4
Magensaft	0,87	Speichelflüssigkeit	7,2
Harn	6,0	Augenflüssigkeit (Tränen)	7,2

Die Wirkungsweise der Puffersysteme sowie die Anforderungen an die Zusammensetzung eines für einen bestimmten pH-Wert einsetzbaren Puffersystems (siehe Aufgabe 2) sind also von größter Bedeutung. Literatur zum Thema Puffersysteme: [L5, L16, L17]

Literatur:
[1] *H.R. Christen*, Säure/Base-Gleichgewichte - Redoxvorgänge. Verlag Diesterweg - Salle - Sauerländer, Frankfurt/M., Berlin, München, Aarau, 1980
[2] *R. Beer, W. Glöckner* und *R. Letterer*, Chemische Analytik, Kernchemie - Modellvorstellungen, C.C. Buchners Verlag, Bamberg 1983
[L 5] Kapitel 1.7
[L 6] Kapitel 4.4
[L16] Kapitel 8, 12.5
[L17] Kapitel 8.8
[L22] Kapitel 2

B. Redoxreaktionen

5. Redox-Gleichgewichte

Voraussetzungen aus dem Unterricht: Redoxreaktionen, *Nernst*sche Gleichung, Massenwirkungsgesetz, Gasgesetze inklusive Zustandsgleichung für ideale Gase, stöchiometrisches Rechnen, Einsicht in quantitative Untersuchungsverfahren; Bereitschaft, chemische Arbeitsweisen mit- und nachzuvollziehen; Spaß am Problemlösen - auch in größeren Zusammenhängen.

Aufgaben

1. Beim Schmieden ('Hämmern') von Eisen an der Luft spalten sich von der Oberfläche des Metalls grauschwarze Schuppen ab. Diese nennt man 'Hammerschlag'. Die chemische Analyse weist 'Hammerschlag' die Zusammensetzung Fe_3O_4 zu. Fe_3O_4 kann auch beim 'Härten' des Eisens durch 'Abschrecken' in Wasser an der Metalloberfläche gebildet werden. Der Oberflächenveränderung kann man folgende Reaktion zuordnen:

$$x\,Fe_{(s)} + y\,H_2O_{(l)} \rightleftharpoons z\,Fe_3O_{4(s)} + y\,H_{2(g)} \qquad (1)$$

1.1 Ermitteln Sie schrittweise-systematisch die Koeffizienten x, y und z. (Stellen Sie die Reaktionsschemata zunächst getrennt nach Reduktions- und Oxidationsvorgang unter Verwendung der Oxidationszahlen auf.)

2. Die Bildung von Fe_3O_4 wurde in Modellexperimenten untersucht. Entsprechend der angenommenen Reaktion (1) wurde zu Beginn der Reaktion bei θ = 200 °C ein Wasserdampfdruck von $p(H_2O)$ = 1,332 bar und - nach Einstellung des Gleichgewichts - ein Gleichgewichtspartialdruck des entstandenen Wasserstoffs von $p(H_2)$ = 1,271 bar gemessen.

2.1 Formulieren Sie den Ausdruck für die Gleichgewichtskonstante K_c mit den allgemeinen Koeffizienten x, y und z zu Reaktion (1). Beachten Sie, daß im Modellexperiment Wasser als gasförmiger Reaktionspartner vorliegt.
Wie groß ist die Gleichgewichtskonstante K_p für Reaktion (1), wenn Sie diese auf einen Stoffmengenumsatz von $y \mathrel{\hat{=}} n$ = 1 mol beziehen?

2.2 Wie groß ist die Masse der Diwasserstoffportion $m(H_2)$ in Gramm, die gebildet werden kann, wenn die Reaktion (1) in einem geschlossenen Gefäß mit einem Rauminhalt von V = 200 cm^3 mit Wasserdampf von einem Anfangsdruck von $p(H_2O)$ = 3 bar bei einer Temperatur von θ = 200 °C durchgeführt wird? Die eingesetzte Eisenportion habe eine Masse von m(Fe) = 2 g; $M(H_2)$ = 2,016 $g \cdot mol^{-1}$.

3. Die Analyse des Bodenkörpers, der bei der Gleichgewichtsreaktion entsprechend Aufgabe 2.2 entsteht, ist nicht einfach, da er sowohl Ausgangs- als auch Endprodukt, also metallisches Eisen neben Hammerschlag enthält. Stünde hier eine geeignete Methode zur Verfügung, könnte man entweder eine Wasserstoffdruckmessung umgehen oder den Meßwert für den Wasserstoffdruck absichern, in-

dem man die Gleichgewichtskonstante über den Verbrauch einer Ausgangskomponente bestimmt. Analytiker schlagen für die Lösung des Problems folgende Reaktion vor:

$$Fe_{(s)} + 2\ Fe^{3+}_{(aq)} \xrightarrow{aq} 3\ Fe^{2+}_{(aq)} \qquad (2)$$

3.1 Erläutern Sie den Zusammenhang zwischen der Gleichgewichtskonstanten K und den Redoxpotentialen, wie es die *Nernst*sche Gleichung (auch für Halbzellen) ausdrückt, und überprüfen Sie dann mit Hilfe der Normalpotentiale $E°$ für die Redoxpaare $Fe_{(s)}/Fe^{2+}_{(aq)}$ und $Fe^{2+}_{(aq)}/Fe^{3+}_{(aq)}$, ob die Reaktion eine so große Gleichgewichtskonstante aufweist, daß sie für eine quantitative Bestimmung tauglich ist.

Redoxpaar	reduzierte Form	oxidierte Form	$E°$ in V
$Fe_{(s)}/Fe^{2+}_{(aq)}$	$Fe_{(s)}$	$Fe^{2+}_{(aq)}$	-0,44
$Fe^{2+}_{(aq)}/Fe^{3+}_{(aq)}$	$Fe^{2+}_{(aq)}$	$Fe^{3+}_{(aq)}$	0,771

4. Die Durchführung der Bodenkörperanalyse kann in der Weise erfolgen, daß das gesamte Probengut mit einer Eisen(III)-chlorid-Lösung in einer luftsauerstofffreien Atmosphäre versetzt und das Reaktionsgemisch auf ein definiertes Volumen gebracht wird. Nach einer hinreichend langen Reaktionsdauer wird in einer geeigneten Weise vom Ungelösten getrennt. In der klaren Lösung oder in Teilen davon können dann die entsprechend Reaktion (2), Aufgabe 3, gebildeten Eisen(II)-Ionen mit Hilfe von Kaliumpermanganat-Lösung als Oxidationsmittel quantitativ zu Eisen(III)-Ionen oxidiert werden.

4.1 Warum ist es wichtig, daß bei der Reaktion des Bodenkörpers mit Eisen(III)-chlorid-Lösung Luftsauerstoff ausgeschlossen bleibt?

4.2 Welches sachliche Argument fällt Ihnen zu der Bedingung 'hinreichend lange Reaktionsdauer' ein?

4.3 Aus welchem Grunde ist es im Hinblick auf die Durchführung der nachfolgenden Analyse mit Hilfe von Kaliumpermanganat-Lösung wichtig, daß vom 'Ungelösten' getrennt wird? Wie könnte die Trennung durchgeführt werden?

4.4 Weshalb ist es unter Umständen von Bedeutung, daß das Reaktionsgemisch auf ein 'definiertes' Volumen gebracht wird?

5. Der Anteil der Eisenportion, der bei der Durchführung des Modellexperiments nach Aufgabe 2.2 nicht reagiert hat, wird nach dem Verfahren, das in Abschnitt 3 und 4 besprochen wurde, aufgearbeitet. Zu diesem Zweck wird der gesamte Bodenkörper in einen Meßkolben mit einem Inhalt von V = 500 cm^3, der zuvor mit Kohlenstoffdioxid-Gas gefüllt worden war, überführt und mit einer Portion Eisen(III)-chlorid-Lösung von V = 200 cm^3, die in einem Volumen von V = 100 cm^3

m = 5 g (Eisen(III)-chlorid enthält, versetzt. Die Probe wird mehrfach geschüttelt, mit ausgekochtem Wasser bis zur Eichmarke aufgefüllt und über Nacht stehen gelassen. Am nächsten Tage werden, nachdem vom Ungelösten durch Filtrieren getrennt worden ist, mehrere Portionen mit V = 50 cm^3 abpipettiert und nach dem Verfahren von *Zimmermann-Reinhardt* titriert. Dieser Bestimmungsmethode liegt folgende Reaktion zugrunde:

$$x\ Fe^{2+}_{(aq)} + y\ MnO^-_{4(aq)} + \ldots \longrightarrow x\ Fe^{3+}_{(aq)} + y\ Mn^{2+}_{(aq)} + \ldots \qquad (3)$$

5.1 Überlegen Sie, weshalb mit ausgekochtem Wasser bis zur Eichmarke aufgefüllt wird.

5.2 Zeigen Sie systematisch und schrittweise, wie über die Oxidationszahlen die Koeffizienten x und y gewonnen werden können und welche Ergänzungen vorgenommen werden müssen.

5.3 Welches Volumen V in Kubikzentimetern einer Kaliumpermanganat-Lösung mit der Konzentration $c(KMnO_4) = 0{,}1\ mol \cdot l^{-1}$ wird verbraucht, wenn bei dem Experiment nach Aufgabe 2.2

a) die verbrauchte Eisenportion der gebildeten Portion an Diwasserstoff, wie sie nach Aufgabe 2.2 berechnet werden kann, äquivalent ist und

b) die eingesetzte Eisenportion eine Masse von m(Fe) = 2 g hatte?
($M(H_2) = 2{,}016\ g \cdot mol^{-1}$; $M(Fe) = 55{,}85\ g \cdot mol^{-1}$)

6. Wie würden Sie experimentell vorgehen, wenn Sie nach der Reaktion (1), Aufgabe 1, präparativ

6.1 reines Eisenmetall und

6.2 reinen Hammerschlag, Fe_3O_4, herstellen sollten? Begründen Sie Ihre Vorgehensweise.

7. Interpretieren Sie rückschauend die Verfahrensweise von Punkt 1 bis einschließlich Punkt 6 dieser Aufgabe, und beziehen Sie in Ihre Betrachtung auch diesen Punkt 7 mit ein.

7.1 Suchen Sie eine treffende Überschrift für die jeweiligen Einzelpunkte 1 bis 7.

Lösungsvorschlag:

Zu 1.1) Reaktion (1) ist eine Redoxreaktion, bei der metallisches Eisen oxidiert wird. Das Wasserstoff-Atom im Wasser-Molekül wird reduziert, denn Wasserstoff liegt nach der Reaktion elementar und damit in der reduzierten Form vor. Die Oxid-Ionen wechseln nur den Bindungspartner. Formal liegt Eisen nach der Reaktion in einer gebrochenen Oxidationszahl vor; dies wird verständlich, wenn man für 'Fe_3O_4' eine veränderte Schreibweise, die dem tatsächlichen Aufbau dieser Verbindung gerechter wird, wählt: $FeO{\cdot}Fe_2O_3$. Hier wird deutlich, daß Fe_3O_4 ein Eisen(II/III)-oxid ist, bestehend aus einem Fe(II)-Stoffmengenanteil und zwei Stoffmengenanteilen Fe(III) pro Formeleinheit.

Zur Ermittlung der Koeffizienten x und y wird die Redoxreaktion methodisch in Teilvorgänge zerlegt, und zwar in

$$
\begin{array}{lllr|l}
\text{Ox(1).:} & \overset{\pm 0}{Fe} & \longrightarrow & \overset{+II}{Fe}{}^{2+} + 2e^- & \cdot 1 \,(\text{da } Fe_{\underline{1}}O) \\
\text{Ox(2).:} & \overset{\pm 0}{Fe} & \longrightarrow & \overset{+III}{Fe}{}^{3+} + 3\,e^- & \cdot 2 \,(\text{da } Fe_{\underline{2}}O_3) \\
\text{Red. :} & \overset{+I}{H}{}^{+} + 1\,e^- & \longrightarrow & \frac{1}{2}\overset{\pm 0}{H_2} & \cdot 8 \,(\text{da 'Ox' } 8\,e^- \text{ liefert}) +
\end{array}
$$

$$\text{Redox(1 + 2): } 1\overset{\pm 0}{Fe} + 2\overset{\pm 0}{Fe} + 8\overset{+I}{H}{}^{+} + 8\cdot 1e^- \longrightarrow 1\overset{+II}{Fe}{}^{2+} + 2\overset{+III}{Fe}{}^{3+} + 2e^- + 6e^- + 8\cdot\frac{1}{2}\overset{\pm 0}{H_2}$$

$$\text{Redox: } \underset{x}{3\,\overset{\pm 0}{Fe}} + \underset{2y}{8\,\overset{+I}{H}{}^{+}} \longrightarrow \underbrace{1\overset{+II}{Fe}{}^{2+} + 2\overset{+III}{Fe}{}^{3+}}_{x} + \underset{y}{4\,\overset{\pm 0}{H_2}}$$

Redoxfaktor:: x, 2y → x, y

Da bei Redoxreaktionen Elektronen nur ihren Bindungspartner wechseln, also kein Elektron gewonnen oder verloren wird, muß die Summe der <u>O</u>xidations<u>z</u>ahlen vor und nach der Reaktion gleich sein:

$$\Sigma OZ \text{ v.d. Reaktion} = \Sigma OZ \text{ n.d. Reaktion}$$

Kontrolle:

$$3\cdot(0) + 8\cdot(+I) = 1\cdot(+II) + 2\cdot(III) + 8\cdot(0)$$

$$\underline{+VIII = +VIII}$$

Übertragung der Koeffizienten x = 3, $z = \frac{x}{3}$ und x = 4 in das Reaktionsschema (1):

$$3\ Fe_{(s)} + 4\ H_2O_{(l)} \rightleftharpoons Fe_3O_{4(s)} + 4\ H_{2(g)}$$

Zu 2, 2.1, 2.2) Die konzentrationsabhängige Gleichgewichtskonstante für Reaktion (1) lautet:

$$K_c = \frac{c^z(Fe_3O_4)\cdot c^y(H_2)}{c^x(Fe)\cdot c^y(H_2O)}$$

Dieser Ausdruck kann vereinfacht werden, wenn man davon ausgeht, daß nur die an der Reaktion beteiligten Gase einen von der Temperatur (und bei vorgegebenem starrem (!) Volumen, wie in Aufgabe 2.2 auch vom Volumen) abhängigen Druck aufbauen, während die an der Reaktion beteiligten Feststoffe nicht oder vernachlässigbar als $Fe_{(g)}$ oder $Fe_3O_{4(g)}$ an der Gasphase teilhaben. Formal kann dann wie folgt umgeformt werden:

$$K_c \cdot \frac{c^x(Fe)}{c^z(Fe_3O_4)} = K_c' = \frac{c^y(H_2)}{c^y(H_2O)}$$

Über die Gasgleichung kann leicht gezeigt werden, daß die Konzentration von Gasen auch über die Drucke, die sie einnehmen, ausgedrückt werden können. Anstelle von K' wird dann K_p und für $c(X)$ wird $p(X)$ eingesetzt:

$$K_p = \frac{p^y(H_2)}{p^y(H_2O)}$$

Nach Aufgabe 2.1 soll auf einen Stoffmengenumsatz von $n(H_2O) = 1\ mol = n(H_2)$ bezogen werden. Dafür lautet das Reaktionsschema:

$$\frac{3}{4}\ Fe_{(s)} + 1\ H_2O_{(g)} \rightleftharpoons \frac{1}{4}\ Fe_3O_{4(s)} + 1\ H_{2(g)} \quad (1') \qquad (1')$$

Die zugehörige Gleichgewichtskonstante heißt jetzt:

$$K_p = \frac{p(H_2)}{p(H_2O)}$$

Bei Berücksichtigung der Druckbilanz vor Beginn der Reaktion und nach Einstellung des Gleichgewichts:

Druckbilanz:

	$p(H_2)$ in bar	$p(H_2O)$ in bar
vor Beginn der Reaktion	-	a
nach Einstellung des Gleichgewichts	x	a-x

wird K_p:

$$K_p = \frac{x \cdot bar}{(a - x)\ bar} \qquad (1)$$

und mit $x = 1{,}271$ bar
und $a = 1{,}332$ bar
wird

$$K_p = \frac{1{,}271}{(1{,}332 - 1{,}271)} \qquad (2)$$

$$= \frac{1{,}271}{0{,}060} \qquad (3)$$

$$\underline{K_p = 20{,}9} \qquad (4)$$

Zu 2.2) Berechnung der Masse der Diwasserstoffportion $m(H_2)$:
Die Masse der gebildeten Diwasserstoffportion kann über K_p und die Zustandsgleichung idealer Gase ermittelt werden:

$$p \cdot V = n \cdot R \cdot T; \text{ mit } n = \frac{m}{M} \qquad (1)$$

$$p \cdot V = \frac{m}{M} \cdot R \cdot T \text{ bzw.} \qquad (2)$$

$$m = \frac{p \cdot V}{R \cdot T} \cdot M; \qquad (3)$$

Angewandt auf die Fragestellung gilt:

$$m(H_2) = \frac{p(H_2) \cdot V}{R \cdot T} \cdot M(H_2) \quad (4)$$

mit $R = 8{,}3144 \cdot 10^{-2}\ l \cdot bar \cdot K^{-1} \cdot mol^{-1}$

$T = 473\ K\ (\widehat{=} 200\ °C)$

$M(H_2) = 2{,}016\ g \cdot mol^{-1}$

$V = 200\ cm^3$ (vorgegeben) $= 0{,}2\ dm^3$

$$p(H_2) : \text{aus } K_p \text{ mit } K_p = \frac{p(H_2)}{p(H_2O)} \quad (5)$$

$$p(H_2) = K_p \cdot p(H_2O); \quad (6)$$

$$p(H_2O)_{Gleichgew.} = p(H_2O)_{Anfang} - p(H_2)_{Gleichgewicht}; \quad (7)$$

$$\text{mit } p(H_2) \widehat{=} p(H_2)_{Gleichgewicht} \text{ und} \quad (8)$$

$$p(H_2O)_{Anf.} = 3\ bar \text{ und } K_p = 20{,}9 \quad (9)$$

$$p(H_2) = 20{,}9 \cdot (3\ bar - p(H_2)) \quad (10)$$

$$p(H_2) = 20{,}9 \cdot 3\ bar - 20{,}9 \cdot p(H_2) \quad (11)$$

$$p(H_2) \cdot (1 + 20{,}9) = 3 \cdot 20{,}9\ bar \quad (12)$$

$$p(H_2) = \frac{3 \cdot 20{,}9}{1 + 20{,}9}\ bar \quad (13)$$

$$p(H_2) = 2{,}86\ bar \quad (14)$$

$$m(H_2) = \frac{2{,}86\ bar \cdot K \cdot mol \cdot 0{,}2\ dm^3 \cdot 2\ g}{0{,}083144\ dm^3 \cdot bar \cdot 473 \cdot K \cdot mol} \quad (15)$$

$$= \frac{2{,}86 \cdot 0{,}2 \cdot 2}{0{,}083144 \cdot 473}\ g \quad (16)$$

$$\underline{m(H_2) = 0{,}0291\ g} \quad (17)$$

Die Masse der bei der Reaktion (1) gebildeten Wasserstoffportion bei $\theta = 200\ °C$ ($\widehat{=}473\ K$), dem vorgegebenen Reaktionsvolumen von $V = 200\ cm^3$ ($\widehat{=}0{,}2\ dm^3$) und dem Wasserdampfanfangsdruck von $p(H_2O) = 3$ bar beträgt

$$\underline{m(H_2O) = 0{,}0291\ g.}$$

Zu 3.1) Grundsätzliches:

Ob sich die Reaktion (2)

$$Fe_{(s)} + 2\ Fe^{3+}_{(aq)} \xrightarrow{aq} 3\ Fe^{2+}_{(aq)}$$

für eine quantitative Bestimmung des aus elementarem Eisen, $Fe_{(s)}$, bestehenden Bodenkörpers eignet, kann mit Hilfe der Gleichgewichtskonstanten entschieden werden:

$$K' = \frac{c^3(Fe^{2+})}{c^2(Fe^{3+})\cdot c(Fe)}$$

$$K'\cdot c(Fe) = K = \frac{c^3(Fe^{2+})}{c^2(Fe^{3+})}$$

Diese muß einen hinreichend großen Wert haben. Das ist dann der Fall, wenn das gesamte Eisenmetall in Eisen(II)-Ionen überführt wird, das heißt, wenn

$$c(Fe^{2+}) >> c(Fe).$$

Wenn $c(Fe_{(s)})$ gegen Null geht, muß K' einen sehr großen Wert annehmen. Solange noch festes, metallisches Eisen im Reaktionsgemisch vorhanden ist, müssen auch die für die Redoxreaktion benötigten $Fe^{3+}_{(aq)}$-Ionen in $Fe^{2+}_{(aq)}$-Ionen überführt werden. Dies bedeutet, daß auch die Konzentration der $Fe^{3+}_{(aq)}$-Ionen, die als Oxidationsmittel eingesetzt wird, verschwindend klein und damit die Gleichgewichtskonstante K sehr groß wird.

Die Beziehung zwischen der Gleichgewichtskonstanten K und den Normalpotentialen $E°$:
Die elektrochemischen Normalpotentiale $E°$ sind in der sogenannten *Nernst*schen Gleichung mit der Gleichgewichtskonstanten verknüpft:

$$\Delta E = \Delta E° + \frac{R\cdot T}{n\cdot F}\cdot \ln K; \qquad (1)$$

häufig findet man in den Lehrbüchern dafür auch die Form:

$$\Delta E = \Delta E° + \frac{0{,}059\ V}{n}\cdot \lg K, \qquad (2)$$

mit $\ln K = 2{,}3026 \lg K$,
$R = 8{,}314\ V\cdot A\cdot s\cdot K^{-1}\cdot mol^{-1}$,
$F = 96\ 484\ A\cdot s\cdot mol^{-1}$ und
n = Anzahl der pro Formelumsatz an der Reaktion beteiligten Elektronen.
Die $E°$-Werte findet man in Tabellenwerken; sie sind unabhängig vom stöchiometrischen Umsatz und auf $T = 298$ K und $c(X) = 1\ mol\cdot l^{-1}$ festgelegt (normiert).

Bei Redoxreaktionen in wäßriger Lösung trifft ein elektronenliefernder Reaktionspartner auf einen elektronenverzehrenden. Die Gesamtreaktion kann man demnach (gedanklich) in zwei Teilvorgänge zerlegen, den 'Red'- und den 'Ox'-Vorgang. Solche Teil- oder Einzelvorgänge nennt man in der Sprache der Elektrochemie auch 'H a l b r e a k t i o n e n'.
Für jede Halbreaktion wird eine *Nernst*sche Gleichung formuliert, und zwar in der folgenden normierten Form:

$$E = E° + \frac{0{,}059\ V}{n}\cdot \lg \frac{c(ox)}{c(red)};$$

hier bedeutet c(ox) die Konzentration der 'ox'idierten und c(red) die Konzentration der 'red'uzierten Form eines Reaktanden.

Auf solche Halbreaktionen beziehen sich die Normalpotentiale $E°$ in Tabellenwerken.

Die Halbreaktionen zur Gesamtreaktion (2),

$$Fe_{(s)} + 2\ Fe^{3+}_{(aq)} \xrightarrow{aq} 3\ Fe^{2+}_{(aq)}, \text{ heißen:}$$

a) $Fe_{(s)}$ 'red' $\xrightarrow{aq}$ $Fe^{2+}_{(aq)}$ 'ox' $+ 2\ e^-$; ($E^\circ_a = -0{,}44$ V),

b) $2\ e^- + 2\ Fe^{3+}_{(aq)}$ 'ox' $\xrightarrow{aq}$ $2\ Fe^{2+}_{(aq)}$ 'red'; ($E^\circ_b = 0{,}771$ V).

Die *Nernst*schen Gleichungen für die Halbreaktionen a) und b) lauten:

$$E'_a = E^{\circ\prime}_a + \frac{0{,}059\ V}{2} \lg \frac{c(Fe^{2+})}{c(Fe)} \qquad (1)$$

Da elementares Eisen gar nicht als $Fe_{(aq)}$ in Wasser gelöst vorliegt, kann auch keine Konzentration angegeben werden. Formal beinhaltet diesen Sachverhalt das Normalpotential $E°$. Man schreibt daher für den Vorgang a)

$$E_a = E^\circ_a + \frac{0{,}059\ V}{2} \lg c(Fe^{2+}) \qquad (2)$$

und für b)

$$E_b = E^\circ_b + \frac{0{,}059\ V}{2} \lg \frac{c^2(Fe^{3+})}{c^2(Fe^{2+})}. \qquad (3)$$

Im Gleichgewicht heben die Konzentrationen der umgesetzten Elektronen einander auf, da bei der Kopplung der beiden Halbreaktionen a) und b) der oxidierende Reaktionspartner, $Fe^{3+}_{(aq)}$, gerade die Elektronen aufnimmt, die der reduzierende, $Fe_{(s)}$, abgibt. Damit wird

$$E_a = E_b \qquad (4)$$

$$E^\circ_a + \frac{0{,}059\ V}{2} \lg c(Fe^{2+}) = E^\circ_b + \frac{0{,}059\ V}{2} \lg \frac{c^2(Fe^{3+})}{c^2(Fe^{2+})} \qquad (5)$$

Da $K = \frac{c^3(Fe^{2+})}{c^2(Fe^{3+})}$, wird wie folgt umgeformt:

$$\frac{0{,}059\ V}{2} \cdot \lg c(Fe^{2+}) - \lg \frac{c^2(Fe^{3+})}{c^2(Fe^{2+})} = E^\circ_b - E^\circ_a \qquad (6)$$

$$\lg c(Fe^{2+}) - \lg \frac{c^2(Fe^{3+})}{c^2(Fe^{2+})} = \lg \frac{c^3(Fe^{2+})}{c^2(Fe^{3+})} = \lg K = \frac{E^\circ_b - E^\circ_a}{0{,}059\ V} \cdot 2 \qquad (7)$$

$$\lg K = \frac{[0{,}771 - (-0{,}44)] \cdot V}{0{,}059\ V} \cdot 2 \qquad (8)$$

$$\lg K = 41 \qquad (9)$$

$$\underline{K = 10^{41}} \qquad (10)$$

Dieses Ergebnis zeigt, daß die Reaktion (2),

$$Fe_{(s)} + 2\ Fe^{3+}_{(aq)} \xrightarrow{aq} 3\ Fe^{2+}_{(aq)},$$

für eine quantitative Untersuchung des Bodenkörpers gut geeignet ist. Geht man zum Beispiel davon aus, daß am Ende der Reaktion die Konzentration an Eisen(II)-Ionen $c(Fe^{2+}) = 1\ mol \cdot l^{-1}$ ist, dann beträgt die Konzentration an Eisen(III)-Ionen $c(Fe^{3+})$ nach

$$K = \frac{c^3(Fe^{2+})}{c^2(Fe^{3+})} \quad (11)$$

$$c(Fe^{3+}) = \sqrt{\frac{c^3(Fe^{2+})}{K}} \quad (12)$$

$$= \sqrt{\frac{(1\ mol \cdot l^{-1})^3}{10^{41}\ mol \cdot l^{-1}}} \quad (13)$$

$$\underline{c(Fe^{3+}) = 3{,}16 \cdot 10^{-20}\ mol \cdot l^{-1}} \quad (14)$$

$$c(Fe^{3+}) \ll c(Fe^{2+}) \quad (15)$$

Zu 4.1) Die Gegenwart von Luftsauerstoff könnte das Analysenergebnis verfälschen, zum Beispiel, indem nach Reaktion (2) gebildete Eisen(II)-Ionen zu Eisen(III)-Ionen oxidiert werden:

$$2\ Fe^{2+}_{(aq)} + \frac{1}{2}\ O_{2(aq)} + H_2O_{(l)} \longrightarrow 2\ Fe^{3+}_{(aq)} + 2\ OH^-_{(aq)}$$

Dies hätte zur Folge, daß ein geringerer Gehalt an elementarem Eisen vorgetäuscht würde. Rückwirkend führte dies zu einer erhöhten Gleichgewichtskonstanten für die Reaktion (1).

Zu 4.2) Eine hinreichend lange Reaktionsdauer ist vonnöten, damit gewährleistet ist, daß die Reaktion (2) quantitativ von links nach rechts verlaufen kann und die Reaktionsgeschwindigkeit auf die Lage des Gleichgewichts keinen Einfluß mehr hat.

Zu 4.3) Bei der nachfolgenden Titration mit Kaliumpermanganat-Lösung, die in salzsaurem Medium durchgeführt wird, könnte sich Hammerschlag, Fe_3O_4, auflösen. Die freiwerdenden Eisen(II)-Ionen würden zusätzliches Kaliumpermanganat verbrauchen. Im Endeffekt führte dies zu einer zu kleinen Gleichgewichtskonstanten für die Reaktion (1). Hammerschlag, Fe_3O_4, muß daher vor der Titration mit Kaliumpermanganat-Lösung durch Filtration abgetrennt werden.

Zu 4.4) Damit genau abmeßbare Stoffportionen der quantitativen Endbestimmungsmethode nach *Zimmermann-Reinhardt* zugeführt werden können, die einen entsprechenden Rückschluß auf die Größe der Gleichgewichtskonstanten zulassen. Ferner ist so die Möglichkeit gegeben, mehrere Portionen wiederholend zu titrieren, so daß Titrationsfehler und damit auch Zufallsergebnisse weitgehend ausgeschlossen werden können.

Zu 5.1) Wasser kann elementaren Sauerstoff, $O_{2(g)}$, entsprechend der Reaktion

$$aq + O_{2(g)} \underset{T(2)}{\overset{T(1)}{\rightleftharpoons}} O_{2(aq)}, \quad (T(1) < T(2)),$$

lösen. Dieses Gleichgewicht ist temperaturabhängig. Bei hohen Temperaturen ($T(2)$) ist die linke, bei tiefen ($T(1)$) die rechte Seite begünstigt. Durch Auskochen kann also der gelöste Sauerstoff aus dem Wasser getrieben werden. Der gelöste Sauerstoff könnte entsprechend der Aufgabe 4.1 wirken.

Zu 5.2) Wenn die Koeffizienten x und y bestimmt werden sollen, müssen zunächst die Oxidationszahlen (OZ) der Redoxpartner bekannt sein.
Da Sauerstoff-Atome im Permanganat-Ion die Oxidationszahl -II haben, errechnet sich die Oxidationszahl des Mangan-Atoms im MnO_4^--Ion zu +VII. Das Mangan-Atom wird von +VII nach +II reduziert, nimmt also vom Eisen(II)-Ion Elektronen auf.

$$\text{Ox.:} \quad \overset{+II}{Fe^{2+}} \longrightarrow \overset{+III}{Fe^{3+}} + 1\,e^- \quad \Big| \cdot 5$$

$$\text{Red.:} \quad \overset{+VII}{MnO_4^-} + 5\,e^- + 8\,H^+ \longrightarrow \overset{+II}{Mn^{2+}} + 4\,H_2O \quad \Big| +$$

$$\text{Redox:} \quad 5\,\overset{+II}{Fe^{2+}} + \overset{+VII}{MnO_4^-} + 8\,H^+ \longrightarrow 5\,\overset{+III}{Fe^{3+}} + \overset{+II}{Mn^{2+}} + 4\,H_2O$$

Kontrolle: Die Summe der Oxidationszahlen vor und nach der Reaktion muß gleich sein:

$$\Sigma\ OZ\ \text{vor der Reaktion} = \Sigma\ OZ\ \text{nach der Reaktion}$$
$$5\cdot(+II) + (+VII) = 5\cdot(+III) + (+II)$$
$$+XVIII \qquad +XVIII = +XVIII$$
$$x = 5$$
$$y = 1$$

Übertragung der Koeefizienten x = 5 und y = 1 auf das Reaktionsschema (3), Aufgabe 5:

$$5\,Fe^{2+}_{(aq)} + MnO^-_{4(aq)} + 8\,H^+ \xrightarrow{aq} 5\,Fe^{3+}_{(aq)} + Mn^{2+}_{(aq)} + 4\,H_2O$$

Zu 5.3) Zur Berechnung des Kaliumpermanganatverbrauches bei der Titration nach *Zimmermann-Reinhardt* werden folgende Reaktionsschemata benutzt:

$$3\,Fe_{(s)} + 4\,H_2O_{(g)} \longrightarrow Fe_3O_{4(s)} + 4\,H_{2(g)} \qquad (1)$$

$$Fe_{(s)} + 2\ Fe^{3+}_{(aq)} \longrightarrow 3\ Fe^{2+}_{(aq)} \quad (2)$$

$$5\ Fe^{2+}_{(aq)} + MnO^{-}_{4(aq)} + 8\ H^{+}_{(aq)} \longrightarrow 5\ Fe^{3+}_{(aq)} + Mn^{2+}_{(aq)} + 4\ H_2O_{(l)} \quad (3)$$

In Reaktion (2) wird gerade jene Eisenportion erfaßt, die in Reaktion (1) nicht zu Hammerschlag ($Fe_3O_{4(s)}$) und Wasserstoff ($H_{2(g)}$) umgesetzt wurde (vergleiche Aufgabe 2.2). Die Endbestimmung dieses nicht verbrauchten Anteils der Eisenportion erfolgt über Reaktion (3).

Da die bei Reaktion (1) gebildete Portion an Diwasserstoff der verbrauchten Portion an Eisen äquivalent ist, kann über die Berechnung der Stoffmenge an Diwasserstoff, $n(H_2)$, sowohl die verbrauchte als auch die verbleibende Stoffmenge an Eisen ermittelt werden, weil die Masse der eingesetzten Eisenportion $m(Fe) = 2$ g bekannt ist und die Masse der gebildeten Diwasserstoffportion $m(H_2)$ in Aufgabe 2.2 bereits berechnet wurde.

Berechnung des Kaliumpermanganat-Verbrauchs

A Abkürzungen und Definitionen

A 1 Die im Modellexperiment zu Reaktion (1) eingesetzte Eisenportion hat die Masse $m_A(Fe) = 2$ g, die entsprechende Stoffmenge sei $n_A(Fe)$.

A 2 Die bei Reaktion (1) gebildete Diwasserstoffportion hat die Masse von $m_B(H_2) = 0{,}0291$ g, die entsprechende Stoffmenge sei $n_B(H_2)$.

A 3 Die der Stoffmenge $n_B(H_2)$ äquivalente Eisenportion sei $n_B(Fe)$.

A 4 Die Reststoffmenge der bei der Reaktion (1) nicht verbrauchten Eisenportion erhält den Index 'R', also $n_R(Fe)$.

A 5 Die der Stoffmenge $n_R(Fe)$ äquivalente Stoffmenge an Kaliumpermanganat bzw. Permanganat-Ionen sei $n_R(KMnO_4)$ bzw. $n_R(MnO_4^-)$.

B Beziehungen

$n_B(H_2)$ ist äquivalent $n_B(Fe)$.
$n_R(Fe) = n_A(Fe) - n_B(Fe)$
$n_R(Fe)$ ist äquivalent $n_R(KMnO_4)$ bzw. $n_R(MnO_4^-)$.

C Lösungsweg

C 1 Berechnung von $n_B(H_2)$ aus $m_B(H_2) = 0{,}0291$ g
C 2 Berechnung von $n_B(Fe)$ aus $n_B(H_2)$
C 3 Berechnung von $n_A(Fe)$ aus $m_A(Fe) = 2$ g
C 4 Berechnung von $n_R(Fe) = n_A(Fe) - n_B(Fe)$
C 5 Herleitung der Stoffmengenbeziehungen aus Reaktion (2) und (3)
C 6 Berechnung von $n_R(KMnO_4)$ aus $n_R(Fe)$
C 7 Berechnung des Verbrauches an $KMnO_4$-Lösung über $n_R(KMnO_4)$ und $c(KMnO_4) = 0{,}1\ mol \cdot l^{-1}$

C 1 Berechnung von $n_B(H_2)$ aus $m_B(H_2)$

Aus $n(X) = \frac{m(X)}{M(X)}$ (1)

mit $m_B(H_2) = 0{,}0291$ g (vergleiche 2.2)
und $M(H_2) = 2{,}016 \frac{g}{mol}$:

$$n_B(H_2) = \frac{m_B(H_2)}{M(H_2)} \quad (2)$$

$$= \frac{0{,}0291 \text{ g}\cdot\text{mol}}{2{,}016 \text{ g}} \quad (3)$$

$$\underline{n_B(H_2) = 0{,}0144 \text{ mol}} \quad (4)$$

C 2 Berechnung der Stoffmenge $n_B(Fe)$
Aus Reaktion (1) folgt

$$n(H_2):n(Fe) = 4:3 = n_B(H_2) : n_B(Fe),$$

$$n_B(Fe) = \frac{3\cdot n_B(H_2)}{4} \text{ mit } n_B(H_2) = 0{,}0144 \text{ mol} \quad (1)$$

$$n_B(Fe) = \frac{3}{4} \cdot 0{,}0144 \text{ mol} \quad (2)$$

$$\underline{n_B(Fe) = 0{,}0108 \text{ mol}} \quad (3)$$

C 3 Berechnung von $n_A(Fe)$ aus $m_A(Fe)$

$$n_A(Fe) = \frac{m_A(Fe)}{M(Fe)} \quad (1)$$

mit $m_A(Fe) = 2{,}0000$ g und
mit $M(Fe) = 55{,}85 \frac{g}{mol}$

$$n_A(Fe) = \frac{2 \text{ g}\cdot\text{mol}}{55{,}85 \text{ g}} \quad (2)$$

$$\underline{n_A(Fe) = 0{,}3581 \text{ mol}} \quad (3)$$

C 4 Berechnung der Reststoffmenge $n_R(Fe)$

$$n_R(Fe) = n_A(Fe) - n_B(Fe) \quad (1)$$

$$= (0{,}0351 - 0{,}0108) \text{ mol} \quad (2)$$

$$\underline{n_R(Fe) = 0{,}02501 \text{ mol}} \quad (3)$$

C 5 Herleitung der Stoffmengenbeziehungen aus den Reaktionen (2) und (3)

Aus den Reaktionen (2) und (3) folgen die Stoffmengenbeziehungen

$$n(Fe):n(Fe^{2+}) = 1:3 = n_R(Fe):n_R(Fe^{2+}) \quad \text{und} \quad (2')$$

$$n(MnO_4^-):n(Fe^{2+}) = 1:5 = n_R(MnO_4^-):n_R(Fe^{2+}) \quad (3')$$

Aus (2')
$$\underline{n_R(Fe^{2+}) = 3\cdot n_R(Fe).}$$

Durch Einsetzen für $n_R(Fe^{2+})$ in (3') erhält man:

$$1:5 = n_R(MnO_4^-):3n_R(Fe)$$

$$n_R(MnO_4^-) = \frac{3}{5} \cdot n_R(Fe)$$

C 6 Berechnung von $n_R(KMnO_4)$ aus $n_R(Fe)$

Mit $n_R(Fe) = 0,02501$ mol folgt aus dem Ergebnis C 5:

$$n_R(MnO_4^-) = n_R(KMnO_4) = \frac{3}{5} \cdot 0,02501 \text{ mol}$$

$$\underline{n_R(KMnO_4) = 0,01501 \text{ mol}}$$

C 7 Berechnung des Verbrauches an $KMnO_4$-Lösung mit $c(KMnO_4) = 0,1 \frac{mol}{l}$

Der Verbrauch an Kaliumpermanganat beträgt für die gesamte Eisenportion, die im Gleichgewicht als Restportion vorliegt, $n_R(KMnO_4) = 0,01501$ mol (vergleiche Lösungsergebnis C 6). Entsprechend der Aufgabenstellung 5 werden jeweils nur $\frac{1}{10}$-Portionen dieser Restportion zur Titration angewandt, da das gesamte Reaktionsgemisch aus Reaktion (2) auf ein Volumen von $V = 500 \text{ cm}^3$ gebracht wird, von welchem Portionen mit $V = 50 \text{ cm}^3$ mit Kaliumpermanganat-Lösung mit $c(KMnO_4) = 0,1 \text{ mol} \cdot l^{-1}$ reagieren:

$$\frac{n_R(Fe) \cdot 50 \text{ cm}^3}{500 \text{ cm}^3} = 0,1 \cdot n_R(Fe)$$

Die zur Titration gelangenden Stoffportionen an $n_{R'}(Fe) = 0,1 \cdot n_R(Fe)$, verbrauchen dann entsprechend nur die Stoffmenge $n_{R'}(KMnO_4) = 0,1 \cdot n_R(KMnO_4) = \frac{0,01501 \text{ mol}}{10}$.

Allgemein gilt:

$$c(X) = \frac{n(X)}{V} \text{ bzw.} \qquad (1)$$

$$V = \frac{n(X)}{c(X)} \qquad (2)$$

Mit $c(KMnO_4) = 0,1 \text{ mol} \cdot l^{-1}$

$$= 0,1 \frac{\text{mol}}{1000 \text{ cm}^3} \text{ und}$$

$$n_{R'}(KMnO_4) = 0,1 \cdot 0,01501 \text{ mol}$$

$$V = \frac{0,1 \cdot 0,01501 \text{ mol}}{0,1 \text{ mol}} \cdot 1000 \text{ cm}^3 \qquad (3)$$

$$\underline{V = 15,01 \text{ cm}^3}$$

Verbrauch an Kaliumpermanganat-Lösung mit $c(KMnO_4) = 0,1 \text{ mol} \cdot l^{-1}$ beträgt $V = 15,0 \text{ cm}^3$.

Zu 6) Wenn nach Reaktion (1)

$$3\ Fe_{(s)} + 4\ H_2O_{(g)} \rightleftharpoons Fe_3O_{4(s)} + 4\ H_{2(g)}$$

sowohl reines Eisenmetall als auch reiner Hammerschlag, $Fe_3O_{4(s)}$, auf präparativem Wege hergestellt werden sollen, kann dies nur gelingen, wenn die Gleichgewichtslage mit angemessenem Aufwand so beeinflußt werden kann, daß einmal die Bildung der Stoffe auf der rechten Seite des Gleichgewichts, das andere Mal die Bildung der Stoffe auf der linken Seite so stark begünstigt wird, daß die Konzentrationen der jeweils anderen Seite vernachlässigbar klein werden.

Zu 6.1) Im Falle 6.1 muß gelten:

$$c(Fe) \gg c(Fe_3O_4)$$

Zu 6.2) Im Falle 6.2 muß gelten:

$$c(Fe) \ll c(Fe_3O_4)$$

Fall 6.1 ist realisierbar, wenn dafür gesorgt wird, daß

$$c(H_2) \gg c(H_2O),$$

Fall 6.2, wenn

$$c(H_2) \ll c(H_2O).$$

Experimentell kann man diese Bedingungen erfüllen, indem im offenen System gearbeitet wird. Bei dieser Experimentierweise wird dafür gesorgt, daß das bei der Reaktion sich bildende gasförmige Reaktionsprodukt (bei 6.1 $H_2O_{(g)}$, bei 6.2 $H_{2(g)}$) während der gesamten Reaktionsdauer ständig entfernt, d.h. aus dem Gleichgewicht gezogen wird. Dies wird mit Hilfe zweier Maßnahmen erreicht:

1) durch Erhitzen der Reaktionszone und
2) durch Mitführung ('Beladung') des entstehenden gasförmigen Reaktionsproduktes mit dem während der gesamten Reaktionsdauer durch die Apparatur hindurchströmenden gasförmigen Reaktionspartner (vergleiche dazu die Abbildungen 6.1 und 6.2).

Die Reaktionszone wird während der gesamten Reaktionsdauer so lange erhitzt, bis der gesamte Hammerschlag, $Fe_3O_{4(s)}$, zu metallischem Eisen umgesetzt ist entsprechend der Reaktion

$$Fe_3O_{4(s)} + 4\ H_{2(g)} \xrightarrow{\text{erhitzen}} 3\ Fe_{(s)} + 4\ H_2O_{(g)} \quad \text{bzw.}$$

$$Fe_3O_{4(s)} + n\ H_{2(g)} \xrightarrow{\text{erhitzen}} 3\ Fe_{(s)} + [4\ H_2O + (n - 4)\ H_2]_{(g)}.$$

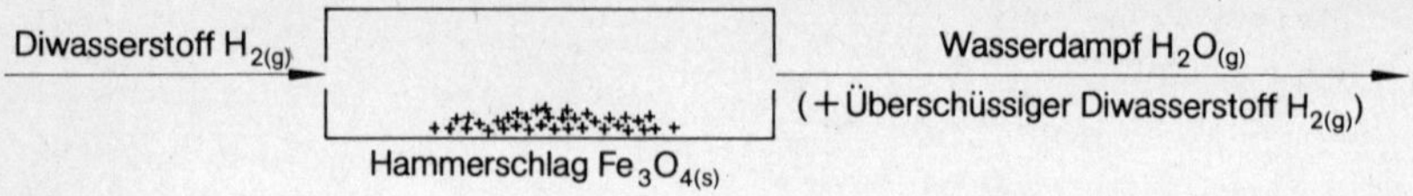

Abbildung 6.1: Prinzip einer Versuchsanordnung zur Herstellung von metallischem Eisen aus 'Hammerschlag' und Wasserstoffgas.

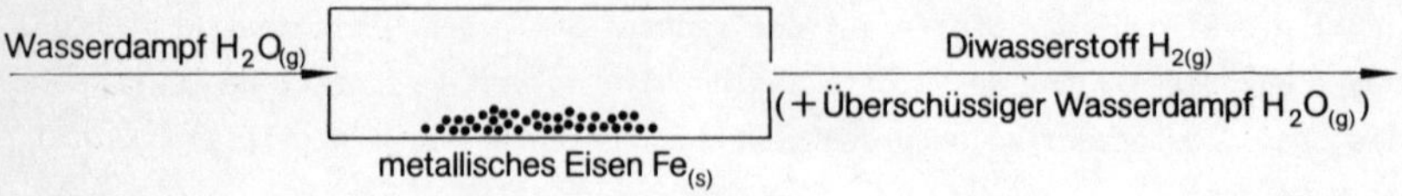

Abbildung 6.2: Prinzip einer Versuchsanordnung zur Herstellung von 'Hammerschlag' aus metallischem Eisen und gasförmigem Wasser.

Die Reaktionszone wird während der gesamten Reaktionsdauer so lange erhitzt, bis das gesamte Eisen zu Hammerschlag, $Fe_3O_{4(s)}$, umgesetzt ist entsprechend der Reaktion

$$3\ Fe_{(s)} + 4\ H_2O_{(g)} \xrightarrow{\text{erhitzen}} Fe_3O_{4(s)} + 4\ H_{2(g)} \text{ bzw.}$$

$$3\ Fe_{(s)} + n\ H_2O_{(g)} \xrightarrow{\text{erhitzen } (n=4)} Fe_3O_{4(s)} + [4\ H_2 + (n-4)\ H_2O]_{(g)}$$

Zu 7/7.1)

A Fachwissenschaftliche Problemformulierung eines auch dem Laien zugänglichen Beobachtungsbefundes. Verknüpfung der Reaktionspartner zu einem Reaktionsgleichgewicht.

A 1 Erste Problemlösung, die zur Planung eines Modellexperiments zum Zwecke einer analytischen Untersuchung im Labormaßstab überleitet.

B Bereitstellung von Meßdaten aus einem ersten durchgeführten Modellexperiment.

B 1 Gezielte Interpretation der Meßdaten, die zu einem ersten weiterführenden quantitativen Interpretationsergebnis führt (K_p).

B 2 Anwendung des Interpretationsergebnisses aus 2.1 auf ein weiteres Einzelmodellexperiment, das als Grundlage für den weiteren Untersuchungsgang dient.

C-E Absicherung der teilweise durch Berechnung gewonnenen Ergebnisse mit Hilfe geeigneter experimenteller Untersuchungsmethoden.

C Erkennen der Schwierigkeiten bei der experimentellen Überprüfung des Lösungsergebnisses aus 2.2. Vorschlag einer möglichen Untersuchungsmethode.

C 1 Theoretische Voruntersuchung zur Brauchbarkeit der vorgeschlagenen Untersuchungsmethode mit Hilfe bekannter, in der Literatur tabellierter Meßdaten.

D/ 1-4 Beschreibung der experimentellen Grundlagen des weiteren Untersuchungsganges und dessen Problematisierung.

E Detaillierte Beschreibung des zur Problemlösung führenden experimentellen Problemlöseganges.

E 1 Hinterfragen eines experimentellen Teilproblems.

E 2 Problemlösende Anwendung chemischer Grundkenntnisse.

E 3 Prognose des erwarteten experimentellen Meßergebnisses auf der Grundlage einer bereits erfolgten, von dieser Experimentiermethode unabhängigen Untersuchung (Rückkoppelung zum Lösungsergebnis 2/2.2).

F Gezielte (labor-)technische Anwendung und Überprüfung des Gesamt-Problemlöseergebnisses.

F 1 Skizzierung experimenteller Versuchsanordnungen für die labortechnische
F 2 Nutzung des quantitativ untersuchten Ausgangsproblems bei Wahl extremer Versuchsbedingungen zur Erzwingung extremer Gleichgewichtslagen.

Weiterführende Informationen:

Der dargestellte Lösungsweg soll Ihnen einen Einblick in einen chemisch-wissenschaftlichen Problemlösegang aufzeigen. Eine Reihe von Einzelfragen können Sie bei gezielter Fragestellung mit den im Verlaufe des Schulunterrichts erworbenen Kenntnissen beantworten. Wo Ihnen dies nicht gelingt, könnten Sie zu der Einsicht gelangen, daß man durch Üben zu Fertigkeiten gelangen kann, z.B. beim Aufstellen von Redoxgleichungen. Trainieren Sie dies auch an weiteren Beispielen aus Ihrem Chemiebuch, zum Beispiel, indem Sie alle Ihnen zugänglichen Redox-Reaktionen, die mit Kaliumpermanganat durchgeführt werden, lösen. Wenn Sie solche Reaktionsgleichungen nach und nach selbständig und ohne Zuhilfenahme des Lehrbuches aufstellen und lösen können, beherrschen Sie schon ein wichtiges chemisches Teilgebiet!
Vielleicht entdecken Sie eine innere Freude an solcherart geistiger Arbeitsweisen. Sollte dies der Fall sein, wäre dies eine solide Grundlage dafür, darüber nachzudenken, ob Sie nach erfolgreich bestandenem Abitur nicht Chemie studieren sollten.

Es ist Ihnen sicherlich nicht entgangen, daß es bei der Bearbeitung des gesamten Aufgabenkomplexes eine Vielzahl von Berührungspunkten und Überschneidungen mit den Nachbardisziplinen Mathematik und Physik gibt. Dies gehört zum Wesen der Chemie, und deshalb studieren Chemie-Studenten in den ersten Semestern auch Physik und Mathematik. Die hier erworbenen Fähigkeiten fließen dann im Verlaufe des weiteren Studiums immer mehr in das Fach Physikalische Chemie ein. Sie sehen, daß hier in der Namensgebung schon die enge inhaltliche Verflechtung der beiden Fächer zum Ausdruck kommt. Es gab in der ersten Hälfte unseres Jahrhunderts einen prominenten Vertreter dieser eigenständigen Disziplin, der seinem Lehrbuch den Titel 'Chemische Physik' gab. Daran können Sie sehen, daß die Akzentuierung vom jeweiligen 'Hausfach' aus vorgenommen werden kann. Gleichzeitig verrät diese Namensgebung auch, daß man sich das Forschungsgebiet der Physikalischen Chemie sowohl von einem Physik- als auch von einem

Chemie-Studium herkommend erschließen kann. Solide chemische Grundkenntnisse benötigen Sie auch, wenn Sie Physik, Biologie, Pharmazie oder Medizin studieren sollten. Die in den zurückliegenden Aufgaben behandelten Punkte werden mehr oder weniger tief auch in den Grundstudiengängen dieser Fächer gelehrt und verlangt.

Einen zusammenhängenden Problemlösegang wie diesen werden Sie indes in den meisten Fällen erst nach dem Studium selbständig bearbeiten, und zwar wenn Sie es gelernt haben werden, in so großen Zusammenhängen zu denken. Gelegentlich könnte Ihnen ein solcher Aufgabenkomplex unter wissenschaftlich-experimenteller Anleitung auch schon gegen Ende des Chemie-Studiums zu Studienzwecken aufgetragen werden. Wenn Sie gut sind und nicht zwischendurch noch Vorlesungen oder Seminare besuchen müssen, könnte die gesamte Aufgabe innerhalb von zwei Wochen von Ihnen gelöst werden, vielleicht begleitet von physikalisch-chemischen Meßmethoden, die nicht sehr arbeitsaufwendig sind (Röntgenuntersuchung und magnetische Messungen zum Beispiel). Bei erstmaliger Erforschung des Reaktionssystems hingegen wäre sicher ein Vielfaches des angegebenen Zeitaufwandes nötig, nicht zuletzt deshalb, weil Hammerschlag, Fe_3O_4, in enger Beziehung steht zu den beiden Nachbaroxiden Eisen(II)- und Eisen(III)-oxid, und man konsequenterweise auch, gegeneinander abgrenzend, etwas über deren Existenzbereich und -Bedingungen erfahren müßte.

Die Substanz, die wir heute Hammerschlag, Fe_3O_4, nennen, ist seit dem Altertum als Mineral auch unter dem Namen Magnetit bekannt. Der Name wird auf die thessalische Stadt Magnesia zurückgeführt, wo er erstmals als sog. 'Magnetstein' gefunden worden sein soll. Infolge seiner magnetischen Wirkung nahm dieser Magnetit die Menschen immer wieder in seinen Bann. Noch bis ins hohe Mittelalter hinein schrieb man ihm eine magische Wirkung zu. Selbst der aufklärerisch wirkende *Paracelsus* schrieb der sowohl magnetischen wie magnetisierenden Wirkung des mineralisch vorkommenden Stoffes einer Art 'Geist' zu und verordnete ihn als Heilmittel gegen Krämpfe. Die geheimnisvoll-abergläubige Ausdeutung der Magnetwirkung hielt sich bei uns in Europa noch bis ins 19. Jahrhundert hinein, obwohl seit dem Ende des Mittelalters, von China überkommend, die Magnetnadel schon als Richtungsweiser angewandt wurde und obwohl man im Magnetit um die Jahrhundertwende vom 18. zum 19. Jahrhundert schon ein eigenständiges Oxid vermutete. Diese Vermutung, die sich damals auf die chemische Analyse stützte (72,36 % Eisen und 27,64 % Sauerstoff), fand erst circa 150 Jahre später ihre endgültige Bestätigung, als man es nämlich gelernt hatte, mit neu entwickelten Untersuchungsmethoden ins 'Innere' des Magnetits hineinzusehen. Das war etwa um 1950, und zwar mit Hilfe von Neutronenbeugungsuntersuchungen. Diese brachten nicht nur zutage, daß Eisen-Ionen teilweise tetraedrisch und zum Teil oktaedrisch von Sauerstoff umgeben sind, sondern lieferte die noch weiter differenzierte Aussage, daß die Tetraederlücken ausschließlich von Fe(III)-Ionen, während die Oktaederlücken zu je 50 % von Fe(II)- und von Fe(III)-Ionen besetzt sind. In der Formelsprache ausgedrückt kann dies Ergebnis folgendermaßen dargestellt werden: $(Fe^{3+})_t[Fe^{2+}Fe^{3+}]_oO_4$; hier steht 't' für tetraedrisch und 'o' für oktaedrisch umgeben von Sauerstoff. Es dauerte nicht mehr sehr lange, da waren die Grundlagen für eine weitere Untersuchungsmethode entdeckt, der *Mössbauer*-Effekt, benannt nach dem Münchener Physiker *Rudolf Mössbauer*, der für diese grundlegende Entdeckung 1962 im Alter von 42 Jahren mit dem *Nobel*-Preis für Physik ausgezeichnet wurde. Im selben Jahr wurden die Aussagen, welche über die Neutronenbeugungsmethode gewonnen worden sind, mit Hilfe der neuentwickelten *Mössbauer*-Spektroskopie bestätigt. Erst jetzt konnte das Rätselraten um eine Reihe von ungewöhnlichen Eigenschaften des Magnetits beendet werden: Die den Metallen vergleichbare, außergewöhnlich hohe elektrische Leitfähigkeit wurde erklärbar, ebenso der ungewöhnlich starke Ferromagnetismus. Dies bleibt nicht ohne Auswirkungen auf die weitere Entwicklung in Forschung und Technik und beeinflußte in herausragender Weise die Herstellung magnetischer Informationsträger, das heißt die Produktion von Cassetten-Tonbändern. Cassetten-, Ton- und Video-Bänder, die höchsten Ansprüchen genügen sollen, enthalten eine Substanz mit der Zusammensetzung Fe_3O_4, ebenso Datenträger mit hohen Speicherdichten. So kann der von Ihnen über diese Aufgabe ausführlicher als üblich vorgestellte Hammerschlag oder Magnetit geradezu symbolhaft für die Erkenntnis stehen: Je mehr Informationen man über einen Stoff hat, desto mehr kann man in ihn hineinstecken.

Literatur:

[1] *Brockhaus*-Enzyklopädie, Bd. 11 und 12. Wiesbaden 1970 und 1971
[2] *Dorn-Bader*, Physik Mittelstufe. Hermann Schroedel Verlag KG, Hannover 1973
[3] *Hofmann/Rüdorff*, Anorganische Chemie. Vieweg Verlag, 19. Auflage, Braunschweig 1963
[4] *Hollemann-Wiberg*, Lehrbuch der anorganischen Chemie. De Gruyter Verlag, 71. 80. Auflage, Berlin 1971
[5] *Jander/Jahr*, Maßanalyse, Sammlung Görschen. Bd. 221/221a, de Gruyter & Co., Berlin 1966
[6] *Kiechle*, Analysenmethoden. Verlag Diesterweg - Salle - Sauerländer, Frankfurt/M. 1982
[7] *Schmidtkunz/Lindemann*, Das forschend-entwickelnde Unterrichtsverfahren. Paul List Verlag, München 1976
[L 8]
[L10]
[L19]
[Z 2] 29, 73 - 81, (1980)

C. Reaktionsmechanismen

6. Elektrophile Addition an Alkene

Voraussetzungen aus dem Unterricht: Alkene, elektrophile Addition an Ethen oder andere Alkene, Protonen oder Peroxide als Katalysatoren bei chemischen Reaktionen, "Grenzstrukturen" zur Stabilisierung von Ionen oder Molekülen (Resonanzenergie), analytische Methoden: Gas-Chromatographie.

Aufgaben

1. Die Ihnen aus dem Unterricht bekannte Entfärbung einer Lösung von Brom in Tetrachlorkohlenstoff (Tetrachlormethan) zählt zu den klassischen Nachweisreaktionen für Alkene. Erläutern Sie den für den Reaktionsablauf angenommenen Zweischritt-Mechanismus und wählen dazu Ethen als Beispiel für ein Alken. Folgern Sie aus Ihren Darlegungen, welche Beobachtungen man erwarten kann, wenn die Bromierung in anderen unterschiedlich poralen Lösemitteln durchgeführt wird.

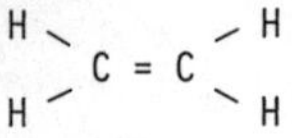

Ethen

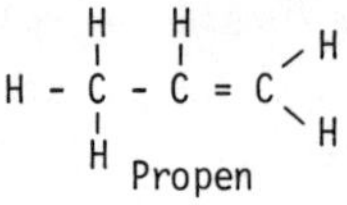

Propen

2. Leitet man Propen, ein unsymmetrisches Alken, solange durch eine methanolische Bromlösung, bis diese entfärbt ist, dann kann gas-chromatographisch (Abbildung 1) 1,2-Dibrompropan als Endprodukt nachgewiesen werden. Soweit steht dieses Ergebnis in Übereinstimmung mit den Überlegungen in der 1. Aufgabe.

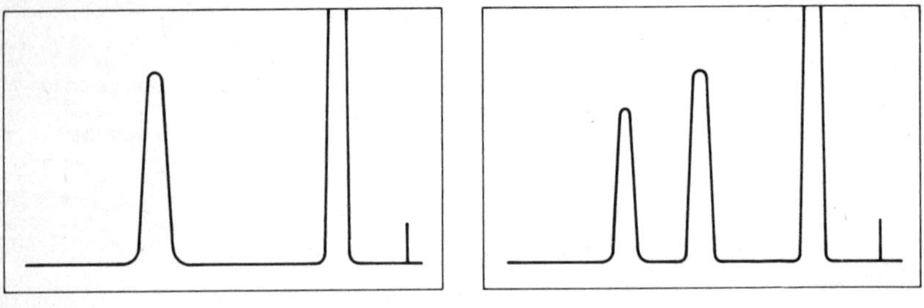

Abbildung 1: Chromatogramme - a) Chromatogramm zu 2. b) Chromatogramm zu 2.1

2.1 Leitet man nun Propen durch eine methanolische Bromlösung, in der Lithiumchlorid gelöst ist, dann kann in der Gas-Chromatographie-Analyse (Abbildung 1) als weiteres Produkt 1-Brom-2-chlorpropan nachgewiesen werden.
Entwickeln Sie für diese Umsetzung einzelne Reaktionsschritte, und erläutern Sie dabei auch, welches andere Reaktionsprodukt man formal noch hätte erwarten können.

2.2 Läßt man Propen mit Hydrogenbromid (Bromwasserstoff) reagieren, dann können formal zwei Brompropane gebildet werden; im Experiment findet man aber nur ein Produkt.
Entwickeln Sie für die Umsetzung zwischen Propen und Hydrogenbromid einzelne Reaktionsschritte, formulieren Sie die zwei möglichen Brompropane, und entscheiden Sie mit Blick auf die Ergebnisse aus 2.1 und auf Stabilitätsunterschiede bei den Zwischenprodukten, welches Reaktionsprodukt Ihrer Meinung nach experimentell zu finden sein wird.

2.3 Aus 2-Methylpropen können in Gegenwart von Protonen auch hochmolekulare Polymere entstehen.
Entwickeln Sie aus den bisherigen Ergebnissen und aus der Struktur des 2-Methylpropens begründete Vermutungen über die Bildung möglicher Polymere.

Lösungsvorschlag:

Zu 1) Die Reaktion zwischen Brom und Ethen verläuft bei Zimmertemperatur ohne Katalysator und ohne weitere Energiezufuhr, sie läuft auch im Dunkeln ab. Daher nimmt man an, daß das Brom-Molekül schon bei Annäherung an die Doppelbindung durch die hohe Elektronendichte zwischen den Kohlenstoff-Atomen polarisiert wird und das positivere der beiden Brom-Atome mit den Elektronen der Doppelbindung in Wechselwirkung tritt:

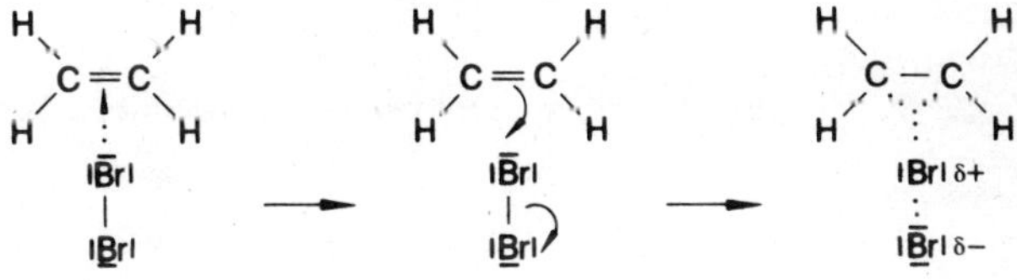

(1) (2) (3)

Aus (3) kann dann heterolytisch ein Bromid-Ion abgespalten werden. Dabei bildet sich auch ein Carbenium-Ion. Beide reagieren anschließend zum Endprodukt 1,2-Dibromethan (5):

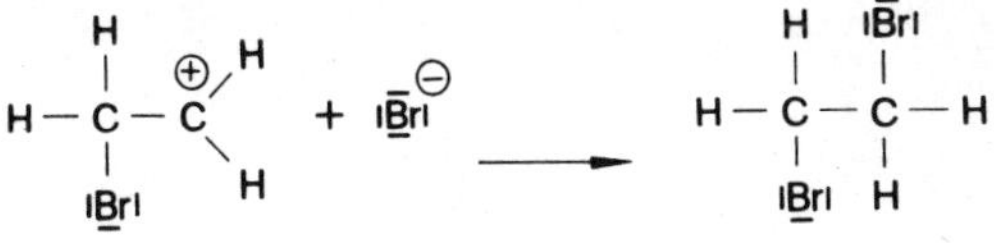

(4) (5)

Alternativ zum Carbenium-Ion (4) vermutet man als Zwischenprodukt ein cyclisches Bromonium-Ion (4'):

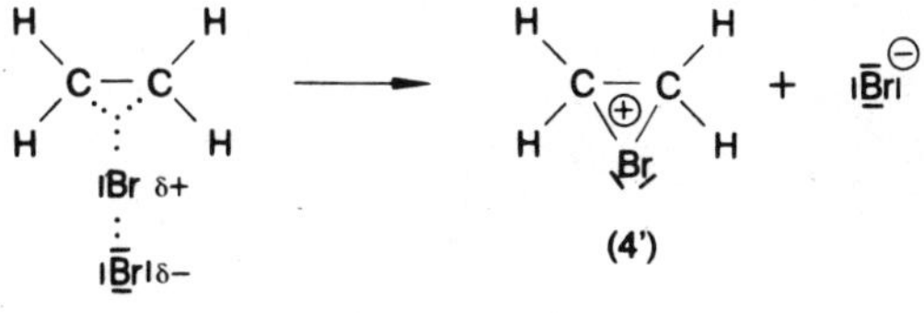

(3) (4')

Dieses cyclische Bromonium-Ion (4') macht verständlich, daß der nucleophile Angriff des Bromid-Ions als ein gesonderter zweiter Schritt anzusehen ist und daß er insbesondere nur von der dem ersten Brom-Atom entgegengesetzten Seite des Molekül-Ions aus erfolgen kann.

Nimmt man für die Aufnahme der an der Reaktion beteiligten Produkte ein polares Lösemittel statt des hier verwendeten unpolaren Tetrachlormethans, dann wird eine gewisse Polarisierung der Brom-Moleküle schon in der Lösung vorgebildet sein. Dadurch kann die Bildung des Kations in der Abfolge (1) bis (4) und damit der geschwindigkeitsbestimmende Schritt der Reaktion schneller erfolgen. Je stärker polar das verwendete Lösemittel ist, um so rascher wird also auch die elektrophile Additionsreaktion verlaufen.

Zu 2.1) Bei der Umsetzung zwischen Propen (1) und Brom (2)

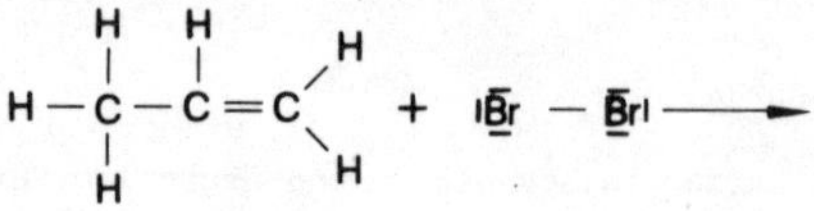

(1) (2)

entsteht im ersten Schritt der elektrophilen Addition ein Bromonium-Ion (3)

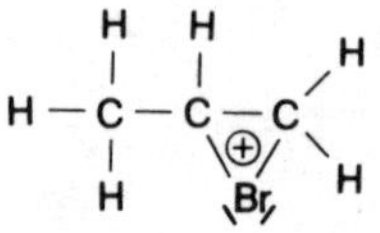

für das folgende beide Grenzstrukturen von Carbenium-Ionen formuliert werden können:

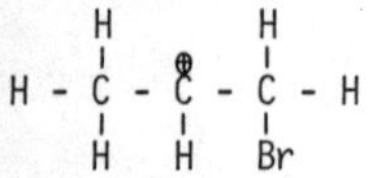

(3')

und

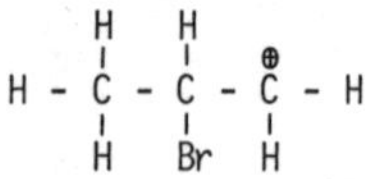

(3'')

Nach den experimentellen Ergebnissen wird dann im zweiten Schritt ein nucleophiles Chlorid-Ion an das Ion (3') addiert und so 1-Brom-2-chlorpropan (4) gebildet:

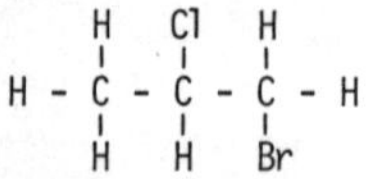

(4)

Formal hätte auch 2-Brom-1-chlorpropan (5) dadurch entstehen können, daß Chlorid-Ionen an das Carbenium-Ion (3'') addiert worden wären:

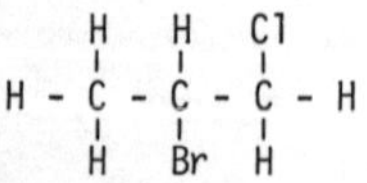

(5)

Zu 2.2) Das polarisierte Hydrogenbromid-Molekül (2) greift über das Proton an der Doppelbindung an:

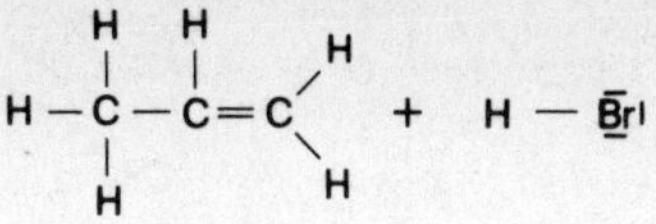

(1) (2)

Dabei können im ersten Schritt neben Bromid-Ionen noch folgende Carbenium-Ionen entstehen:

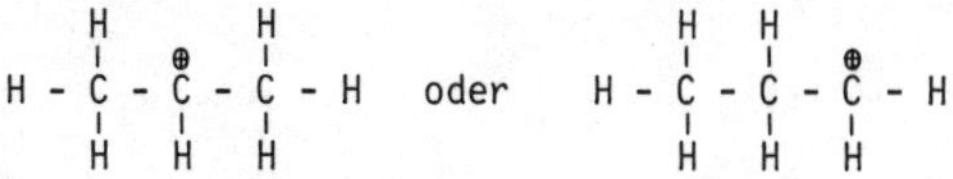

(3') (3'')

Im zweiten Schritt kann dann über einen nucleophilen Angriff

(3') zu 2-Brompropan $CH_3-\overset{Br}{C}H-CH_3$ beziehungsweise

(3'') zu 1-Brompropan $CH_3-CH_2-\overset{Br}{C}H_2$ weiterreagieren.

Da nach den Ergebnissen aus 2.1 das Carbenium-Ion (3') offensichtlich eine relativ größere Stabilität als das Ion (3'') besitzt, wird bei dieser Reaktion 2-Brompropan als Endprodukt zu erwarten sein.
Zur Stabilitätsbegründung kann angeführt werden, daß sich im Carbenium-Ion (3') die positive Ladung an einem sekundären Kohlenstoff-Atom befindet. Hier wird sie stärker stabilisiert, als dies bei einem primären Carbenium-Ion der Fall wäre, denn hier wirken zwei Methylgruppen durch ihren elektronenschiebenden +I-Effekt.

Zu 2.3) Methylpropen-Moleküle werden in Gegenwart von Protonen folgendermaßen reagieren:

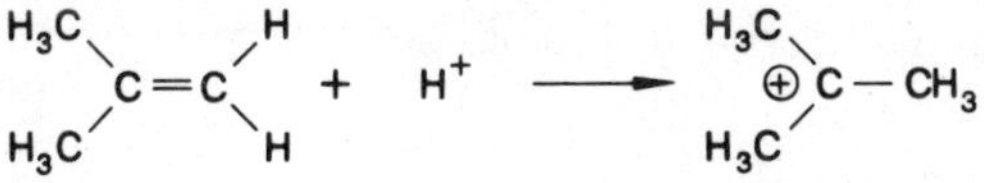

(1) (2)

Dabei handelt es sich bei (2) um ein tertiäres Carbenium-Ion, das durch die besondere Stabilisierung der positiven Ladung begünstigt ist. Dieses Carbenium-Ion (2) kann nun als elektrophiles Teilchen an die Doppelbindung eines noch nicht protonierten Alken-Moleküls addiert werden:

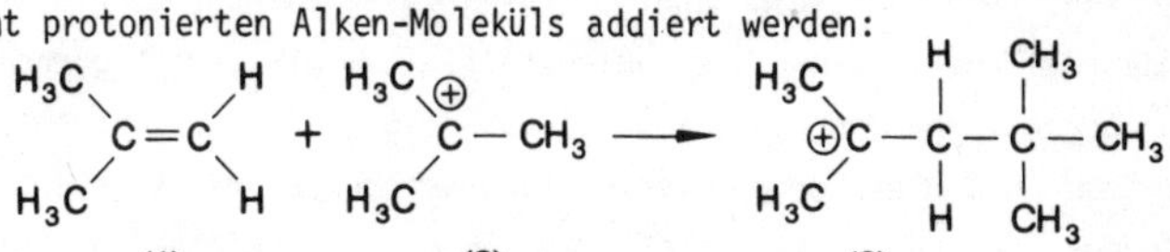

(1) (2) (3)

Dabei wird die positive Ladung wieder an einem tertiären Kohlenstoff-Atom stabilisiert.

Das so entstandene Kation (3) kann dann entweder ein Proton abgeben und ein stabiles Okten (4) bilden

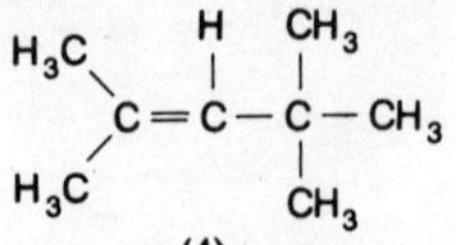

(4)

oder es wird sich wieder als elektrophiles Teilchen an ein drittes Alken-Molekül anlagern:

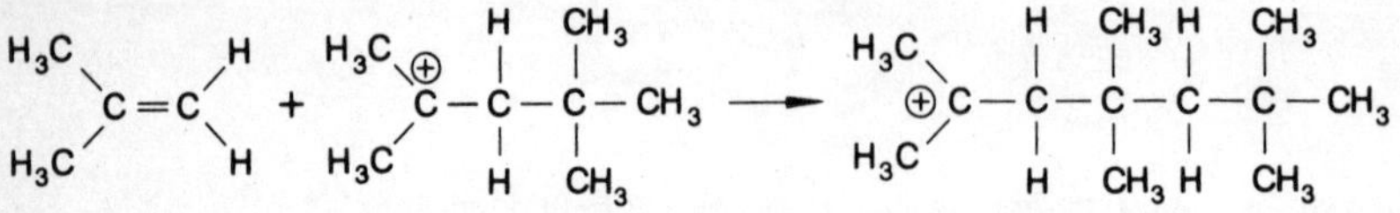

(1) (3) (5)

Für das jetzt entstandene Kation (5) gilt Analoges wie bei (3):

- das stabilere Carbenium-Ion hat sich herausgebildet und
- kann durch Abspaltung eines Protons oder durch elektrophilen Angriff an ein unprotoniertes Alken stabilisiert werden.

Durch Fortsetzung dieser Reaktionen entstehen schließlich langkettige Makromoleküle. Sie alle weisen als Bauelemente die folgende Struktur auf:

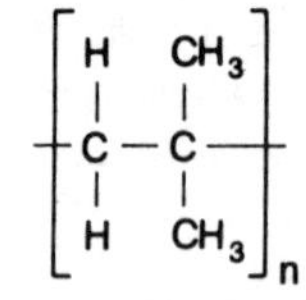

An den Kohlenstoff-Atomen in der Polymeren-Kette sind alternierend zwei Wasserstoff-Atome oder zwei Methyl-Gruppen gebunden.

Weiterführende Informationen:

Zu 1) Charakteristisches Merkmal aller Alkene ist die Kohlenstoff-Kohlenstoff-Doppelbindung, in der den beiden benachbarten Atomen zwei gemeinsame Elektronenpaare zugeschrieben werden. Dadurch sind die beiden Atome starr miteinander verbunden, denn für jede Drehung um die C-C-Achse ist die Trennung einer der beiden Bindungen und damit ein hoher Energieaufwand notwendig. Dieser Umstand führt in den Fällen, in denen die Kohlenstoff-Atome mit verschiedenen Atomen oder Atomgruppen verbunden sind, zum Auftreten von Molekülen, die bei gleicher Zusammensetzung und gleicher Atomverknüpfung dennoch räumlich unterschiedliche Atomanordnungen zeigen. Diese Art der Raum-Isomerie bezeichnet man als cis-trans-Isomerie [L9, Kapitel 5.3; L18, Kapitel 2.3].

Im Rahmen der "Orbital-Vorstellung" nimmt man bei einer Doppelbindung für die beteiligten Kohlenstoff-Atome eine "sp^2-Hybridisierung" an und formuliert dann eine σ- und eine π-Bindung [L9, Kapitel 5, L25, Kapitel 5]. Dabei überlappen zunächst zwei sp^2-Orbitale von benachbarten Atomen und bilden eine σ-Bindung. Liegen nun alle sp^2-Orbitale der beiden Atome in derselben Ebene, dann können sich die beiden einfach besetzten p-Orbitale, die senkrecht zu dieser Ebene stehen, seitlich überlappen:

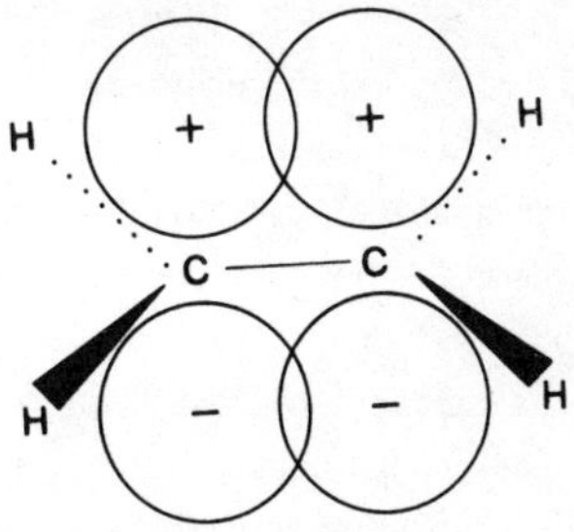

Abbildung 2

Durch Kombination der p-Orbitale erhalten wir schließlich die zweite Komponente der Doppelbindung, die π-Bindung, für deren Elektronenwolke man auch folgende Form annimmt [L18, Kapitel 3.2]:

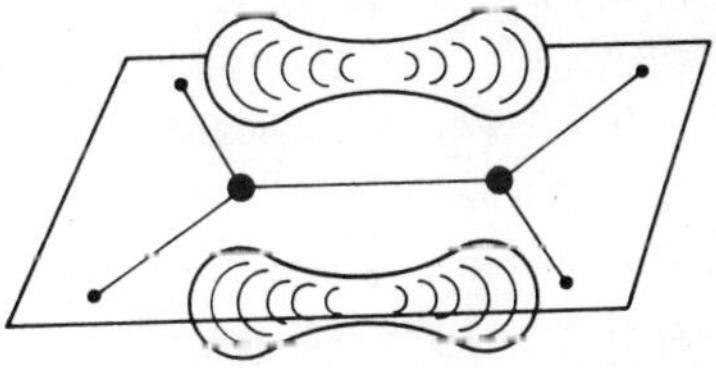

Abbildung 3

Diese Form eines Ausschnittes aus einem Alken-Molekül verdeutlicht, daß die Stoffe bei vielen Reaktionen elektronenliefernd wirken und daher leicht mit elektrophilen Reagenzien umgesetzt werden können. Dazu gehören auch die Brom-Moleküle. Überträgt man jetzt die im Bromonium-Ion (4') dargestellte Struktur in die "Orbital-Vorstellung", dann wird deutlich, daß der Angriff des Bromid-Ions im zweiten Reaktionsschritt nur von der gegenüberliegenden Molekülseite aus erfolgen kann. Diese sogenannte Stereoselektivität wird beispielsweise wirksam, wenn ein Brom-Molekül mit Cyclohexen zu 1,2-Dibromcyclohexan reagiert und dabei nur die trans-Form des Produktes und nicht die cis-Form entsteht [L28, Kapitel 8.2].

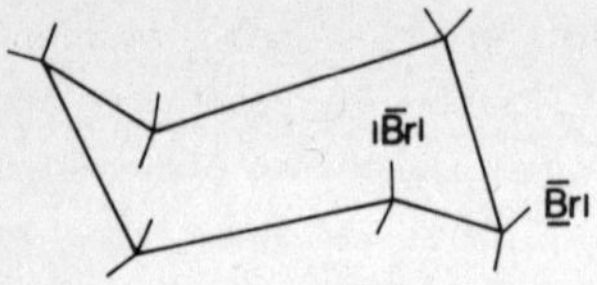

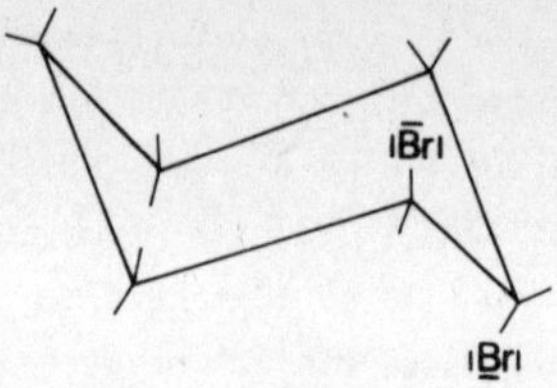

Abbildung 4: Konfiguration des cis-1,2-Dibromcyclohexan-Moleküls — Konfiguration des trans-1,2-Dibromcyclohexan-Moleküls

Zu 2) Die Gas-Chromatographie gehört zu den wichtigen Analysemethoden, die man zur Auftrennung von Stoffgemischen und zur Identifizierung einzelner Bestandteile einsetzt [L6, Kapitel 1.4; 6]. Sie kann schnell und mit wenig Substanz durchgeführt werden. Die in Abbildung 1 vorgelegten Chromatogramme zeigen von rechts gesehen zunächst den Startpunkt, der beim Einbringen der Analysenprobe entsteht, dann das Extraktionsmittel, in dem sich die Produkte befinden, und schließlich die Reaktionsprodukte selbst. Durch Vergleichsanalysen lassen sich die jeweils vermuteten Stoffe identifizieren: 1,2-Dibrompropan in den Chromatogrammen a) und b), und zwar jeweils dort, wo entsprechende Peaks den gleichen Abstand zum Startsignal aufweisen, und 1-Brom-2-Chlorpropan bei b).

Zu 2.1) Die Addition eines in der Lösung vorhandenen negativen Ions im zweiten Reaktionsschritt ist ein wichtiger Nachweis für den Zweischritt-Mechanismus [L28, Kapitel 8.2]. Die hier aufgetretene Selektivität bei unsymmetrischen Molekülen läßt darüber hinaus Aussagen über die Stabilität von Zwischenprodukten zu (vergleiche 2.2).

Zu 2.2) Die über ionische Zwischenprodukte verlaufende Addition von Hydrogenbromid an Propen, bei der ausschließlich 2-Brompropan bebildet wird, bezeichnet man auch als "*Markownikoff*-Addition" [L18, Kapitel 4.6]. Hier wird das Halogen-Atom beziehungsweise der negativere Teil des Additionsreagenzes an das höher substituierte Kohlenstoff-Atom der Doppelbindung angelagert.

Das auf diesem Wege nicht zu bildende 1-Brompropan kann aber unter anderen Reaktionsbedingungen hergestellt werden, nämlich in Gegenwart von Peroxiden oder sonstigen Radikalquellen. Bei dieser "anti-*Markownikoff*-Anlagerung" handelt es sich um eine schnelle Kettenreaktion [L9, Kapitel 5.3], die dadurch eingeleitet wird, daß ein Radikal aus dem HBr-Molekül ein H-Atom bindet und zunächst das freigesetzte Brom-Atom mit der π-Elektronenwolke der Doppelbindung in Wechselwirkung tritt:

$$RO\cdot + H\text{-}Br \longrightarrow ROH + Br\cdot \qquad (1)$$

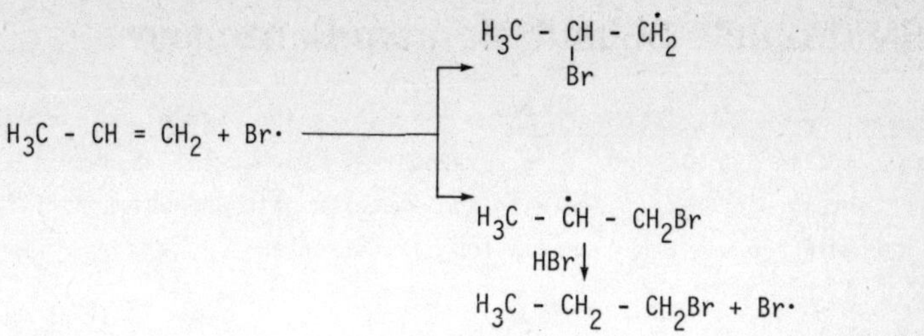

(2)

(3)

Von den beiden in Zeile (3) formulierten Zwischenprodukten entsteht ebenfalls wie bei der polaren Addition die stabilere Form, nämlich das sekundäre Radikal.

Zu 2.3) Im Falle des Isobutylens können auf dem eben dargestellten Wege hochmolekulare Polymere hergestellt werden. Diesen Reaktionstyp bezeichnet man als kationische Polymerisation. Während bei einfachen Alkenen der Prozeß im allgemeinen nur bis zur Anlagerung des zweiten oder dritten Moleküls abläuft, können aber die entsprechend substituierten Alkene leicht in die zugehörigen Polymere umgewandelt werden [L28, Kapitel 21.2; L10, Kapitel 8.2.2]. Großtechnisch sind dabei die Reaktion von Styrol C_6H_5-CH=CH_2 zu Polystyrol und Vinylether RO-CH=CH_2 zu Polyvinylether von besonderer Bedeutung.
Als Initiator für die Polymerisation verwendet man häufig Bortrifluorid oder andere *Lewis*-Säuren, denen man Wasser beziehungsweise andere Verbindungen zusetzt, die dann die erforderlichen Protonen liefern. Die meisten Alken-Polymerisationen werden allerdings radikalisch gestartet [L28, Kapitel 21,2; L10, Kapitel 8.2.2; L20, Kapitel 23,2]. Wichtige Beispiele sind hier die Bildung von Polyethylen aus Ethen $H_2C = CH_2$, von PVC aus Vinylchlorid H_2C = CHCl und von Plexiglas aus Methylmethacrylat.
Kohlenstoff-Wasserstoff-Verbindungen, die mehrere Doppelbindungen enthalten, werden Polyene genannt [L9, Kapitel 5.3; L18, Kapitel 3.2, 4.7]. Wissenschaftlich und technisch sind diejenigen von besonderem Interesse, in denen die Doppelbindungen in Nachbarstellung stehen; man nennt sie konjugierte Polyene. Der einfachste Vertreter ist das 1,3-Butadien. Diesem sehr ähnlich ist das im Naturkautschuk, chemisch Polyisopren, enthaltene Monomere Isopren; es hat die Zusammensetzung 2-Methyl-1,3-Butadien.

Literatur:

[1] A. *Wollrab*, Gaschromatographie - Laborbücher Chemie. Diesterweg - Salle - Sauerländer, Frankfurt/M., Aarau
[L 6]
[L 9]
[L10]
[L18]
[L20]
[L25]
[L28]

7. Elektrophile Substitution am Benzolkern

Voraussetzungen aus dem Unterricht: S_E-Substitution, Strahlungsenergie, Chlorbenzol, Anilin, Salpetrige Säure, Diazonium-Verbindungen, Mesomerie, Induktive und mesomere Effekte, Vergleich Kohlenstoffdioxid und Stickstoff(IV)-oxid bei der Reaktion mit dem Phenolat-Ion, Trinitrophenol.

Aufgaben

1. Chlor reagiert mit Benzol beispielsweise zu Monochlorbenzol, das sich mit Ammoniak weiter zu Aminobenzol (Anilin) umsetzt. Formulieren Sie für diese beiden Reaktionen jeweils eine Reaktionsgleichung. Handelt es sich dabei um Additions- oder Substitutionsreaktionen?

1.1 Zur homolytischen Spaltung von Chlor-Molekülen wird die Energie E = 243 $kJ \cdot mol^{-1}$ benötigt. Welche Wellenlänge λ muß das eingestrahlte Licht besitzen, wenn der Energiebedarf durch Einstrahlung von Lichtenergie gedeckt werden soll?

1.2 Anilin und Hydrogenchlorid (Chlorwasserstoff) sind nur bei höheren Temperaturen in der Gasphase nebeneinander beständig. In wäßriger Lösung reagieren sie zu Aniliniumchlorid $(C_6H_5\text{-}NH_3)^+Cl^-$ weiter, das, mit Salpetriger Säure HNO_2 versetzt, Phenyldiazoniumchlorid $(C_6H_5\text{-}\overset{\oplus}{N}{\equiv}\bar{N})^+Cl^-$ bildet. Geben Sie für diese Umsetzung eine Reaktionsgleichung an.

1.3 Praktisch geht man dabei nicht direkt von Salpetriger Säure, sondern von Natriumnitrit $NaNO_2$ aus. Aus Natriumnitrit kann man Salpetrige Säure herstellen. Muß man dazu eine wäßrige Natriumnitrit-Lösung mit Natronlauge oder mit Salzsäure versetzen? Begründen Sie Ihre Aussage. Welche Oxidationszahl besitzt das Stickstoff-Atom im Molekül der Salpetrigen Säure?

1.4 Phenyldiazoniumchlorid reagiert bei pH = 5 mit Dimethylanilin $C_6H_5\text{-}\bar{N}(CH_3)_2$ (Kupplung) zu einer Verbindung, die als Ausgangsprodukt für einen Farbstoff dienen kann.

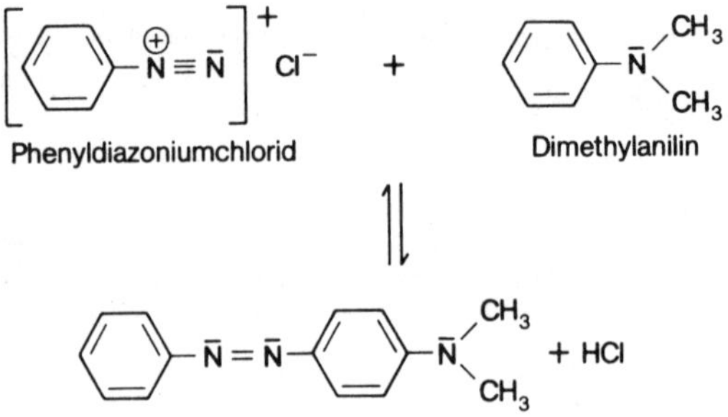

Welche Art chemischer Reaktion liegt hier vor? Begründen Sie Ihre Aussage.

1.5 Vergleichen Sie die Reaktion (Kupplung) zwischen Dimethylanilin und 2,4-Dinitrophenyldiazoniumchlorid

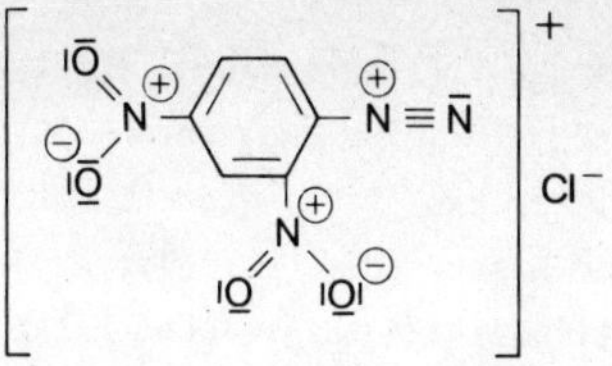

2,4-Dinitrophenyldiazoniumchlorid

mit der Reaktion von Aufgabe 1.4, bei der Dimethylanilin mit dem nichtsubstituierten Phenyldiazoniumchlorid reagierte. Welche Reaktion läuft schneller ab?

1.6 Phenyldiazoniumchlorid ist eine instabile Verbindung. Sie zerfällt beim Erhitzen in wäßriger Lösung in Stickstoff, Phenol und Hydrogenchlorid (Chlorwasserstoff) bzw. Salzsäure. Formulieren Sie die zugehörige Reaktionsgleichung.

1.7 Warum reagiert Phenol in wäßriger Lösung sauer? Begründen Sie Ihre Aussage!

2. Bei der Behandlung einer wäßrigen Natriumphenolat-Lösung mit Kohlenstoffdioxid und anschließendem Ansäuern entsteht Salicylsäure (o-Hydroxybenzolcarbonsäure).

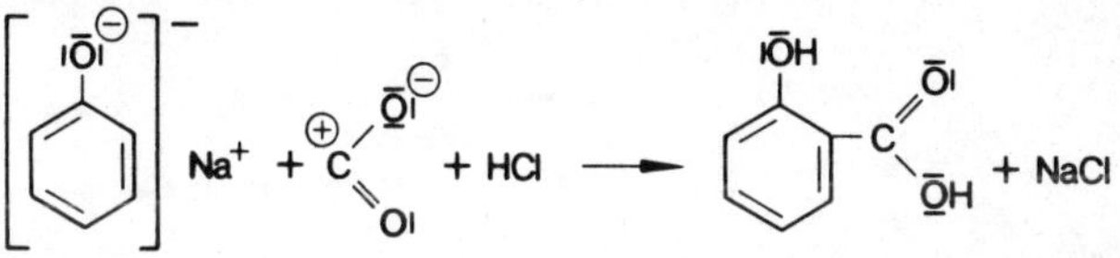

Obwohl ein Stickstoff-Atom im Stickstoff(IV)-oxid ebenfalls die Oxidationszahl +IV besitzt, ist die analoge Reaktion

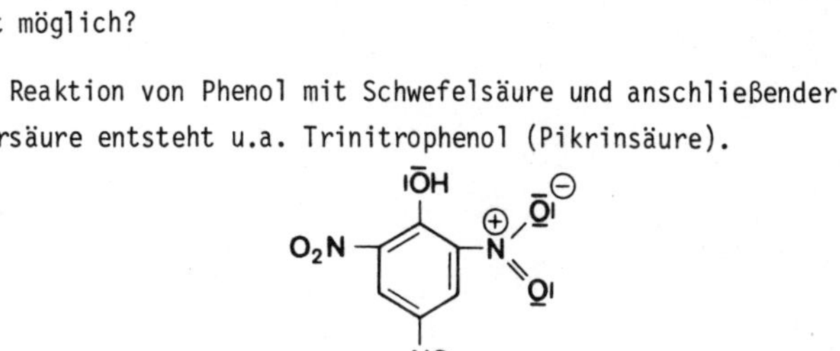

zum o-Hydroxynitrobenzol (o-Nitrophenol) nicht möglich. Warum ist diese Reaktion nicht möglich?

2.1 Bei der Reaktion von Phenol mit Schwefelsäure und anschließender Umsetzung mit Salpetersäure entsteht u.a. Trinitrophenol (Pikrinsäure).

2,4,6-Trinitrophenol
(Pikrinsäure)

2,4,6-Trinitrophenol ($pK_S \approx 1$) fungiert gegenüber Wasser-Molekülen als stärkerer Protonendonator als Phenol ($pK_S \approx 10$). Wie erklären Sie diese Tatsache?

2.2 2,4,6-Trinitrophenol (Pinkrinsäure) ($C_6H_3O_7N_3$) kann mit einer Initialzündung explodieren, da die im Molekül enthaltenen Sauerstoff-Atome zur Oxidation ausreichen. Bei dieser Explosion entsteht neben Kohlenstoffdioxid und Wasser auch Stickstoff und Wasserstoff. Formulieren Sie diese Redoxreaktion, und geben Sie die Oxidationszahlen an. Welcher Reaktionspartner gibt Elektronen ab? Welcher Reaktionspartner wird oxidiert? Welcher Reaktionspartner ist das Reduktionsmittel?

2.3 Könnte 2,4,6-Trinitrophenol auch aus 2,4,6-Trinitrobenzol durch Substitution einer OH-Gruppe hergestellt werden? Begründen Sie Ihre Aussage.

Lösungsvorschlag:

Zu 1)

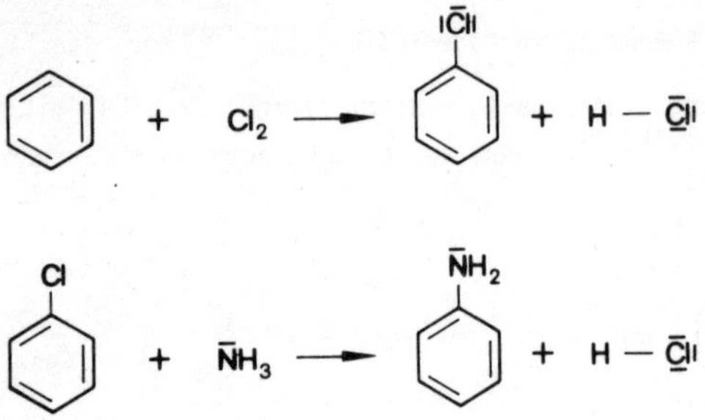

In beiden Fällen handelt es sich um Substituionen.

Zu 1.1) Der Energiebedarf bei der photochemischen Spaltung von n = 1 mol Cl_2-Molekülen beträgt mindestens $E = 243\ kJ \cdot mol^{-1}$. Die Wellenlänge des einzustrahlenden Lichtes muß dann den Wert von

$$E = h \cdot \nu \quad (1)$$

$$c = \nu \cdot \lambda \quad (2)$$

$$E = h \cdot \frac{c}{\lambda} \quad (3)$$

$$\lambda = \frac{h \cdot c}{E} \quad (4)$$

$$\lambda = \frac{6{,}625 \cdot 10^{-34}\ Nm\ s\ \ 3 \cdot 10^{8} m\ \ 6{,}023 \cdot 10^{23}\ mol}{243\ Nm \qquad s \qquad mol} \quad (5)$$

$$\underline{\lambda = 492{,}6\ nm} \quad (6)$$

Zu 1.2)

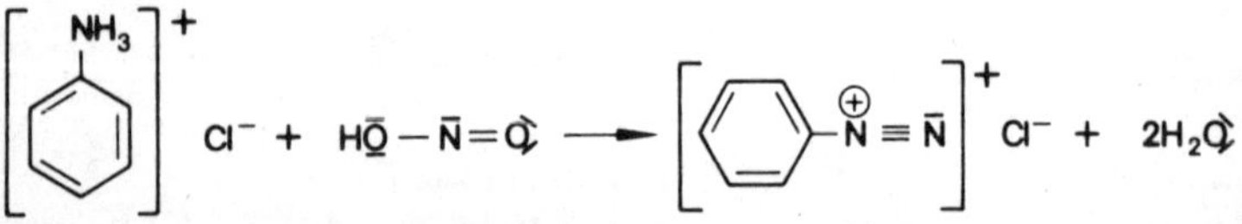

Zu 1.3) Die wäßrige Natriumnitrit-Lösung muß mit Salzsäure versetzt werden, da nur so Salpetrige Säure und Natriumchlorid entstehen.

$$Na^+NO_2^- + H^+Cl^- \longrightarrow H\underline{\bar{O}}-\bar{N}=O + Na^+Cl^-$$

Das Stickstoff-Atom im Molekül der Salpetrigen Säure besitzt die Oxidationszahl +III.

Zu 1.4) Im Dimethylanilin-Molekül wird das H-Atom in p-Stellung als Proton abgespalten. Dieses Proton reagiert mit dem Cl^--Ion zu Hydrogenchlorid (Chlorwasserstoff). Die partiell positive Ladung an einem Stickstoff-Atom im Phenyldiazonium-Ion befähigt dieses Ion zu einem elektrophilen Angriff am freien Elektronenpaar im Dimethylanilin-Molekül. Es handelt sich also um eine elektrophile Substitution.

Zu 1.5) Die beiden NO_2-Gruppen verstärken auf Grund ihres -I- und -M-Effektes die partiell positive Ladung am Stickstoff-Atom im Diazonium-Ion und ermöglichen so einen stärkeren elektrophilen Angriff am C-Atom in p-Stellung des Dimethylanilin-Moleküls. Die Reaktion unter 1.5, mit dem substituierten Diazonium-Ion, läuft schneller ab.

Zu 1.6)

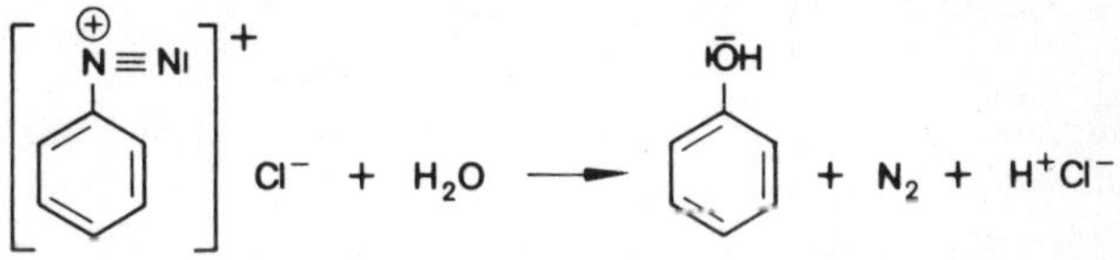

Zu 1.7) Das Phenolat-Anion ist stärker mesomeriestabilisiert als das Phenol-Molekül. Dieser Stabilisierungseffekt kann nur dann eintreten, wenn das H-Atom der OH-Gruppe als Proton abgegeben wird.

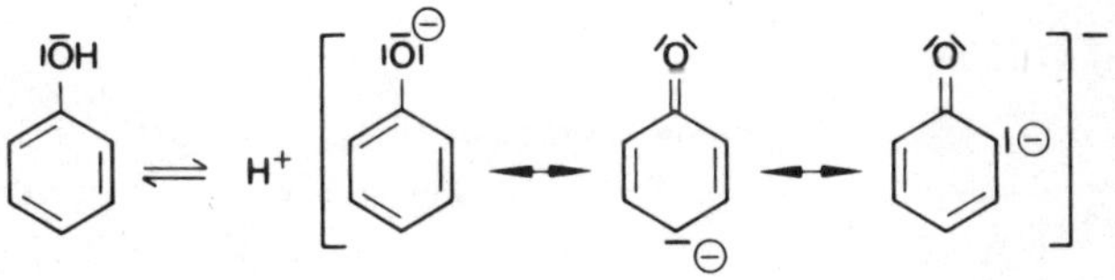

Protonendonatoren fungieren gegenüber Wasser-Molekülen als Säuren.

Zu 2) Die Analogreaktion ist deshalb nicht möglich, weil das Stickstoff(IV)-oxid-Molekül zu keinem elektrophilen Angriff am Phenolat-Ion befähigt ist. Das NO_2-Molekül besitzt ein ungepaartes Elektron.

Zu 2.1) Das Proton der OH-Gruppe kann im 2,4,6-Trinitrophenol-Molekül leichter abdissoziieren, weil diese Substituenten einen -I- und -M-Effekt ausüben. Diese unterstützenden Effekte fehlen im unsubstituierten Phenol-Molekül.

Zu 2.2)

$$2\ \overset{\frac{1}{3}}{C}_6\overset{+I}{H}_3\overset{-II}{O}_7\overset{+III}{N}_3 \longrightarrow 12\ \overset{+II-II}{CO} + 3\ \overset{\pm 0}{\bar{N}_2} + \overset{\pm 0}{\bar{H}_2} + 2\ \overset{+I-II}{H_2O}$$

Die C-Atome im 2,4,6-Trinitrophenol-Molekül geben Elektronen ab (insgesamt 20 Elektronen pro Formelumsatz). Diese C-Atome werden oxidiert und fungieren auch als Reduktionsmittel.

Zu 2.3) Wenn man vom 2,4,6-Trinitrobenzol ausgeht, kann keine OH-Gruppe in das Molekül substituiert werden, da NO_2-Gruppen Substituenten 2. Ordnung sind, die bei weiterer Substitution die meta-Stellung dirigieren. Die m-Stellungen sind aber jeweils besetzt. Außerdem setzen NO_2-Gruppen als Substituenten 2. Ordnung die Reaktivität herab.

Weiterführende Informationen:

Zu 1) Ammoniumsalze enthalten das NH_4^+-Ion. Es kommt dadurch zustande, daß am freien Elektronenpaar des Stickstoff-Atoms im Ammoniak-Molekül ein Proton gebunden wird (koordinative Bindung):

$$\bar{N}H_3 + H^+ \longrightarrow NH_4^+$$

Im Aniliniumchlorid kann man sich ein H-Atom des Ammonium-Ions durch den C_6H_5-Rest substituiert vorstellen. Vom Bindungscharakter und der Struktur her entspricht das Anilinium-Ion einem Ammonium-Ion. Das N-Atom liegt im sp^3-Hybridisierungszustand vor.

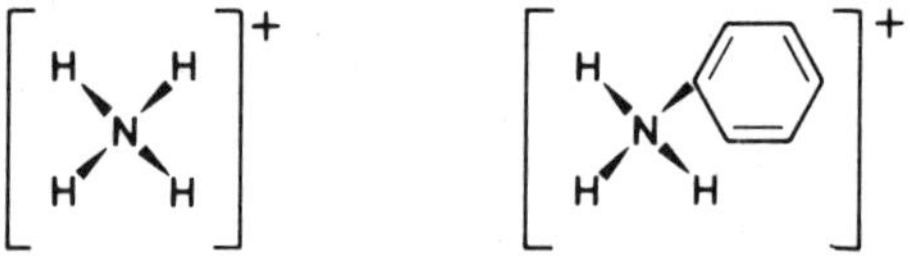

Die Stickstoff-Atome im Nitrit-Ion besitzen mit +III eine mittlere Oxidationszahl. Solche N-Atome können sowohl oxidiert wie auch reduziert werden. NO_2^--Ion als Oxidationsmittel:

$$2\ \overset{+III}{NO_2^-} + 2\ \overset{-I}{I^-} + 4\ H^+ \longrightarrow \overset{\pm 0}{\bar{I}_2} + 2\ \overset{+II}{NO} + 2\ H_2O$$

Normalpotentiale in saurer Lösung (pH = 1): $E^0(I_2/2I^-) = +0{,}535\ V$, $E^0(NO_2^-/NO) = 0{,}99\ V$.

NO_2^--Ionen als Reduktionsmittel:

$$5\ \overset{+III}{NO_2^-} + 2\ \overset{+VII}{MnO_4^-} + 6\ H^+ \longrightarrow 5\ \overset{+V}{NO_3^-} + 2\ \overset{+II}{Mn^{2+}} + 3\ H_2O$$

Normalpotentiale bei pH = 1: $E^0(NO_2^-/NO_3^-) = +0{,}94\ V$, $E^0(MnO_4^-/Mn^{2+}) = +1{,}52\ V$.

Bei elektrophilen Substitutionen greift häufig ein positiv geladenes Ion oder ein Teilchen mit partiell positiver Ladung an. Der Fachausdruck leitet sich sowohl von elektron (gr.) ≙ Bernstein, philein (gr.) ≙ liebend wie auch von substituere (lat.) ≙ ersetzen ab. Elektrophil bedeutet soviel wie Elektronen liebend oder Elektronen suchend.
Unter dem induktiven Effekt (I-Effekt) versteht man die Änderung der Elektronendichte entlang einer Kette von Kohlenstoff-Atomen, die durch einen Substituenten hervorgerufen wird. Der I-Effekt erhält das Vorzeichen des vom Substituenten angenommenen Ladungssinns.

-I-Effekte rufen an C-Atomen hervor: -F, -Cl, -Br, -OH,
+I-Effekte rufen an C-Atomen hervor: $-CH_3$, $-CR_3$, SiR_3, -Li u.a..

Unter dem mesomeren Effekt (M-Effekt) versteht man die Änderung der Elektronendichte entlang einer Kette von C-Atomen oder in einem aromatischen Ringsystem durch Substituenten, deren Elektronenpaare mit π- oder freien Elektronenpaaren in Konjugation stehen.
Substituenten, die einen -M-Effekt verursachen, schieben negative Ladung in das Ringsystem (Kette) hinein. Der +M-Effekt wird durch Substituenten verursacht, die Ladungen absaugen.
Substituenten, die -M-Effekte hervorrufen:

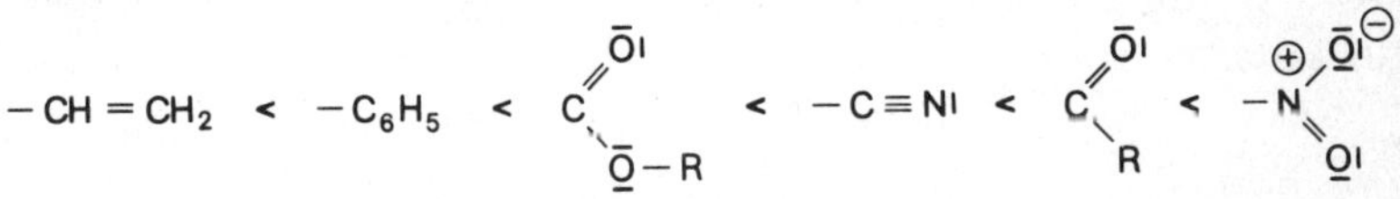

Zu 2) Im 2,4,6-Trinitrophenol summieren sich die Wirkungen der -I- und -M-Effekte. Das H-Atom der OH-Gruppe kann deshalb leichter abdissoziieren als im nichtsubstituierten Phenol.

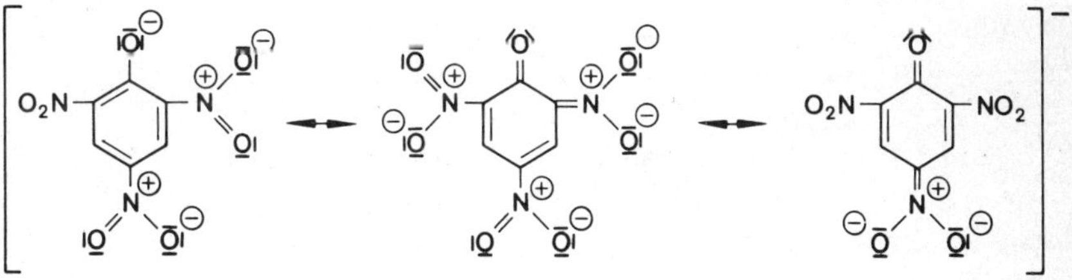

Zur Abstimmung von Redoxreaktionsgleichungen sind stets die Oxidationszahlen zu berechnen. Im Molekül des 2,4,6-Trinitrophenols besitzen die C-Atome, die an ein N- oder O-Atom gebunden sind, die Oxidationszahl +I. Die beiden C-Atome, an die je ein H-Atom gebunden ist, haben die Oxidationszahl -I. Im Mittelwert ergibt sich rechnerisch für jedes C-Atom im Ring $[4(+I) + 2(-I)]:6 = \frac{1}{3}$. Insgesamt werden bei der Redoxreaktion pro Formelumsatz (Zersetzung von 2,4,6-Trinitrophenol) von 2·6 = 12 C-Atomen 20 Elektronen abgegeben. 18 Elektronen werden dabei von 6 N-Atomen und 2 Elektronen von je einem H-Atom aufgenommen.

2,4,6-Trinitrobenzol stellt man durch Nitrierung mit Nitriersäure her. Dabei entsteht aus konzentrierter Salpeter- und Schwefelsäure das Nitryl-Ion NO_2^+:

$$HNO_3 + H_2SO_4 \longrightarrow H_2NO_3^+ + HSO_4^-$$

$$H_2NO_3^+ \longrightarrow NO_2^+ + H_2O$$

2,4,6-Trinitrophenol kann man durch Nitrierung von Phenol mittels Nitriersäure nicht herstellen, da dieses Molekül von der Nitriersäure oxidiert wird.
Bei elektrophiler Zweitsubstitution (Aufgabe 2.3) unterscheidet man Substituenten 1. und 2. Ordnung. Substituenten 1. Ordnung dirigieren einen potentiellen Zweitsubstituenten in o- und/oder p-Stellung. Sie erhöhen die Reaktivität. Substituenten 2. Ordnung dirigieren bei elektrophiler Zweitsubstitution die meta-Stellung.
Substituenten 1. Ordnung: $-OH$, $-CH_3$, $-NH_2$, $-F$, $-Cl$ usw.

Substituenten 2. Ordnung: $-C(=O)R$, $-C(=O)OH$, $-SO_3H$, $-C{\equiv}N$, $-N^{\oplus}(=O)O^{\ominus}$

Literatur:

[1] K. *Runge*, E. *Siewert* und G. *Gohlisch*, Organische Synthesechemie. VEB Deutscher Verlag für Grundstoffindustrie, Leipzig 1972
[L20] Kapitel 20 und 21

8. Substitution und Eliminierung

Voraussetzungen aus dem Unterricht: Nucleophile Substitution, Eliminierung, Auswertung von Gas-Chromatogrammen, Relation Struktur-Löslichkeit, optische Isomerie.

Aufgaben

1. Versuch 1: 15 g Bromcyclohexan wurden in einem Rundkolben in methanolischer Kaliumhydroxid-Lösung unter Rückfluß gekocht. Am Kolbenrand setzte sich allmählich ein fester weißer Stoff ab. Das abgekühlte Reaktionsgemisch wurde im Scheidetrichter mit ca. 50 cm³ Wasser geschüttelt und in zwei Phasen getrennt. Die organische Phase wurde auf Calciumchlorid $CaCl_2$ getrocknet, eingeengt und gas-chromatographisch untersucht (Abbildung 1).

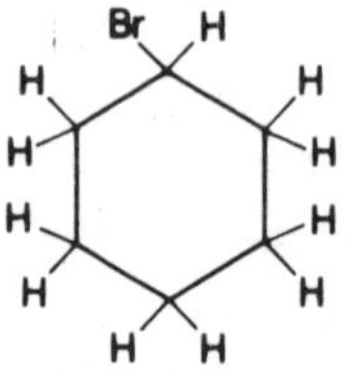

Bromcyclohexan

Versuch 2: Das Produktgemisch aus der organischen Phase wurde durch Destillation in Einzelkomponenten aufgetrennt. Eine der beiden Komponenten entfärbt Bromwasser sofort, sowohl bei Licht als auch im Dunkeln. Die beiden anderen Komponenten reagieren nur langsam mit Bromwasser und nicht bei Licht.

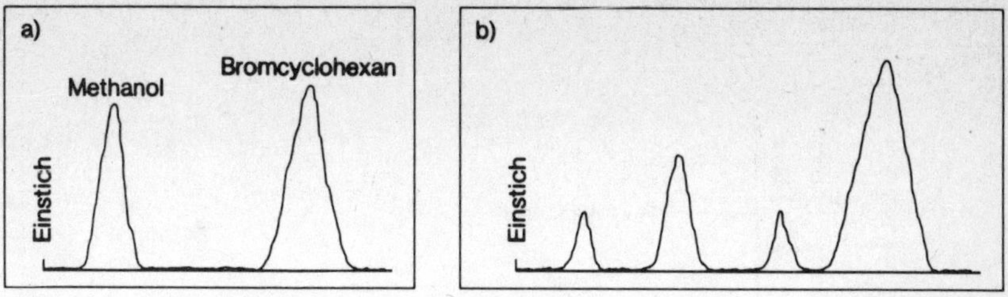

Abbildung 1: Gas-Chromatogramme: a) Methanol-Bromcyclohexan; b) Produktgemisch in der eingeengten organischen Phase aus Versuch 1.

1.1 Fertigen Sie eine Skizze des Versuchsaufbaus an, in dem die Hauptreaktion aus Versuch 1 durchgeführt werden kann; erläutern Sie die Versuchsbedingungen, die dieser Versuchsaufbau garantiert.

1.2 Werten Sie die Gas-Chromatogramme hinsichtlich der Anzahl der Produkte und dem Mengenverhältnis, in dem sie entstanden sind, aus.

1.3 Schlagen Sie aufgrund Ihnen bekannter, analoger Reaktionen und aufgrund der Ergebnisse von Versuch 2 Strukturformeln für die Produkte vor, benennen Sie diese, und formulieren Sie die Reaktionsschemata, nach denen sie sich bilden. Begründen Sie Ihre Vorschläge.

1.4 Beschreiben Sie einen Versuch, durch den man in der wäßrigen Phase Teilchen nachweisen könnte, die gemäß Ihren Vorschlägen aus Aufgabe 1.3 entstanden sein müßten. Formulieren Sie das Reaktionsschema des Nachweisversuchs.

1.5 In welchem(n) der folgenden Lösungsmittel könnte man den Versuch 1 noch durchführen: Benzol, Wasser, Ethanol? Erläutern Sie in jedem einzelnen Fall.

1.6 Formulieren Sie für jedes der in Versuch 1 gebildeten Produkte den wahrscheinlichen Reaktionsmechanismus, und erläutern Sie ihn.

1.7 Eine Bestätigung oder Widerlegung Ihres für die Hauptreaktion vorgeschlagenen Mechanismus könnte (mit höherem experimentellen Aufwand) erreicht werden, wenn man den Versuch 1 mit linksdrehendem 2-Brom-methylcyclohexan durchführt. Begründen Sie diese Aussage, indem Sie die zu erwartenden Ergebnisse nennen und interpretieren.

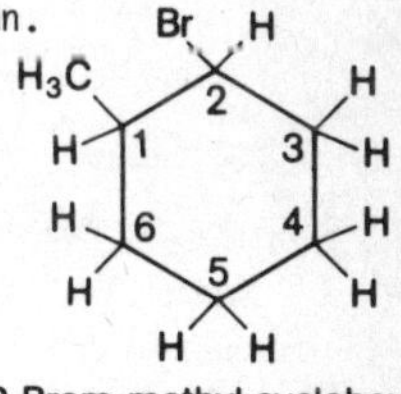

2-Brom-methyl-cyclohexan

Lösungsvorschlag:

Zu 1.1) Beim Kochen unter Rückfluß ist eine konstante Reaktionstemperatur - in diesem Fall etwa die Siedetemperatur des Methanols - gewährleistet. Der Methanoldampf, der dem siedenden Reaktionsgemisch entweicht, kondensiert im Kühler und fließt zurück in den Kolben. Dadurch bleibt auch die Lösungsmittelmenge im Reaktionsgemisch konstant, die Lösung wird nicht eingeengt.

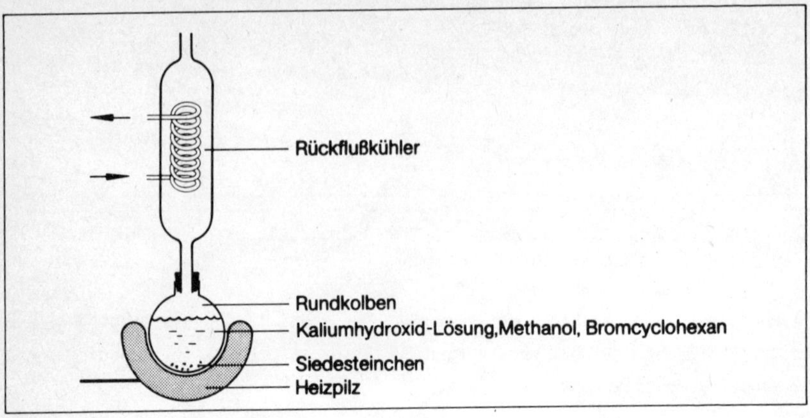

Abbildung 2: Versuchsskizze zu Versuch 1

Zu 1.2) Die vier Peaks im Chromatogramm b) zeigen, daß die organische Phase aus Versuch 1 vier Komponenten enthält. Vergleicht man die Retentionszeiten *RT* (engl. retention time) aus den Chromatogrammen a) und b), so stellt man fest, daß der Peak M dem Methanol und der Peak B dem Bromcyclohexan entspricht (gleiche Retentionszeiten). Die Peaks P und Q sind also den Produkten aus Versuch 1 zuzuordnen. Das Massenverhältnis, in dem sich die Produkte P und Q gebildet haben, ist näherungsweise gleich mit dem Verhältnis der Flächen unter den beiden Peaks. Die Flächen A (Dreiecke) berechnet man als Produkt aus der jeweiligen Höhe und der Mittellinie (Breite auf halber Höhe):

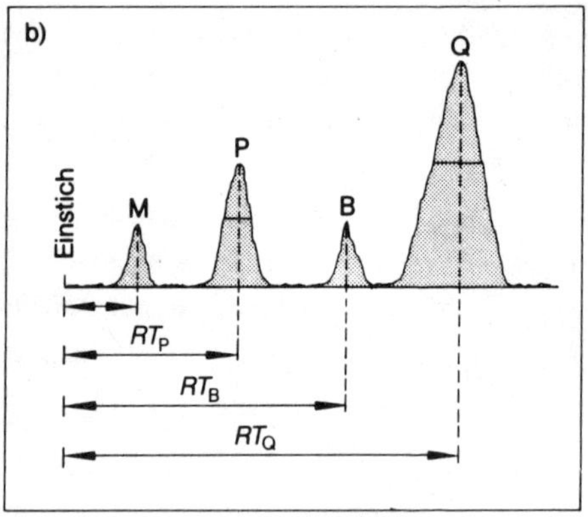

Abbildung 1b: Auswertung des Gas-Chromatogramms des Produktgemisches

$A_P = 17\ mm \cdot 4\ mm = 68\ mm^2$; $A_Q = 32\ mm \cdot 8\ mm = 256\ mm^2$. Daraus folgt:

$\frac{m_Q}{m_P} = \frac{256}{68} = 3{,}76$. Die Anteile von Q und P in Massenprozent *Mp* sind:

$$Mp(Q) = \frac{A_Q}{A_Q + A_P} \cdot 100 = \frac{256}{256 + 68} = 79\ \%\ \text{und}\ Mp(P) = 21\ \%.$$

Man kann also von einem Hauptprodukt Q und einem Nebenprodukt P sprechen.

Zu 1.3) Aufgrund bekannter Reaktionsbeispiele zwischen Halogenderivaten und alkoholischen Hydroxid-Lösungen müßte das Hauptprodukt Q Cyclohexanol sein. Für seine Bildung ist wahrscheinlich die folgende Substitutionsreaktion verantwortlich:

(1)

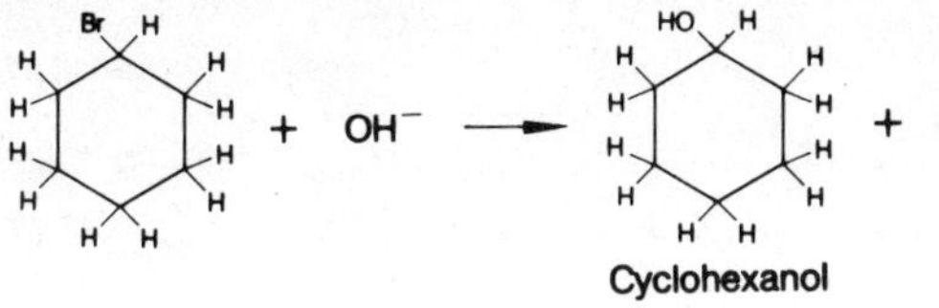

(1)

Das Bromid-Ion Br^- wird durch das Hydroxid-Ion OH^- substituiert. Die Bromwasserentfärbung in Versuch 2 deutet darauf hin, daß eines der Produkte mindestens eine C = C Doppelbindung im Molekül enthält. Es handelt sich wahrscheinlich um Cyclohexen, das in Versuch 1 als Nebenprodukt entstanden ist:

(2)

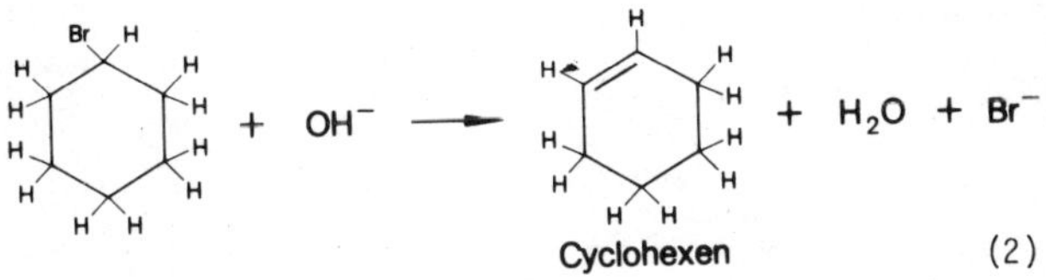

(2)

Eliminierungsreaktion (Dehydrobromierung von Bromcyclohexan). Für die getroffene Zuordnung: Hauptprodukt Q = Cyclohexanol und Nebenprodukt P = Cyclohexen sprechen die Retentionszeiten im Gas-Chromatogramm b). Cyclohexanol hat eine erheblich höhere Siedetemperatur als Cyclohexen (Wasserstoffbrückenbindungen zwischen den Cyclohexanol-Molekülen) und kommt deshalb später als Cyclohexen von der Säule des Gas-Chromatographen.

Zu 1.4) Wenn mindestens eines der beiden vorgeschlagenen Reaktionsschemata (1) und (2) zutrifft, dann muß die wäßrige Phase Bromid-Ionen enthalten. (In Versuch 1 hatten sich diese als schwerlösliches Kaliumbromid KBr in Form des festen weißen Stoffes abgesetzt. Beim Schütteln des Produktgemisches mit Wasser ist das Kaliumbromid in Form von hydratisierten Ionen in Lösung gegangen.) Zum Nachweis der Bromid-Ionen in der wäßrigen Phase versetzt man einige Milliliter davon mit etwas Silbernitrat-Lösung. Die Bildung eines weiß-gelben Niederschlags bestätigt die Existenz der Bromid-Ionen:

$$Ag^+(aq) + Br^-(aq) \longrightarrow AgBr(s)$$

Zu 1.5) Damit die Reaktion in Versuch 1 möglichst schnell abläuft, ist es notwendig, daß beide Edukte sich im Lösungsmittel gut lösen. Für die genannten Lösungsmittel gilt:

Tabelle s. S. 64

Lösungsmittel	Löslichkeit von Kaliumhydroxid	Löslichkeit von Bromcyclohexan	Begründung
Benzol	schlecht	sehr gut	unpolares Lösungsmittel
Wasser	sehr gut	schlecht	stark polares Lösungsmittel
Ethanol	relativ gut	relativ gut	polares Lösungsmittel

Ergänzung der Begründung: Kaliumhydroxid ist eine Ionenverbindung, Bromcyclohexan besteht aus polaren Molekülen. Am besten eignet sich also von den drei genannten Lösungsmitteln Ethanol.

Zu 1.6) Die Hauptreaktion (1) ist eine nucleophile Substitution. Der nucleophile Angreifer in einer Elementarreaktion ist das Hydroxid-Ion.

(1a)

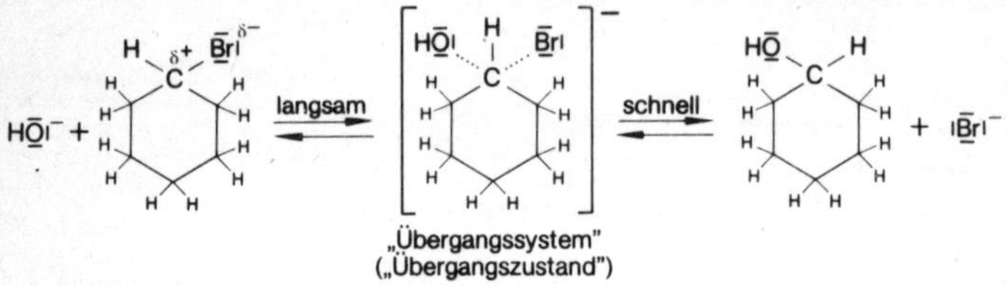

Bei der Bildung des "Übergangssystems" in (1a) sind 2 Teilchen beteiligt. Man spricht deshalb vom S_{N2}-Mechanismus; von der Geschwindigkeit, mit der sich das "Übergangssystem" bildet, hängt letztlich die Geschwindigkeit der gesamten Reaktion ab. Für die Hauptreaktion (1) wäre aber auch eine Folge von zwei Teilreaktionen denkbar:

(1b)

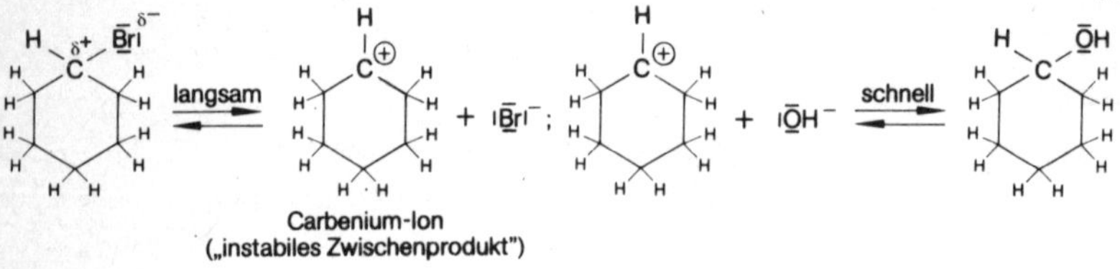

Die erste (die langsame) Teilreaktion ist geschwindigkeitsbestimmend. Da hier nur 1 Teilchen als Edukt auftaucht, spricht man vom S_{N1}-Mechanismus.

Da bei der Nebenreaktion (2) Teilchen von zwei benachbarten C-Atomen eines Moleküls abgespalten werden, handelt es sich um eine β-Eliminierung. Das Hydroxid-Ion entzieht dem Bromcyclohexan-Molekül ein Proton, wobei am benachbarten C-Atom gleichzeitig ein Bromid-Ion abgelöst wird:

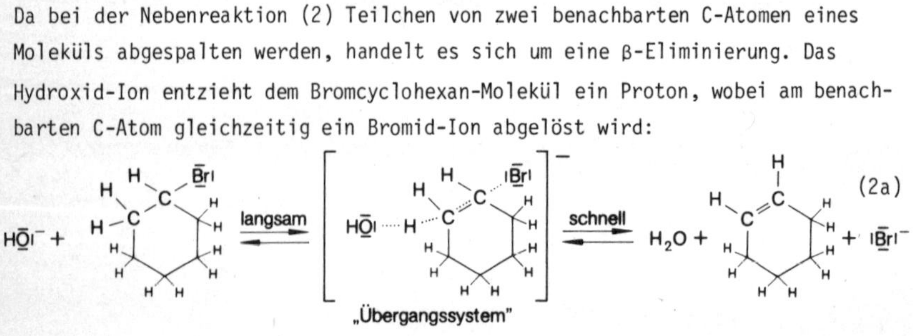

(2a)

Auch dieser Mechanismus wird nach der Zahl der Edukt-Teilchen bei dem am langsamsten verlaufenden Teilprozeß benannt. In (2a) ist ein E_2-Mechanismus formuliert.

Zu 1.7) 2-Brom-methylcyclohexan ist optisch aktiv, weil seine Moleküle chiral sind. Die Atome C_1 und C_2 sind asymmetrisch. Man kann allgemein bei Substitutionsreaktionen an asymmetrischen C-Atomen anhand der Reaktionsprodukte schließen, ob die Reaktion bimolekular (hier S_{N2}) oder monomolekular (hier S_{N1}) verlaufen ist.

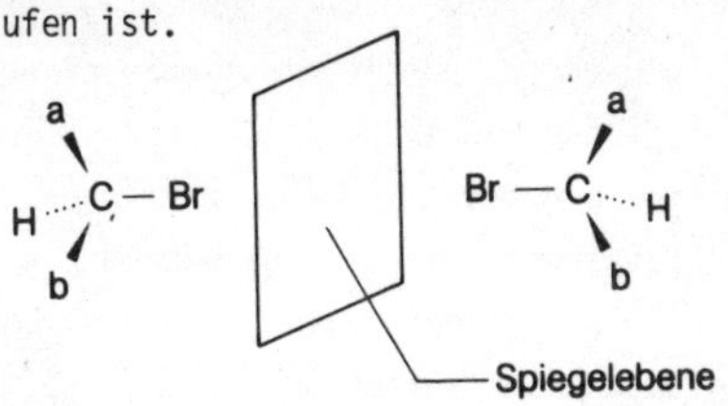

Hier sind die beiden möglichen Konfigurationen am C_2-Atom im 2-Brom-methylcyclohexan-Molekül dargestellt. Der Substituent a steht für den Ringrest in der einen und b für den Ringrest in der anderen Richtung von C_2 aus gesehen.

Verläuft die Reaktion nach dem S_{N2}-Mechanismus, so findet am C_2-Atom eine Umkehrung der Konfiguration statt:

(1a)

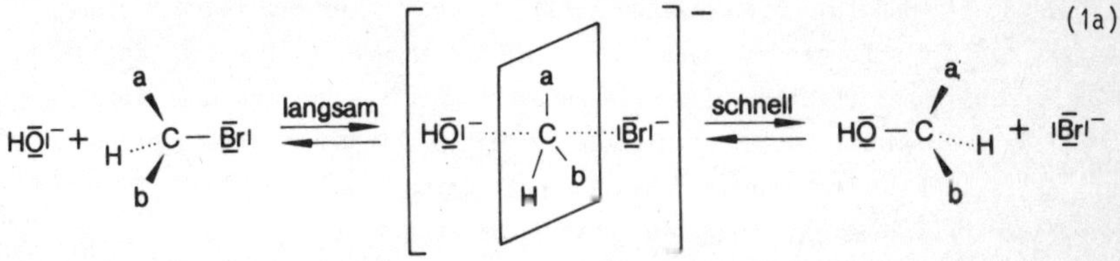

Wenn das Edukt 2-Brom-methylcyclohexan linksdrehend war, dann müßte das Produkt 2-Hydroxy-methylcyclohexan rechtsdrehend sein.
Verläuft die Reaktion dagegen nach dem S_{N1}-Mechanismus über ein Carbenium-Ion, so besteht für die Ausbildung beider Konfigurationen gleiche Wahrscheinlichkeit (das ebene Carbenium-Ion kann von beiden Seiten der Ebene gleichermaßen durch ein Hydroxid-Ion angegriffen werden):

(1b)

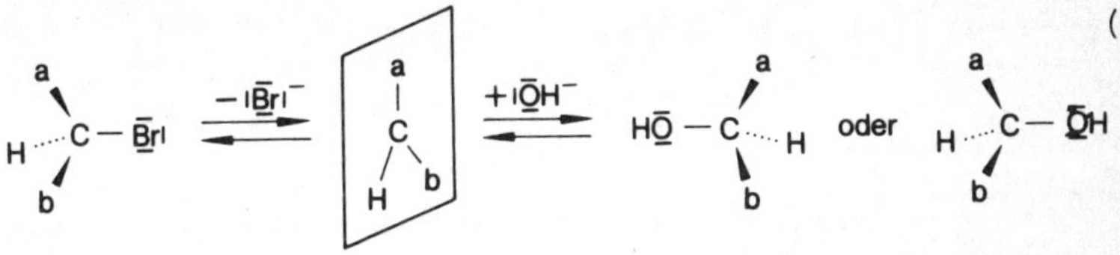

Aus reinem linksdrehendem Edukt müßten sich also gleiche Stoffmengen linksdrehenden und rechtsdrehenden Produktes bilden. Eine Stoffportion nach diesem Mechanismus gebildetes 2-Hydroxy-methylcyclohexan würde also die Ebene des polarisierten Lichts nicht drehen.

Weiterführende Informationen:

Die in dieser Aufgabe angesprochenen Reaktionstypen - nucleophile Substitution und Eliminierung - gehören zu den organischen Reaktionen mit heterolytischem Mechanismus. Zu ihrer Aufklärung haben die Amerikaner *C.K. Ingold* und *E.D. Hughes* entscheidend beigetragen. In Schul- und Studienbüchern ([1], [2], [3]) werden diese Reaktionstypen ausführlich beschrieben. Sie finden Anwendung bei der Synthese wichtiger organischer Stoffklassen wie Alkene, Alkohole, Halogenderivate, Ester, Ether, Amine u.a..
Bei Versuch 1 findet eine Konkurrenz zwischen einer Substitutions- und einer Eliminierungsreaktion statt. Dies macht nicht nur die Aufgabe interessant, sondern spiegelt den Sachverhalt bei den meisten Synthesen in der organischen Chemie wider: Sehr oft bilden sich neben den Hauptprodukten auch Nebenprodukte.
Die Gas-Chromatographie gehört heute zu den wichtigsten Analysenmethoden. Es können kleine Portionen von Gemischen in Komponenten aufgetrennt und diese identifiziert werden (z.B. Benzine, Spirituosen u.a.). In der Aufgabe wird gezeigt, wie man die Gas-Chromatographie bei der Produktanalyse einer organischen Synthese einsetzen kann. Näheres über dieses Analyseverfahren findet sich in Literatur [4] und [5]. Die optische Aktivität bestimmter Stoffe, d.h. ihre Eigenschaft, die Ebene des polarisierten Lichts zu drehen, wurde schon 1815 vom französischen Physiker *J.B. Biot* entdeckt. Heute weiß man, daß diese Eigenschaft auf einem strukturellen Merkmal der entsprechenden Moleküle beruht, das man Chiralität (griech. cheir = Hand) nennt. Chirale Moleküle sind räumlich (wie auch unsere beiden Hände) so gebaut, daß es sie in 2 Formen geben kann, die sich zueinander wie Objekt und Spiegelbild verhalten. Die beiden Moleküle, von denen das eine das Spiegelbild des anderen ist, nennt man Enantiomere (griech. enantios = entgegengesetzt). Stoffe, die nur eines der beiden Enantiomeren enthalten, sind optisch aktiv. Sind in einer Stoffportion beide Enantiomeren im Verhältnis 1:1 enthalten, so heben diese sich in ihrer Wirkung gegenseitig auf; die Portion ist optisch inaktiv. Man spricht von einem Racemat. Da chirale Moleküle besonders in der Biochemie von großer Bedeutung sind, werden die Grundlagen der optischen Isomerie in fast allen Chemiebüchern diskutiert [6], [7], [8].

Literatur:

[1] *H.A. Staab*, Einführung in die theoretische organische Chemie, Verlag Chemie, Weinheim/Bergstraße 1975
[2] *H. Daecke*, Laborbücher Chemie - Isomerie, Verlag Diesterweg - Salle - Sauerländer, Frankfurt/M., Aarau 1976
[3] *S. Hauptmann*, Über den Ablauf organisch-chemischer Reaktionen, Vieweg, Braunschweig 1973
[L 6] Kapitel 1.4
[L18] Kapitel 12.4
[L20] Kapitel 20.11.5
[L22] Kapitel 6.5
[L25] Kapitel 8.1.2, 8.3
[L28] Kapitel 10.2, 10.3

II. Strukturen und Strukturaufklärung

9. Strukturaufklärung

Voraussetzungen aus dem Unterricht: Rechnerische Auswertung des Elementaranalyseergebnisses, Stoffklassen und Reaktionstypen in der organischen Chemie, Nachweisreaktionen und Eigenschaften verschiedener Stoffklassen.

Aufgaben

1. In einem Erlenmeyerkolben befindet sich eine farblose Flüssigkeit. Es handelt sich um den Reinstoff A, dessen Struktur aufgeklärt werden soll. Bei der Elementaranalyse von A wurde folgendes Ergebnis erhalten: Massenanteil (C) = 48,65 %, Massenanteil (H) = 8,11 % und Massenanteil (O) = 43,24 %. Die molare Masse von A wurde ebenfalls ermittelt. Sie beträgt $M(A)$ = 74 g/mol.

1.1 Ermitteln Sie aus diesen Experimentalbefunden die empirische Formel (Verhältnisformel) und die Molekülformel (Summenformel) von A. Erläutern Sie Ihren Lösungsweg.

1.2 Schlagen Sie mindestens 6 Strukturformeln vor, die zu der ermittelten Molekülformel passen. Nennen Sie für jede Formel die charkateristischen strukturellen Merkmale, die sie enthält.

1.3 Es stehen Ihnen die in Abbildung 1 dargestellten Chemikalien zur Verfügung. Planen Sie mit diesen Chemikalien einige Versuche, die es erlauben, die Zahl der für A in Frage kommenden Strukturformeln einzugrenzen. Erläutern Sie die zu erwartenden Versuchsergebnisse, und formulieren Sie die Reaktionsschemata der entsprechenden Reaktionen. Verwenden Sie dabei für A nur den Teil aus der Strukturformel, der für die jeweilige Reaktion maßgebend ist.

Destilliertes Wasser
Fehling-Lösung
Schiffs-Reagenz
Bromwasser
Aceton
schwefelsaure Kaliumdichromat-Lösung
Indikatorpapier

Abbildung 1: Chemikalien zu 1.3

1.4 Nehmen Sie an, daß das Molekül der Substanz A eine Carboxyl-Gruppe enthält. Welche der vorgeschlagenen Strukturformeln trifft dann zu? Benennen Sie A für diesen Fall. Nennen Sie 3 weitere, im Laboratorium nachprüfbare Eigenschaften, die die Substanz A haben müßte. Formulieren Sie auch die entsprechenden Reaktionsschemata.

Lösungsvorschlag:

Zu 1.1) Um die empirische Formel aufzustellen, benötigt man das Zahlenverhältnis, in dem die Atome der einzelnen Elemente in der Verbindung enthalten sind. Bei Verbindungen aus 2 Elementen X und Y gilt:

$$\frac{m(X)}{m(Y)} = \frac{M(X)}{M(Y)} \cdot \frac{N(X)}{N(Y)} \quad (1) \quad \text{oder} \quad \frac{N(X)}{N(Y)} = \frac{m(X)}{m(Y)} \cdot \frac{M(Y)}{M(X)} \quad (1')$$

Verhältnis der Verbindungsmassen	Atommassenverhältnis	Atomzahlenverhältnis

Bei Verbindungen aus mehr als 2 Elementen gelten die obigen Gleichungen für alle Paarungen aus 2 Elementen. In unserem Fall:

$$\frac{N(C)}{N(H)} = \frac{m(C)}{m(H)} \cdot \frac{M(H)}{M(C)} \quad \underline{\text{und}} \quad \frac{N(C)}{N(O)} = \frac{m(C)}{m(O)} \cdot \frac{M(O)}{M(C)}$$

Die Verhältnisse der Verbindungsmassen stellt man aus dem Resultat der Elementaranalyse zusammen. Die Atommassen liest man aus dem Periodensystem der Elemente ab. Man erhält:

$$\frac{N(C)}{N(H)} = \frac{48{,}65}{8{,}11} \cdot \frac{1}{12} = \frac{1}{2} = \frac{3}{6} \quad \text{und} \quad \frac{N(C)}{N(O)} = \frac{48{,}65}{43{,}24} \cdot \frac{16}{12} = \frac{3}{2}$$

Die Verhältnisse wurden so gekürzt, daß die kleinsten ganzen Zahlen vertreten sind und $N(C)$ beide Male den gleichen Wert annimmt. Das ist gleichbedeutend mit: $N(C):N(H):N(O) = 3:6:2$.
Die empirische Formel (Verhältnisformel) von A lautet also $(C_3H_6O_2)_n$. Wenn die molare Masse von A $M(A) = 74$ g/mol ist, dann muß $n = 1$ sein. Die Molekülformel (Summenformel) lautet also: $C_3H_6O_2$.

Zu 1.2) *Mögliche Namen*

1. 1-Hydroxypropanon (2)
2. 2-Hydroxypropanon
3. Propansäure
4. Essigsäuremethylester
5. 1,2-Dihydroxypropen
6. Methoxyethanal
7. 1,2-Dihydroxycyclopropan
8. Cycl. Malbacetal von 2.

Strukturformeln	Kommentare

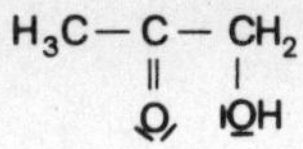

1

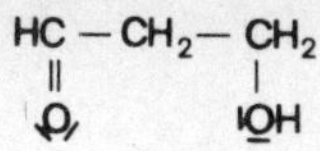

2

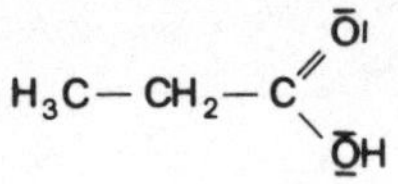

3

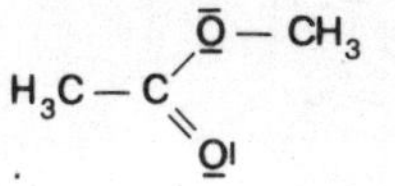

4

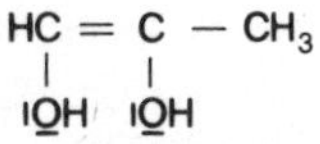

5

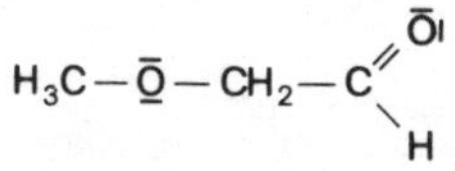

6

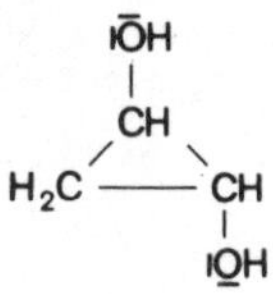

7

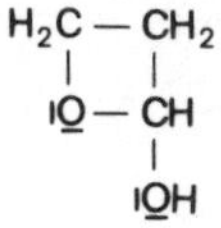

8

- In 1, 2, 5, 7 und 8 sind Hydroxyl-Gruppen -OH enthalten;
- in 2 und 6 sind Aldehyd-Gruppen $-C\overset{H}{\underset{O}{\diagdown}}$ enthalten;
- in 6 und 8 sind Ether-Brücken R-O-R enthalten;
- in 1 ist eine Keto-Gruppe $R_1-C\overset{R_2}{\underset{O}{\diagdown}}$ enthalten;
- in 3 ist eine Carboxyl-Gruppe -COOH enthalten;
- 4 ist ein Ester;
- in 5 ist eine C=C Doppelbindung enthalten;
- 7 und 8 sind cyclische Strukturen.

Zu 1.3) Im Reagenzglas Nr. 1 wird die Löslichkeit von A in Wasser untersucht. Wenn A sich gut löst, könnte eine der Strukturformeln 1, 2, 3, 5, 7 oder 8 zutreffen; Moleküle mit diesen Strukturformeln müßten aufgrund ihrer Hydroxyl-Gruppen leicht Wasserstoffbrückenbindungen mit Wasser-Molekülen bilden.

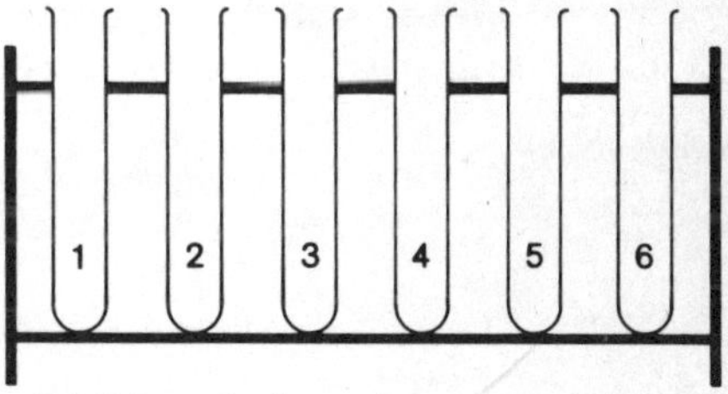

Abbildung 2: Versuche zu 1.3

Im Reagenzglas Nr. 2 wird die Löslichkeit von A in Aceton überprüft. Eine Eingrenzung der möglichen Strukturformeln kann hier nicht getroffen werden, da alle in 1.2 angegebenen Strukturformeln auf eine gute Löslichkeit in Aceton (schwach polares organisches Lösungsmittel) schließen lassen.
In den Reagenzgläsern Nr. 3 und Nr. 4 werden kleine Portionen von A mit *Schiffs*-Reagenz bzw. *Fehling*-Lösung versetzt. Wenn im Reagenzglas Nr. 3 eine rot-violette Färbung und in Reagenzglas Nr. 4 (beim Erhitzen) ein rot-brauner Niederschlag entsteht, dann enthalten die Moleküle von A eine Aldehyd-Gruppe (Formeln 2 und 6) oder eine Halbacetalstruktur wie 8.

Reaktionsschema bei der *Fehling*-Probe:

$$R-\overset{+I}{C}HO + 2\overset{+II}{Cu}{}^{2+} + 4OH^- \longrightarrow R-\overset{+III}{C}OOH + \overset{+I}{Cu}{}_2O + 2H_2O \text{; (Redoxreaktion)} \qquad (2)$$

Wenn A gut wasserlöslich ist, überprüft man den pH-Wert der Lösung in Reagenzglas Nr. 1 mit Indikatorpapier. Reagiert die Lösung sauer, so trifft mit großer Wahrscheinlichkeit die Formel 3 zu.

$$H_3C-CH_2-COOH + H_2O \longrightarrow H_3C-CH_2-COO^{\ominus} + H_3O^+ \text{; (Protolyse)} \qquad (3)$$

Im Reagenzglas Nr. 5 versetzt man A mit schwefelsaurer Kaliumdichromat-Lösung und erwärmt leicht. Eine Grünfärbung ist ein Hinweis auf Hydroxyl-Gruppen in den Molekülen von A. Reaktionsschema:

$$3\,R-\overset{-I}{C}H_2-OH + K_2\overset{+VI}{Cr}{}_2O_7 + 4H_2SO_4 \longrightarrow 3\,R-\overset{+I}{C}HO + K_2SO_4 + \overset{+III}{Cr}{}_2(SO_4)_3 + 7H_2O\text{; (Redoxreaktion)}$$

oder:

$$3\,R-CH_2-OH + Cr_2O_7^{2-} + 8H_3O^+ \longrightarrow 3\,R-CHO + 2Cr^{3+} + 15H_2O \qquad (4)$$

Im Reagenzglas Nr. 6 versetzt man A mit Bromwasser. Entfärbt sich dieses sofort, ohne daß Bromwasserstoffsäure entsteht, so kann man auf C=C Doppelbindungen in den Molekülen von A schließen (Formel 5). Reaktionsschema:

$$>C=C< + Br_2 \longrightarrow -\overset{Br}{C}-\underset{Br}{C}- \qquad (5)$$

Zu 1.4)

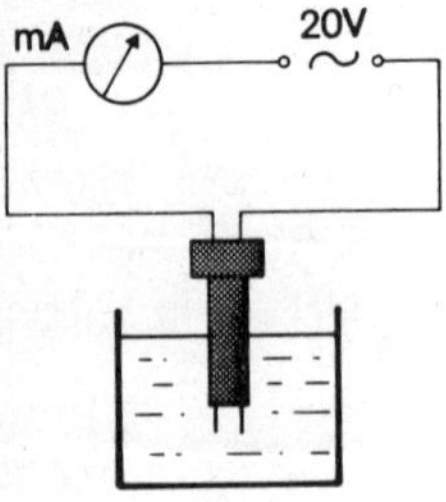

Abbildung 3: Leitfähigkeitsmessung

Wenn das Molekül von A eine Carboxyl-Gruppe enthält, ist A Propansäure (Formel 3). Weitere Eigenschaften von Propansäure (A):

a) Leitfähigkeitsmessung einer wäßrigen Lösung von A: die Lösung leitet den Strom, weil sie Ionen enthält (siehe Schema (3) bei 1.3).

b) Reaktion einer wäßrigen Lösung von A mit Magnesium; es müßte sich Wasserstoff bilden, der durch die Knallgasprobe nachweisbar ist:

$$2\,\overset{\mathrm{I}}{H}_3O^+(aq) + \overset{0}{Mg}(s) \xrightarrow{2e^-} \overset{\mathrm{II}}{Mg}^{2+}(aq) + 2\,H_2O(l) + \overset{0}{H}_2(g);\ \text{(Redoxreaktion)} \qquad (6)$$

c) Veresterungsreaktion von A mit einem Alkohol, z.B. Ethanol:

$$H_3C-CH_2-CO\boxed{OH + H}O-CH_2-CH_3 \longrightarrow H_3C-CH_2-\underset{\underset{O}{\|}}{C}-O-CH_2-CH_3 + H_2O;$$

(Kondensationsreaktion)

Beim Kochen von A mit Ethanol müßte sich ein Ester bilden, der (im Gegensatz zu A und Ethanol) wasserunlöslich ist.

Weiterführende Informationen:

In der Aufgabe liegt ein Schwerpunkt auf der rechnerischen Auswertung eines Elementaranalyseergebnisses. Hierzu gibt es mehrere mögliche Rechenwege. Der Weg über die Verhältnisgleichung (1) ist kurz, überschaubar und allgemein anwendbar. Der zweite Schwerpunkt liegt auf der Relation Molekülstruktur - Stoffeigenschaften, die bei der Strukturzuordnung entscheidend ist.
Da es zwischen der Molekülstruktur und den Eigenschaften einer Verbindung enge Zusammenhänge gibt, sind die Analyse und Strukturaufklärung einer der wichtigsten Fragen, denen in den chemischen Laboratorien nachgegangen wird. Die Elementaranalyse organischer Verbindungen beruht auf der Verbrennung einer bestimmten Masse der zu untersuchenden Verbindung und der Feststellung der Massen der Verbrennungsprodukte. Zur Bestimmung der molaren Masse einer Verbindung gibt es eine Reihe von traditionellen Methoden [L13, L 16, L28].
Die Massenspektrometrie ist eine moderne Methode, die nicht nur über die molare Masse, sondern auch über die Zerfallsprodukte einer Verbindung Auskunft geben kann [L18]. Bei der gezielten Suche nach ganz bestimmten strukturellen Merkmalen in Molekülen organischer Verbindungen (z.B. funktionelle Gruppen, delokalisierte π-Elektronensysteme, Wasserstoff-Atome, die an bestimmte Reste gebunden sind) setzt man heute in der Regel physikalisch-chemische Untersuchungsmethoden wie Infrarot-, Ultraviolett- und Kernresonanzspektroskopie ein.

Literatur:

[L13] Kapitel 4.1
[L16] Kapitel 9, 12.9 und 12.10
[L18] Kapitel 13.1 - 13.3
[L28] Kapitel 5.1 und 5.2 sowie 6.1 - 6.6

10. Struktur und Eigenschaften

Voraussetzungen aus dem Unterricht: Titration, Redoxgleichungen, Isomerie-Arten, Carbonsäure, zwischenmolekulare Kräfte, Esterbildung.

Aufgaben

1. Eine farblose, kristalline organische Substanz mit der Schmelztemperatur δ_m = 189,5 °C hat die Summenformel $C_2H_2O_4$. Entwickeln Sie aufgrund der Summenformel zwei denkbare Strukturformeln, und erklären Sie, welche Isomerieart zwischen den Strukturen vorliegt.

2. Man löst 4,5 g der Verbindung in Wasser und füllt die Lösung auf, bis das Volumen V = 50 ml beträgt. Dann wird die Lösung mit Natronlauge der Stoffmengenkonzentration c = 2 mol/l titriert. Bis zum Erreichen des Äquivalenzpunktes benötigt man 50 ml Natronlauge.
Begründen Sie, welche der möglichen Strukturformeln die richtige ist. Benennen Sie die Säure nach den *IUPAC*-Nomenklaturregeln (*Genfer Nomenklatur*).

3. Erklären Sie anhand der Struktur die hohe Schmelztemperatur der Verbindung.

4. Vergleichen Sie die Säurestärke der Verbindung $C_2H_2O_4$ (pK_{S1} = 1,46); pK_{S2} = 4,40) mit der Säurestärke der Essigsäure (pK_S = 4,76). Begründen Sie die Unterschiede anhand der jeweiligen Struktur.

5. Die Verbindung $C_2H_2O_4$ reagiert mit einem Überschuß an Methanol in Anwesenheit von Säuren zu einer wasserunlöslichen Verbindung. Entwickeln Sie den Mechanismus der Reaktion mit Hilfe von Strukturformeln und Reaktionsgleichungen.

6. Die Verbindung $C_2H_2O_4$ entfärbt angesäuerte Kaliumpermanganat-Lösung. Entwickeln Sie die Gesamtgleichung dieser Reaktion über die entsprechenden Teilgleichungen.

7. Bei Zusatz von konzentrierter Schwefelsäure zur Verbindung $C_2H_2O_4$ entweicht ein Gasgemisch. Leitet man dieses durch Calciumhydroxid-Lösung, so entsteht ein weißer Niederschlag. Der in der Lösung nicht umgesetzte Anteil des Gasgemischs verbrennt beim Entzünden mit blauer Flamme. Das Verbrennungsprodukt bildet mit Calciumhydroxid-Lösung wiederum einen weißen Niederschlag.
Aus welchen beiden Gasen besteht das bei der beschriebenen Reaktion entstehende Gasgemisch? Formulieren Sie die Reaktionsgleichungen für das Entstehen des Gasgemischs sowie für die Nachweisreaktionen.

8. Entwickeln Sie den Reaktionsmechanismus der Verbindung $C_2H_2O_4$ mit konzentrierter Schwefelsäure.

Lösungsvorschlag:

Zu 1) a)

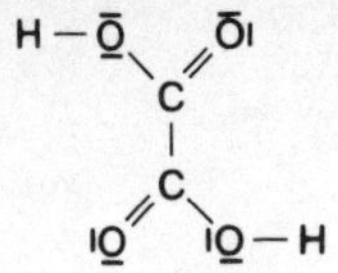

b)

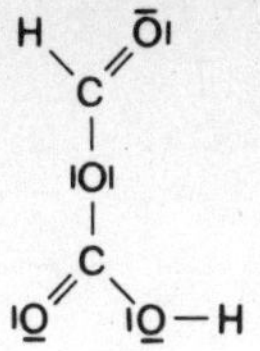

c)

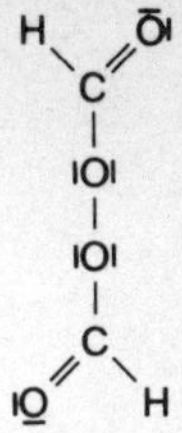

Die Verbindungen a) und b) unterscheiden sich in der Anordnung der Atome in funktionellen Gruppen:
Es liegt Funktionsisomerie vor.

Zu 2)

$$M(C_2H_2O_4) = 90\ \frac{g}{mol}$$

$$m(C_2H_2O_4) = 4{,}5\ g$$

$$n = \frac{m}{M} \quad ; \quad n(C_2H_2O_4) = \frac{m(C_2H_2O_4)}{M(C_2H_2O_4)} = \frac{4{,}5\ g}{90\ g/mol}$$

$$\underline{n(C_2H_2O_4) = 0{,}05\ mol}$$

Berechnung der Stoffmenge n der bis zum Erreichen des Äquivalenzpunktes benötigten Hydroxid-Ionen:

$$n(OH^-) = c(OH^-) \cdot V(OH^-)$$

$$n(OH^-) = 2\ \frac{mol}{l} \cdot 0{,}05\ l$$

$$n(OH^-) = 0{,}1\ mol$$

Da man bis zum Erreichen des Äquivalenzpunktes die (im Vergleich zu der Säure) doppelte Stoffmenge an OH^--Ionen benötigt, muß es sich um eine zweiprotonige Säure handeln.
Die Verbindung $C_2H_2O_4$ mit den beschriebenen Eigenschaften kann die Struktur 1 a) besitzen.
Die Säure heißt Ethandisäure (Trivialname: Oxalsäure).

Zu 3) Aus der hohen Schmelztemperatur von δ_m = 189,5 °C kann man eine recht hohe Gitterenergie erschließen.
Die hohe Gitterenergie kann auf Wasserstoffbrückenbindungen zurückgeführt werden, die zwischen den Säure-Molekülen im Gitter ausgebildet werden.

Zu 4) Im Vergleich zur Essigsäure besitzt die Ethandisäure die größere Säurestärke. Im Ethandisäure-Molekül übt die zweite Carboxylgruppe einen negativen induktiven Effekt (-I-Effekt) aus. Dadurch wird die O-H-Bindung stärker polarisiert und die Abspaltung des H^+-Ions erleichtert.

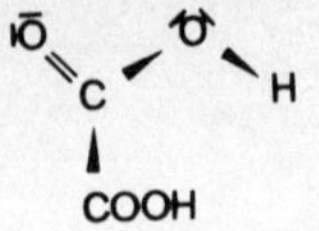

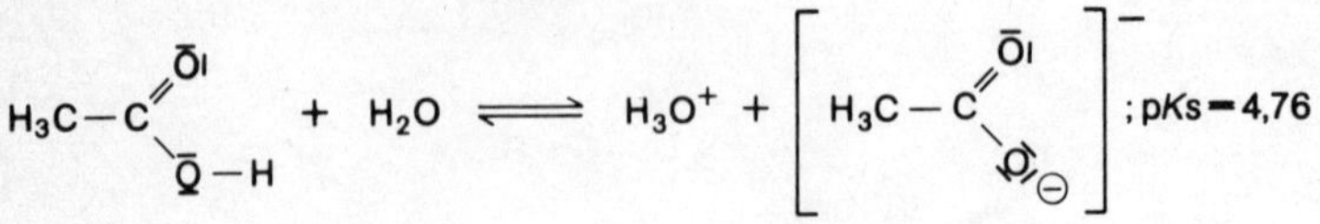

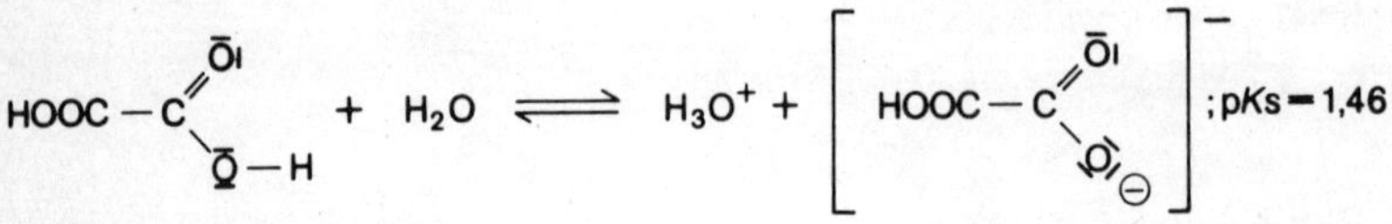

Auch das bei der Protolyse der Ethandisäure entstandene Anion kann als Säure reagieren:

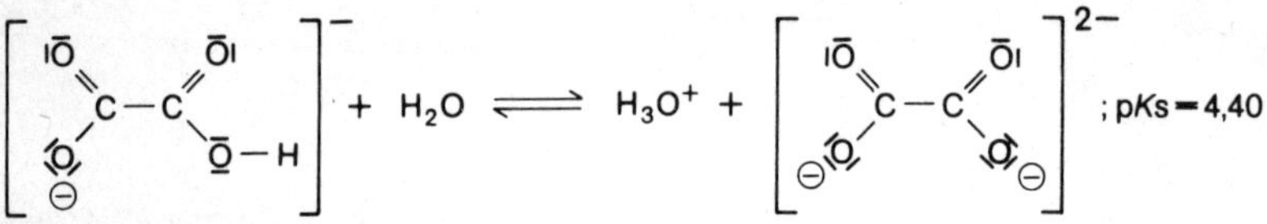

Im Vergleich zur Essigsäure wird die Säurestärke des Anions Hydrogenethandioat einerseits durch den -I-Effekt der Carboxylat-Gruppe erhöht, zum anderen durch die negative Ionenladung dagegen erheblich vermindert.

Zu 5)

1. Schritt: Protonierung der Carboxyl-Gruppe

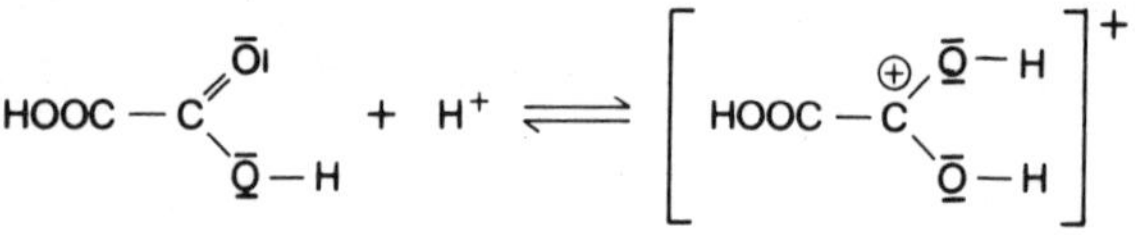

2. Schritt: Nucleophiler Angriff durch das Alkohol-Molekül

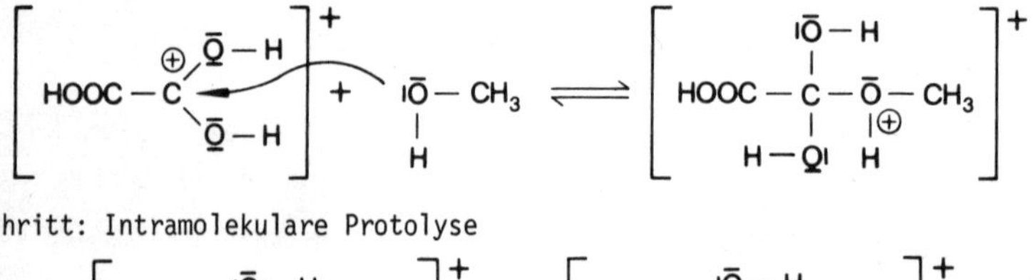

3. Schritt: Intramolekulare Protolyse

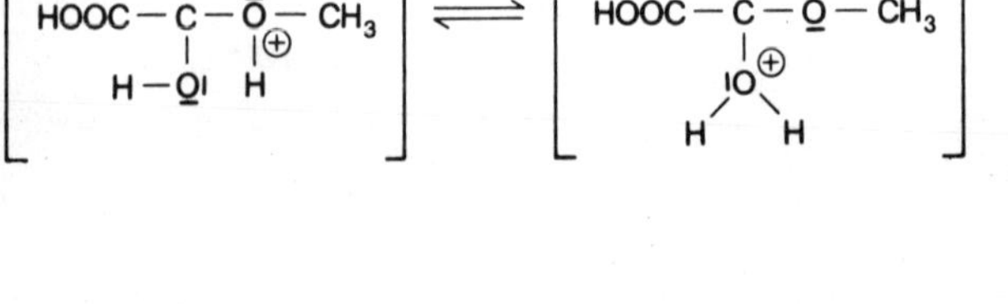

4. Schritt: Abspaltung eines Wasser-Moleküls

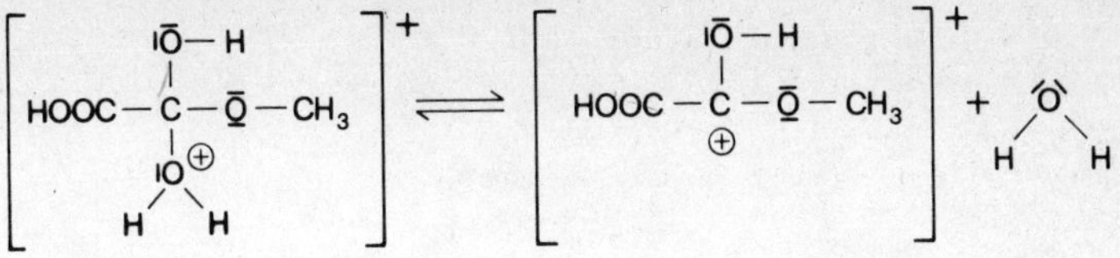

5. Schritt: Abspaltung eines H^+-Ions (Rückgewinnung des Katalysators)

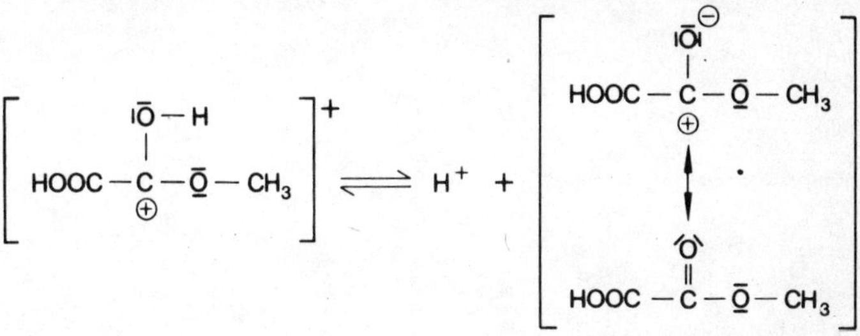

Die Veresterung der zweiten Carboxyl-Gruppe erfolgt in analoger Art und Weise.

Zu 6) Oxidation

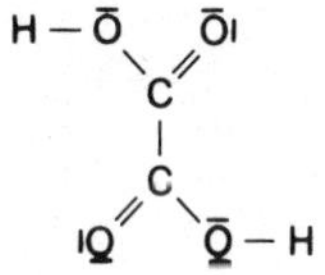

$$\rightleftharpoons \quad 2CO_2 + 2H^+ + 2e^- \quad (5x)$$

Reduktion

$$MnO_4^- + 8\,H^+ + 5\,e^- \rightleftharpoons 4\,H_2O + Mn^{2+} \quad (2x)$$

Redoxreaktion

5 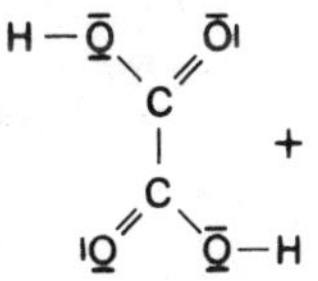

$$+ \overset{+VII}{2MnO_4^-} + 6H^+ \rightleftharpoons 10CO_2 + 8H_2O + \overset{+II}{2Mn^{2+}}$$

Zu 7) Bei den gasförmigen Reaktionsprodukten handelt es sich um Kohlenstoffmonooxid und Kohlenstoffdioxid:

$$\overset{+III}{C_2H_2O_4} \xrightarrow{H_2SO_4} \overset{+IV}{CO_2} + \overset{+II}{CO} + H_2O$$

Nachweis-Reaktionen:

1. $CO_2 + Ca(OH)_2 \rightleftharpoons CaCO_3\downarrow + H_2O$

2. $2\,CO + O_2 \rightleftharpoons 2\,CO_2$

$CO_2 + Ca(OH)_2 \rightleftharpoons CaCO_3\downarrow + H_2O$

Zu 8)

1. Schritt: Protonierung der Carboxyl-Gruppe

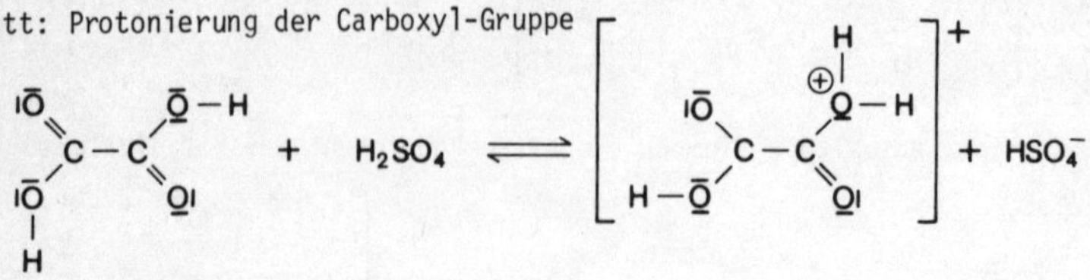

2. Schritt: Abspaltung eines Wasser-Moleküls (hygroskopische Wirkung der konzentrierten Schwefelsäure!)

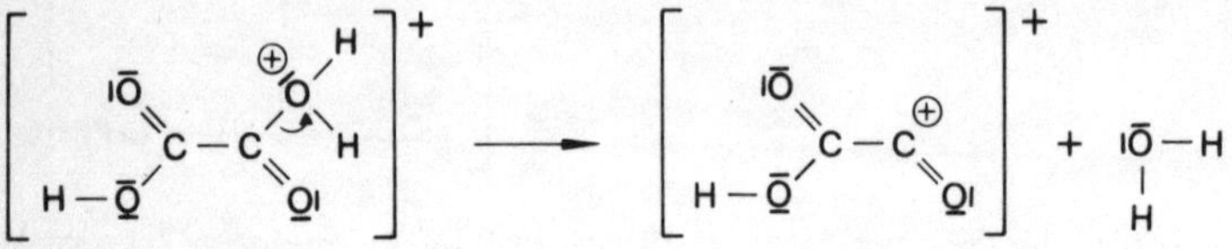

3. Schritt: Abspaltung eines Kohlenstoffmonooxid-Moleküls

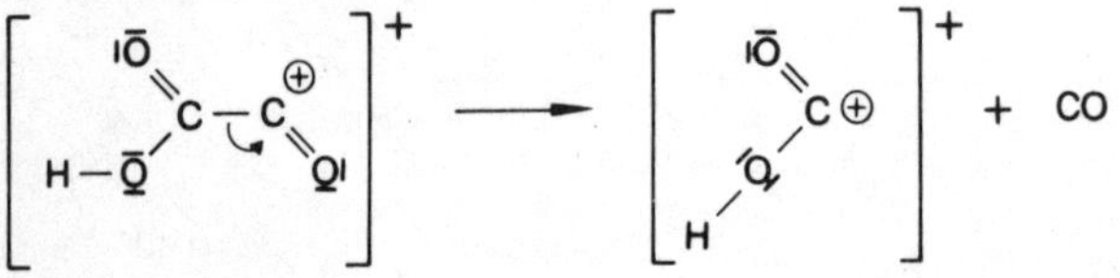

4. Schritt: Abspaltung eines H^+-Ions (Rückgewinnung des Katalysators)

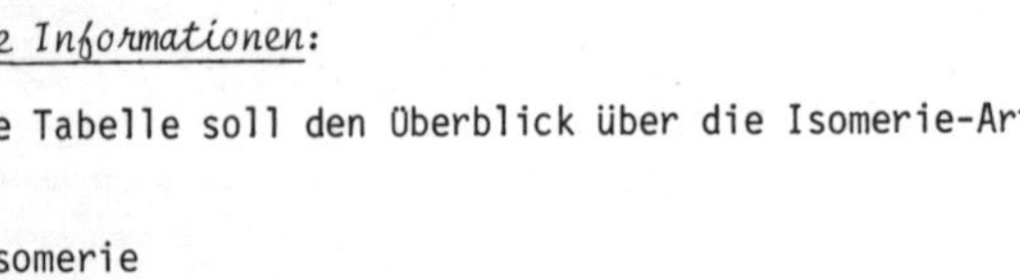

Weiterführende Informationen:

Zu 1) Folgende Tabelle soll den Überblick über die Isomerie-Arten erleichtern:

1 Strukturisomerie
1.1 Gerüstisomerie
1.2 Stellungsisomerie
1.3 Funktionsisomerie
2 Stereoisomerie
2.1 Optische Isomerie
2.2 Cis-trans-Isomerie

Zu 2) Die Oxalsäure ist eine der häufigsten in Pflanzen vorkommenden Säuren. Sie findet sich vor allem in Sauerklee (Oxalis acetosella) als Kaliumhydrogenoxalat, im Sauerampfer und auch im Rhabarber. Calciumoxalat ist schwerlöslich; deshalb wirkt Oxalsäure durch Störung des Calcium-Ionen-Stoffwechsels giftig.

Zu 3) Es wird darauf hingewiesen, daß Carbonsäuren ohnehin eine relativ hohe Schmelztemperatur besitzen (Dimerisierung!).

Zu 5) Esterbildung und Esterhydrolyse sind ganz typische Gleichgewichtsreaktionen. Interessante Fragestellungen in diesem Zusammenhang sind:
Wie läßt sich die Lage des Gleichgewichts in die gewünschte Richtung verschieben?
Warum verläuft die alkalische Esterspaltung quantitativ, während die saure Esterhydrolyse zu einem Gleichgewicht führt?

Literatur:

[1] *R. Wolff* und *E. Glaum* (Hrsg.), Kursthemen Chemie, Kapitel Aliphatische Carbonsäuren. Dümmler's Verlag, Bonn 1984
[L18] Kapitel Carbonsäuren
[L28] Kapitel Carbonsäuren und Derivate

11. Relation Struktur — Eigenschaften

Voraussetzungen aus dem Unterricht: Entstehung von Ionenverbindungen aus Elementen, Gitterenergie, Hydratationsenergie, Atombau.

Aufgaben

1. Die Tabellen 1 und 2 enthalten Angaben, die zur Lösung einiger der folgenden Aufgaben erforderlich sind.

Tabelle 1: Gitterneergien ΔH_G einiger Ionenverbindungen

Formel der Verbindung	Gitterenergie in kJ/mol	Formel der Verbindung	Gitterenergie in kJ/mol
LiCl	-838,7	CaO	-3.479,4
NaCl	-774,5	BaO	-3.044
KCl	-703,4	Al_2O_3	-15.111
RbCl	-665,7	CaF_2	-2.612,7
NaBr	-711,8	$CaCl_2$	-2.148
KBr	-665,3	$CaBr_2$	-2.026,5
MgO	-3.931,6	CaI_2	-1.921,8

Tabelle 2: Hydratationsenergien ΔH_H einiger Ionenverbindungen in kJ/mol

Ion	Li^+	Na^+	K^+	Mg^{2+}	Ba^{2+}	Sc^{3+}	F^-	Cl^-	Br^-	I^-
ΔH	-519,2	-410,3	-322,4	-1926	-1361	-2642	-506,6	-368,5	-335	-293,1

1.1 Beschreiben Sie die Bildung von festem Kaliumbromid KBr(s) aus den Elementen Brom Br_2(l) und Kalium K(s) in Teilschritten durch Reaktionsschemata. Geben Sie die Elektronenkonfigurationen der Edukt-Atome und der Produkt-Ionen an.

1.2 Für die Bildung der Ionen sind beim Kaliumbromid ca. 167 kJ/mol aufzubringen. Trotzdem verläuft die Kaliumbromid-Synthese exotherm. Erklären Sie den Sachverhalt. (Vergleich mit Tabelle 1)

1.3 Definieren Sie die Begriffe Gitterenergie ΔH_G und Hydratationsenergie ΔH_H; treffen Sie mit Hilfe der Tabellen 1 und 2 begründete Aussagen darüber, welche Ioneneigenschaften ΔH_G und ΔH_H bestimmen und in welcher Weise.

1.4 Welche der in Tabelle 1 angeführten Ionenverbindungen hat vermutlich die niedrigste Schmelztemperatur? Bei welcher ist die Schmelztemperatur am höchsten? Begründen Sie Ihre Vermutungen.

1.5 5 g Lithiumchlorid LiCl(s) werden in 100 g Wasser gelöst. Um wieviel Grad Celsius steigt (fällt) die Temperatur des Systems? Zeichnen Sie auch ein Energieschema. (Hinweis: die spezifische Wärmekapazität des Wassers, d.h. die Wärmemenge, die notwendig ist, um die Temperatur von 1 g Wasser um 1 °C zu erhöhen, beträgt 4,18 J.)

Lösungsvorschlag:

Zu 1.1) Man kann die Kaliumbromid-Synthese in folgende Teilschritte gliedern:

(1)	K(s)	$\longrightarrow$ K(g);	Sublimation von Kalium
(2)	Br_2(l)	$\longrightarrow$ Br_2(g);	Verdampfen von Brom
(3)	K(g)	$\longrightarrow$ K^+(g) + 1 e^-;	Ionisierung der Kalium-Atome
(4)	Br_2(g)	$\longrightarrow$ 2 Br(g);	Dissoziation der Brom-Moleküle
(5)	1e^-+Br(g)	$\longrightarrow$ Br^-(g);	Ionisierung der Brom-Atome
(6)	K^+(g) + Br^-(g)	$\longrightarrow$ KBr(s);	Einordnung der Ionen ins Gitter

Die geforderten Elektronenkonfigurationen sind:

Br: [Ar], $4s^2$, $3d^{10}$, $4p^5$ K: [Ar], $4s^1$

Br^-: [Kr] K^+: [Ar]

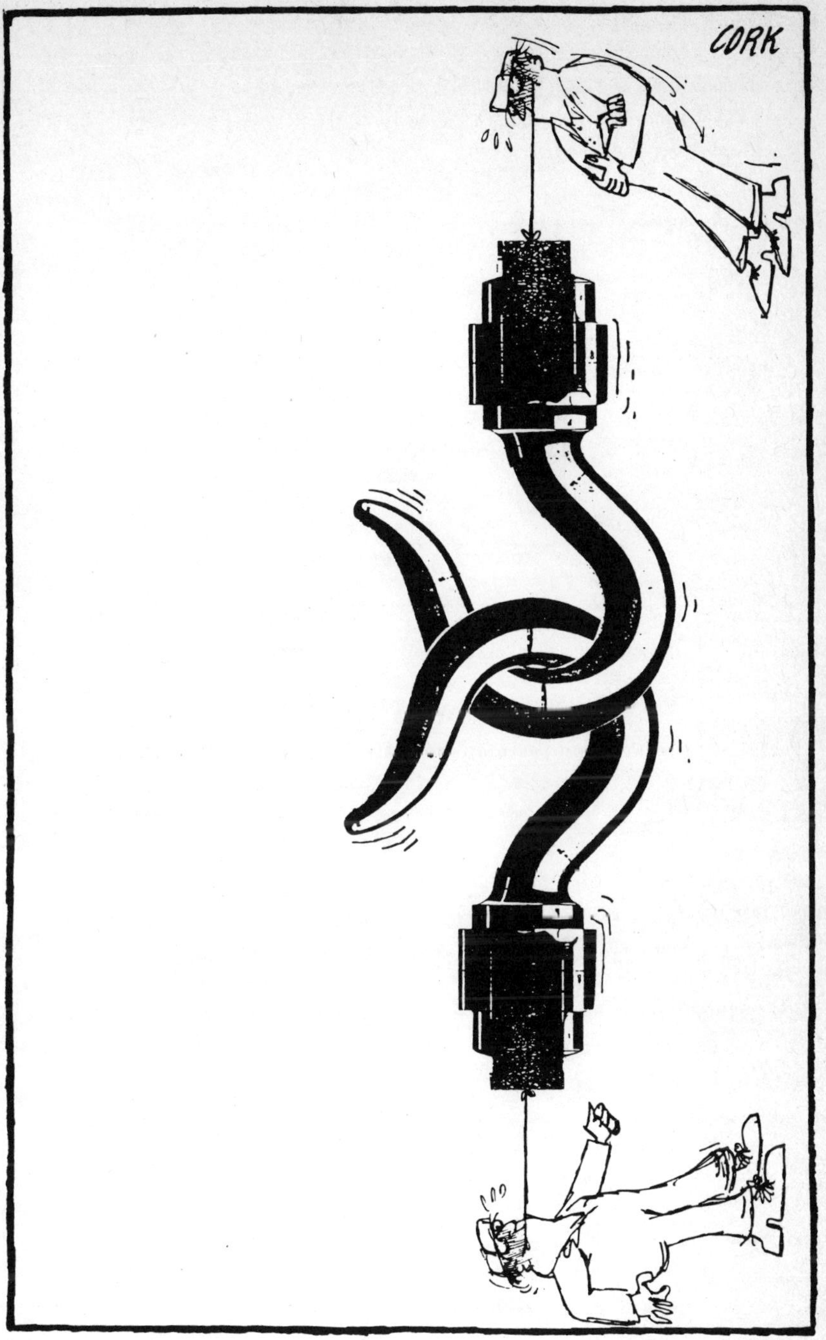
CORK

Zu 1.2) Bei der Einordnung von 1 mol K^+-Ionen und 1 mol Br^--Ionen in ein Kaliumbromid-Ionengitter werden 665,3 kJ Energie frei (vergleiche mit Tabelle 1). Da zur Ionenbildung nur 167 kJ/mol aufgewendet werden müssen, verläuft die Kaliumbromid-Synthese exotherm (ΔH_R = -498,3 kJ/mol). Dieser Sachverhalt wird auch in Abbildung 1 verdeutlicht.

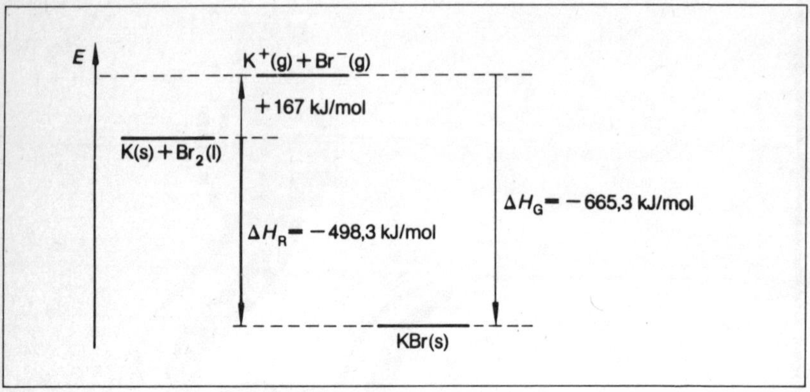

Abbildung 1: Energieschema zur Kaliumbromid-Synthese

Zu 1.3) Als Gitterenergie bezeichnet man die bei der Einordnung der Ionen ins Ionengitter freiwerdende Energie. Die Gitterenergie wird in kJ/mol angegeben und ist eine wichtige Konstante für ein Salz (vergleiche mit Tabelle 1). Die bei der Hydratation der Ionen (= Umhüllung der Ionen mit Wasser-Molekülen) freiwerdende Energie wird Hydratationsenergie genannt. Man gibt sie in kJ/mol an und bezieht sie auf eine Ionensorte (vergleiche mit Tabelle 2). In Tabelle 1 und Tabelle 2 ist zu erkennen, daß bei Ionen von Elementen aus der gleichen Periode ΔH_G und ΔH_H im Betrag umso größer sind, je größer die Ladungszahl der Ionen ist (vergleiche z.B. Kaliumbromid und Calciumbromid aus Tabelle 1 bzw. Na^+- und Mg^{2+}-Ionen aus Tabelle 2). Dies ist dadurch zu erklären, daß die *Coulomb*sche Anziehungskraft zwischen elektrisch geladenen Teilchen (und damit auch die Anziehungsenergie zwischen den Teilchen) proportional zu den Ladungen der Teilchen ist.

$$U = -\frac{z_1 \cdot z_2}{r}$$

U: Anziehungsenergie
$z_1, _2$: Ladungszahlen der Teilchen
r: Abstand zwischen den Teilchen

Bei Ionen gleicher Ladung ist sowohl die Gitterenergie als auch die Hydratationsenergie umso größer (im Betrag), je kleiner der Ionenradius ist. Ionen mit kleineren Radien ordnen sich im Gitter dichter an (die Abstände r sind kleiner und dadurch U größer) bzw. binden bei der Hydratisierung die Wasser-Dipole enger an sich.

Die Veränderung der Gitterenergien bei den Alkalimetall-Chloriden (Tabelle 1) bzw. der Hydratationsenergien bei den Alkalimetall-Ionen (Tabelle 2) belegen die obige Aussage.

Zu 1.4) Wenn man davon ausgeht, daß beim Schmelzen eines Salzes (einer Ionenverbindung) das Ionengitter zerstört werden muß, kann man vermuten, daß die Schmelztemperatur des Salzes und die Gitterenergie in einer "je höher umso größer"-Relation stehen. Danach sollte Kaliumbromid unter den in Tabelle 1 angeführten Ionenverbindungen die niedrigste und Aluminiumoxid die höchste Schmelztemperatur haben.

Zu 1.5) Beim Lösen von Lithiumchlorid muß die Gitterenergie aufgewendet werden, die Hydratationsenergie wird frei (siehe Abbildung 2).

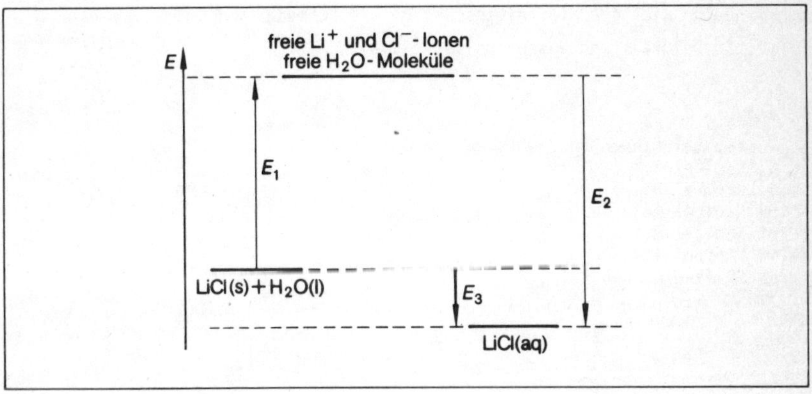

Abbildung 2: Energieschema zu 1.5

$$M(\text{LiCl}) = 7 + 35{,}5 = 42{,}5 \text{ g/mol}$$

$$n(\text{LiCl}) = \frac{m(\text{LiCl})}{M(\text{LiCl})} = \frac{5}{42{,}5} = 0{,}118 \text{ mol}$$

Für die Energien aus Abbildung 2 gilt:

$$E_1 = +838{,}7 \cdot 0{,}118 = +98{,}97 \text{ kJ}$$

$$E_2 = -887{,}7 \cdot 0{,}118 = -104{,}75 \text{ kJ}$$

$$E_3 = -104{,}74 + 98{,}97 = -5{,}73 \text{ kJ}$$

Da zur Erwärmung von 100 g Wasser um 1 °C 418 J benötigt werden, müßte sich das Wasser bei den freigesetzten 5730 J um 13,7 °C erwärmen.

Weiterführende Informationen:

Ionenverbindungen sind im festen Zustand aus Ionengittern aufgebaut. Eine Riesenzahl von Ionen ist in einem solchen Gitter regelmäßig im Raum angeordnet. Die Ionen werden durch elektrostatische Anziehungskräfte zusammengehalten. Über die Bildung von Ionen, über die energetischen Aspekte bei der Ionenbildung und bei der Gitterbildung und über die Eigenschaften von Ionenverbindungen informieren die in der Literaturliste angegebenen Schulbücher, aber auch jedes andere Schul- oder Hochschulbuch über anorganische und allgemeine Chemie.
In dieser Aufgabe wird auf die Bedeutung der beiden Begriffe Gitterenergie und Hydratationsenergie eingegangen. Die Größe der Gitterenergie und der Hydratationsenergie wird von den Teilcheneigenschaften Ionenladungszahl und Ionenradius bestimmt; von der Gitterenergie und der Hydratationsenergie wiederum hängen wichtige Stoffeigenschaften wie Schmelz- und Siedetemperatur, Härte, Sprödigkeit und Wasserlöslichkeit ab.

Literatur:

[L 1] Kapitel "Ionenbindung"
[L 5] Kapitel 3.2
[L 6] Kapitel 3.1
[L15] Kapitel 14
[L19] Kapitel 8.1
[L29] Kapitel 11
[5] *BS-Tausch*, Kapitel 3.2

III. Stoffklassen organischer Verbindungen

12. Kohlenwasserstoffe — Kraftstoffe

Voraussetzungen aus dem Unterricht: Gas-Chromatographie, Kohlenwasserstoffe, Mesomerie, fraktionierte Destillation, thermische und katalytische Crackung, Reforming, Octanzahl, Kohleveredlung, *Fischer-Tropsch-* und *Bergius-Krauch-Pier*-Verfahren, Verbrennung von Kohlenwasserstoffen, Wirkungen des Abgas-Katalysators beim Auto, Schadstoffe, Treibhauseffekt.

Aufgaben

1. Die folgende Abbildung zeigt das Gas-Chromatogramm eines Flüssigkeitsgemischs.

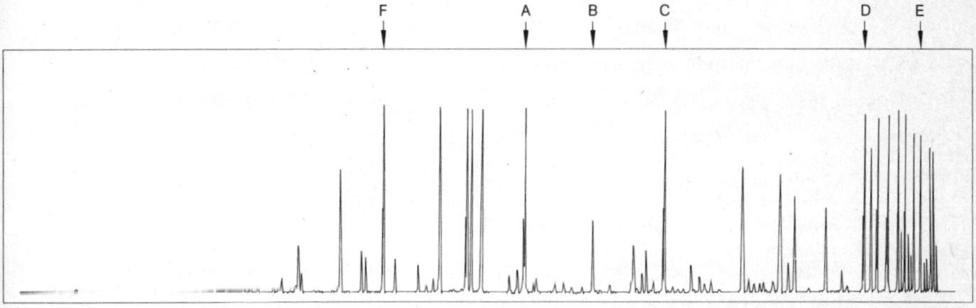

Gas-Chromatogramm eines Gemischs von Kohlenwasserstoff-Verbindungen

Die Peaks entsprechen folgenden Kohlenwasserstoffverbindungen:

A Toluol
B Octan
C Benzol
D Hexan
E Pentan
F Xylole (o-, m-, p-)

Insgesamt sind ca. 200 Kohlenwasserstoffverbindungen in diesem Flüssigkeitsgemisch enthalten.

1.1 Erläutern Sie die prinzipielle Arbeitsweise eines Gas-Chromatographen. Um welche Art von Flüssigkeitsgemisch handelt es sich? Geben Sie die Strukturformeln der Verbindungen mit den Zuordnungsbezeichnungen A - F an.

1.2 Rohöl wird in Raffinerien einer fraktionierten Destillation unterzogen. Erläutern Sie die prinzipielle Arbeitsweise bei der franktionierten Destillation. Welche Fraktionen fallen bei der Rohöldestillation an?

1.3 Es wird wesentlich mehr Motorentreibstoff verbraucht, als bei der Rohöldestillation direkt anfällt. Nach welchem Verfahren kann man aus höhersiedenden Rohölfraktionen Motorentreibstoff gewinnen? Erläutern Sie diese(s) Verfahren ausführlich!

1.4 Bei der Produktion von Motorentreibstoffen wird auch großer Wert auf eine gewisse Mindestqualität gelegt. Wie erreicht man gleichbleibende Benzinqualität bei restriktivem und rückläufigem Einsatz von Blei-Verbindungen? Um die Qualität des Benzins als Motorentreibstoff zu verbessern, werden Additive zugesetzt. Welche Funktionen besitzen diese Additive?

1.5 Was versteht man unter der Octanzahl? Welche Verbindungen können die Octanzahl eines Benzins erhöhen?

1.6 Um die wertvollen Rohölvorkommen zu schonen, versucht man, Kohle zu "veredeln". Unter Kohleveredlung versteht man Verfahren zur Kohlevergasung und Kohleverflüssigung. Wie wird Kohle "vergast"? Welche Endprodukte entstehen dabei? Geben Sie dazu Reaktionsgleichungen an!

1.7 Wie kann man aus den Endprodukten der Kohlevergasung Benzin erzeugen? Geben Sie dazu eine Reaktionsgleichung an!

2. Welche Endprodukte entstehen bei der Verbrennung des Motorentreibstoffs? Geben Sie mindestens eine Reaktionsgleichung an. Welche Substanzen sind außerdem im Autoabgas enthalten?

2.1 Stickstoff(II)-oxid entsteht im Verbrennungsraum bei der Reaktion des Stickstoffs der Luft mit Sauerstoff bei hohen Temperaturen. Man behauptet, daß die Stickstoff(II)-oxidemission eine der Ursachen der Übersäuerung des Bodens ist. Welche Säuren können aus Stickstoff(II)-oxid unter atmosphärischen Bedingungen entstehen? Geben Sie dazu mindestens zwei Reaktionsgleichungen an.

2.2 Der Abgas-Katalysator beschleunigt die Redox-Reaktion, bei der Stickstoff(IV)-oxid mit Kohlenstoffmonooxid zu Kohlenstoffdioxid und Stickstoff reagiert. Formulieren Sie diese Reaktion, und geben Sie an:

a) Welcher Reaktionspartner gibt Elektronen ab?

b) Welcher Reaktionspartner wird oxidiert?

c) Welcher Reaktionspartner ist das Reduktionsmittel?

2.3 Kohlenstoffdioxid ist mit ca. 0,03 % ein natürlicher Bestandteil der Atmosphäre. Die Verbrennung unvorstellbar großer Benzin- und Heizölmengen läßt über Jahre hinweg den Kohlenstoffdioxidanteil in der Atmosphäre ansteigen. Dies hat den bekannten "Treibhauseffekt" zur Folge. Erläutern Sie das Zustandekommen und die Wirkung des "Treibhauseffektes"!

2.4 Kohlenstoffdioxid trägt weniger zur Übersäuerung des Bodens bei als zum Beispiel die Stickstoffoxide, da Kohlensäure eine schwache Säure ist. Was versteht man unter der Säurestärke? Geben Sie die Strukturformel des Kohlensäure-Moleküls an!

2.5 Im Gegensatz zu den Carbonaten ist das freie Kohlensäure-Molekül instabil. Erklären sie diese Tatsache.

Lösungsvorschlag:

Zu 1.1) Die Chromatographie ist eine Nachweis- und Trennungsmethode für geringste Substanzmengen. Bei der Gas-Chromatographie tritt ein Separationsprozeß zwischen der mobilen gasförmigen und der stationären flüssigen Phase ein. Die flüssige Phase umhüllt kleinste Kriställchen (Aluminium(III)-oxid, Siliciumdioxid o.ä.), die bei dem Separationsprozeß inert sind. Die mobile Phase (z.B. Wasserstoff, Helium, Stickstoff) transportiert das Substanzgemisch zu den mit Lösungsmittel (stationäre Phase) umhüllten Kriställchen. Die unterschiedliche Löslichkeit der Gemischkomponenten ist eine der Ursachen des Separationsprozesses, der zu einer räumlichen und zeitlichen Auftrennung der Gemischbestandteile führt. Ein Gas-Chromatograph enthält mindestens eine Trennsäule, an deren Ende ein Detektor (z.B. Leitfähigkeits- oder Widerstandsdetektor) durch die unterschiedlichen Eigenschaften der Gemischbestandteile sensibilisiert wird und dies als Signal auf ein Meßgerät oder einen Schreiber überträgt.
Bei dem vorgestellten Chromatogramm könnte es sich um die gas-chromatographische Aufnahme eines Benzins handeln. Strukturformeln:

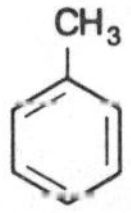

Toluol
(A)

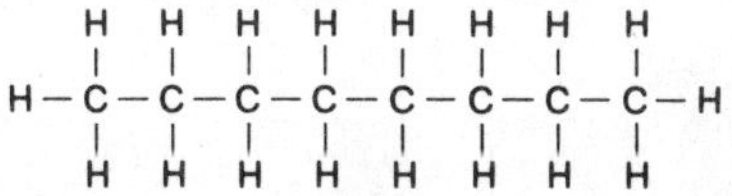

Octan
(B)

Benzol
(C)

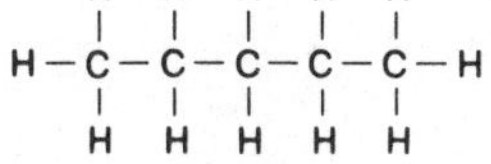

Pentan
(E)

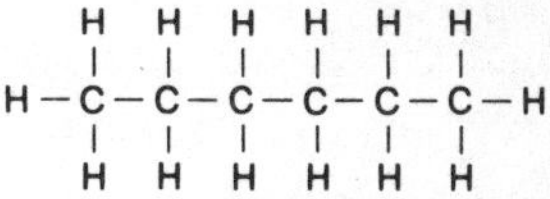

Hexan
(D)

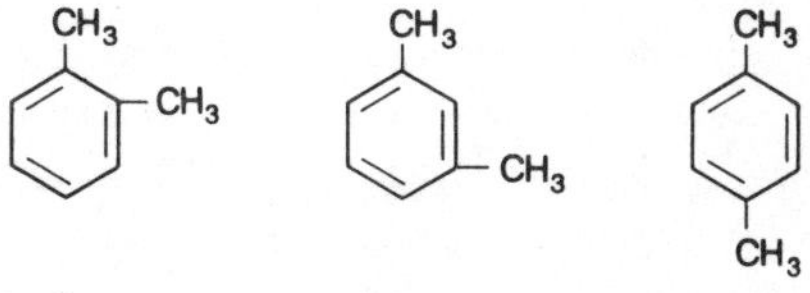

o– m– p–

Xylol
(F)

Zu 1.2) Bei der fraktionierten Destillation sammeln sich Substanzgemische, deren Siedetemperaturen in einem begrenzten Bereich liegen, an bestimmten Stellen der Destillierkolonne an. Von dort kann man sie abziehen und ihrer Verwendung oder weiteren Auftrennung zuführen. Bei der Rohöldestillation unterscheidet man:

a) Rohbenzin (40 - 150 °C)
b) Kerosin (150 - 250 °C)
c) Gasöl (250 - 350 °C)
d) Schmieröl (350 - 400 °C)
e) Rückstand (z.B. Bitumen, Asphalt)

Zu 1.3) Durch thermische und/oder katalytische Crackung können größere Kohlenwasserstoff-Moleküle in kleinere Bruchstücke umgewandelt werden. Dabei ist es auch möglich, daß Doppelbindungen zwischen C-Atomen ausgebildet werden. Zum Beispiel:

$$C_{20}H_{42} \longrightarrow C_4H_6 + 2\ C_8H_{18}$$

Durch Energiezufuhr werden die Moleküle so stark zu Schwingungen angeregt, daß sie "auseinanderbrechen". Die freien Valenzen können neue Bindungen eingehen.

Zu 1.4) Die Klopffestigkeit eines Benzins ist ein wesentliches Qualitätsmerkmal. Kohlenwasserstoff-Verbindungen sind unterschiedlich klopffest, das bedeutet, sie explodieren in einem Luft- oder Sauerstoffgemisch bei unterschiedlichen Drucken und Temperaturen. Besonders klopffeste Kohlenwasserstoff-Verbindungen explodieren erst bei höheren Drucken. In der Regel sind verzweigte, cyclische und ungesättigte Kohlenwasserstoff-Moleküle klopffester als geradkettige Alkane mit gleicher Anzahl der C-Atome. Durch katalytisch gesteuerte Isomerisierungen, Cyclisierungen und Aromatisierungen ist es möglich, den Anteil an klopffesten Verbindungen im Benzin so weit zu erhöhen, daß ein Zusatz von bleihaltigen Schadstoffen (z.B. Bleitetraethyl) nicht mehr, oder nicht mehr in dem Umfang wie bisher, erforderlich ist. Da Platin als Katalysator eingesetzt wird, spricht man bei diesen Verfahren von Platforming- oder auch Reforming-Prozessen.
Neben der Erhöhung der Klopffestigkeit werden zur Verbesserung der Benzinqualität Additive zur Korrosionsverhinderung, zur Verhinderung der Vereisung des Vergasers, zur Beseitigung von Ablagerungen im Kolben, zur Verhinderung der Oxidation des Treibstoffes im Tank und zur Erhöhung der Ventilabdichtung zugesetzt.

Zu 1.5) Die Octanzahl gibt den Gehalt (in %) an Isooctan in einem Heptan-Isooctangemisch an, das die gleiche Klopffestigkeit besitzt wie das zu untersuchende Benzin. Beide Flüssigkeiten werden dazu nach einer DIN-Vorschrift in einem genormten Motor verglichen. Isooctan erhält dabei definitionsgemäß die

Octanzahl 100 und Heptan 0. Weil Fahrzeugmotoren wechselnden Betriebsbedingungen unterliegen, muß auch die Klopffestigkeit des Treibstoffs unter verschiedenen Bedingungen getestet werden. Während die Research-Octanzahl (ROZ) bei einer Drehzahl von 600 min^{-1} gemessen wird, ist zur Bestimmung der Motor-Octanzahl (MOZ) eine Umdrehungszahl von 900 min^{-1} einzuhalten.
Besonders klopffest sind beispielsweise das Bleitetraethyl und der Methyl-tert.-butylether:

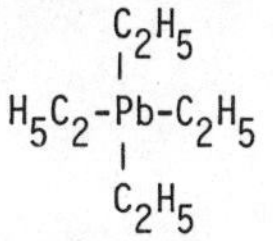
Bleitetraethyl

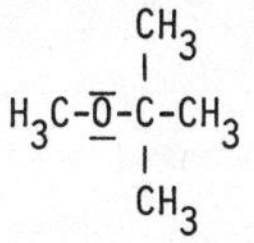
Methyl-tert.butylether

Zu 1.6) Kohle wird zum Beispiel nach dem *Winkler*-Verfahren in einer Wirbelschicht oder nach dem *Koppers-Totzek*-Verfahren in einer Flugstaubwolke "vergast". Dabei reagiert der Kohlenstoff stets zu Kohlenstoffmonooxid.

$$2\ C + O_2 \longrightarrow 2\ CO$$

Wird gleichzeitig thermisch Wasser in Wasserstoff und Sauerstoff gespalten, erhält man Synthesegas als Endprodukt.

$$C + H_2O \longrightarrow CO + H_2$$

Ein Gemisch aus Kohlenstoffmonooxid und Wasserstoff bezeichnet man als Synthesegas.

Zu 1.7) Nach dem *Fischer-Tropsch*-Verfahren kann man aus Synthesegas Benzin herstellen:

$$n\ CO + (2\ n + 1)H_2 \longrightarrow C_nH_{2n+2} + n\ H_2O$$

Diese Reaktion findet bie 200 °C am Magnesiumoxid-Thoriumdioxid-Katalysator statt.

Zu 2) Es entstehen jeweils Wasser und Kohlenstoffdioxid bei vollständiger Verbrennung.

$$2\ C_8H_{18} + 25\ O_2 \longrightarrow 16\ CO_2 + 18\ H_2O$$

Außer diesen Verbindungen können noch unverbrannte Kohlenwasserstoffe, Kohlenstoffmonooxid und Ruß enthalten sein. Bei den Temperaturen, die im Funken einer Zündkerze herrschen, reagiert auch der Stickstoff der Luft mit dem Luftsauerstoff zu Stickoxiden (NO und NO_2).

Zu 2.1) Es kann sowohl Salpetrige wie auch Salpetersäure entstehen, wobei unter atmosphärischen Bedingungen Salpetrige Säure langsam zu Salpetersäure oxidiert wird.

$$2\,NO + O_2 \longrightarrow 2\,NO_2$$

$$2\,\overset{+IV}{NO_2} + H_2O \longrightarrow \overset{+III}{HNO_2} + \overset{+V}{HNO_3}$$

$$2\,HNO_2 + O_2 \longrightarrow 2\,HNO_3$$

Zu 2.2)

$$2\,\overset{+IV}{NO_2} + 4\,\overset{+II}{CO} \longrightarrow 4\,\overset{+IV}{CO_2} + \overset{\pm 0}{N_2}$$

a) Das C-Atom im Kohlenstoffmonooxid-Molekül gibt zwei Elektronen ab.
b) Das C-Atom im Kohlenstoffmonooxid-Molekül wird oxidiert.
c) Das C-Atom im Kohlenstoffmonooxid-Molekül ist das Reduktionsmittel.

Zu 2.3) Kohlenstoffdioxid-Moleküle lassen sichtbares und UV-Licht ungehindert passieren. Das von der Erdoberfläche reflektierte Licht ist längerwelliges Infrarot-Licht. Dieses IR-Licht wird absorbiert und führt damit zur Erwärmung der Atmosphäre. Das Aufheizen der Erdatmosphäre und langsame Ansteigen der Jahresmitteltemperaturen wird als Treibhauseffekt bezeichnet. Diese Erwärmung könnte zum Schmelzen des Eises an den Polen und zum Ansteigen des Meeresspiegels führen. Die erhöhte Temperatur könnte gleichzeitig zu einer verstärkten Verdunstung des Wassers führen. Klimaschwankungen und Klimaveränderungen könnten die Folge sein.

Zu 2.4) Diejenigen Moleküle, die Protonen leicht an Wasser-Moleküle abgeben, sind starke Säuren (Protonendonatoren). Der pK_S-Wert ist ein Maß für die Säurestärke. Er ist der negative dekadische Logarithmus der Säurekonstanten.

$$K_S = K_c \cdot c(H_2O)$$

Strukturformel des Kohlensäure-Moleküls:

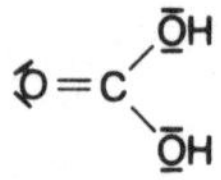

Zu 2.5) Im Kohlensäure-Molekül sind zwei OH-Gruppen an ein C-Atom gebunden. Solche Moleküle, die diese Konstellation enthalten, sind erfahrungsgemäß instabil (*Erlenmeyer*sche Regel).
Sowohl im Carbonat-Ion wie auch im Kohlensäure-Molekül liegen konjugierte Systeme von Elektronenpaaren vor. Während aber im H_2CO_3-Molekül jeweils noch ein Elektronenpaar zur Bindung des Protons erforderlich ist, kann sich dieses Elektronenpaar als freies Elektronenpaar im CO_3^{2-}-Ion an der Mesomerie beteiligen. Das Carbonat-Ion ist deshalb stärker mesomeriestabilisiert als das Kohlensäure-Molekül.

CORK

Weiterführende Informationen:

Zu 1) Heute sind Verbindungen bekannt, die eine größere Klopffestigkeit als Isooctan besitzen. Dies trifft beispielsweise auf Bleitetraethyl und Methyl-tert.butylether zu. Insofern sind Octanzahlen größer als 100 denkbar.
Besonders klopffeste Verbindungen lassen sich nach der *Wurtz*-Synthese herstellen:

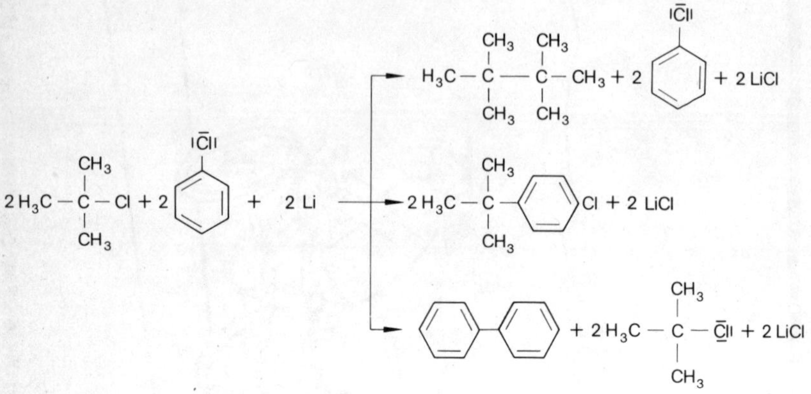

Benzin kann man synthetisch auch nach dem *Bergius-Krauch-Pier*-Verfahren herstellen. Dabei wird ein Kohleteig mit Schweröl unter Zumischung des Katalysators Wolfram- und Molybdänsulfid im Autoklaven einer Wasserstoffbehandlung bei hohen Drucken (p = 250 bar) und Temperaturen um 500 °C unterzogen.

Zu 2) Stickstoff(II)-oxid wirkt nicht nur infolge der Bildung von Salpetriger und Salpetersäure als Schadstoff. Mit Sauerstoff-Molekülen kann Stickstoff(II)-oxid zu sehr reaktiven O-Atomen und Stickstoff(IV)-oxid reagieren. Reaktive Sauerstoff-Atome sind sehr starke Oxidationsmittel, die sowohl anorganische wie auch organische Substanz (z.B. Chlorophyll!) zerstören können.

$$\overset{+II}{NO}\cdot + \overset{\pm 0}{O_2} \longrightarrow \cdot\overset{+IV-II}{NO_2} + \overset{\pm 0}{O}\cdot$$

Die Reaktion von Stickstoff(IV)-oxid mit Wasser ist eine Disproportionierung. Dabei sind die Stickstoff-Atome mit der Oxidationszahl +IV ihr eigenes Oxidations- und Reduktionsmittel. Formal betrachtet spaltet dabei die mittlere Oxidationszahl +IV in eine niederere Oxidationszahl (+III, Salpetrige Säure) und eine höhere Oxidationszahl (+V, Salpetersäure) auf.

$$2\ \overset{+IV}{NO_2} + H_2O \longrightarrow \overset{+V}{HNO_3} + \overset{+III}{HNO_2}$$

Der Abgas-Katalysator arbeitet nur dann optimal, wenn das Kraftstoff-Luft-Gemisch im stöchiometrischen Verhältnis vorliegt. Dies ist bei 14,7 kg Luft und 1 kg Kraftstoff erreicht. Das Verhältnis aus zugeführter Luftmenge und theoretisch erforderlicher Luftmenge wird durch einen Quotienten gekennzeichnet, den man λ nennt.

$$\lambda = \frac{\text{zugeführte Luftmenge}}{\text{theoretischer Luftbedarf}}$$

$0{,}8 < \lambda < 1{,}0$ fettes Gemisch - Luftmangel

$\lambda = 1{,}0$ stöchiometrisches Gemisch

$1{,}0 < \lambda < 1{,}2$ mageres Gemisch - Luftüberschuß

Die Lambda-Sonde zeigt einen Luftüberschuß durch Spannungsabfall an. Bereits bei geringstem Luftüberschuß sinkt die Sondenspannung auf $U \approx 0{,}3$ V ab. Kraftstoffüberschuß im Abgas führt zu einem Spannungsanstieg auf ca. $U \approx 0{,}9$ V. Die Lambda-Sonde ist aus Zirkon(IV)-oxid aufgebaut, das als Sauerstoff-Ionen-Leiter wirkt. Über Gitterleerstellen (Löcherleitung) werden O^{2-}-Ionen transportiert. Das Potential stellt sich dabei zwischen O_2-Molekülen und O^{2-}-Ionen ein. Es ist zwischen 300 °C und 800 °C nahezu konstant. Die Lambda-Sonde reguliert die Zusammensetzung des Kraftstoff-Luft-Gemischs. Bei Spannungsanstieg wird mehr Luft zugeführt, damit das Gemisch nicht zu "fett" wird und der Katalysator funktionsfähig bleibt.

Mesomerie im Carbonat-Ion:

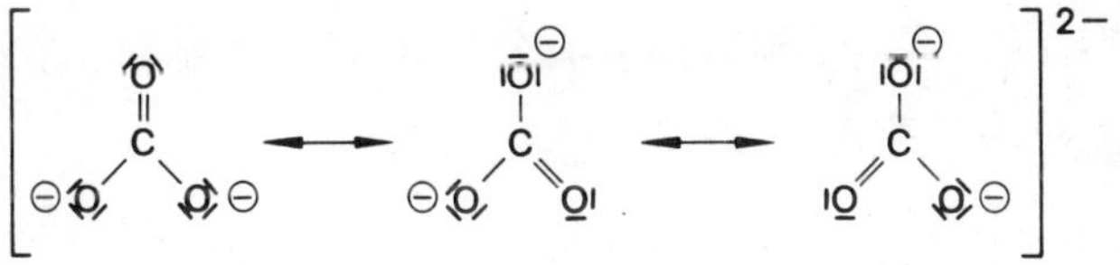

Bei der Mesomerie wird die Delokalisierung der Elektronenpaare von konjugierten Systemen in fiktiven Grenzstrukturen dargestellt. Diesen fiktiven Grenzstrukturen kommt kein Wahrheitsgehalt zu. Sie symbolisieren keine Strukturen von realen Teilchen, sondern sind nur Schreibhilfen, welche die Stabilisierung der Elektronenpaaranordnung veranschaulichen sollen. Die Delokalisierung der Elektronenpaare führt zu einem energieärmeren Zustand. Die Mesomerieenergie wird abgegeben.

Literatur:

[1] *Robert Bosch GmbH.* Lambda-Sonde, technische Beschreibung, Stuttgart 1980
[2] *Robert Bosch GmbH.* L-Jetronic, Technische Unterrichtung, Stuttgart 1981
[L13] Kapitel 3.6 und 3.7

13. Vergleich Methanol — Phenol

Voraussetzungen aus dem Unterricht: Aliphatische und aromatische Alkohole, Mesomerie, pH-Wert, nucleophile Substitution, Polykondensation.

Aufgaben

1. Methanol und Phenol (Hydroxybenzol) besitzen je eine OH-Gruppe im Molekül und zählen deshalb zu den Alkoholen. Während sich aber Methanol vollständig mit Wasser mischt, löst sich relativ wenig Phenol im Wasser. Das verbleibende Phenol mischt sich nicht mit Wasser. Methanol ist außerdem eine Flüssigkeit mit einer Siedetemperatur von 65 °C. Trockenes Phenol ist ein fester Stoff, der erst bei 182 °C siedet. Geben Sie die Summen- und Strukturformeln dieser beiden Alkohol-Moleküle an.

2. Bei der Reaktion von Ätznatron (Natriumhydroxid) mit Methanol liegt das Gleichgewicht stark auf der Seite der Ausgangsstoffe. Reagiert Natriumhydroxid mit Phenol, ist das Gleichgewicht stark auf die Seite der Endprodukte verschoben. Formulieren Sie diese beiden Reaktionen, und erklären Sie das unterschiedliche Verhalten dieser beiden Alkohole.

3. Die Protolyse der OH-Gruppe führt im Falle des Methanols zum Methylat-Ion.

$$H_3C\text{-}\underline{\bar{O}}H \rightleftharpoons H_3C\text{-}\underline{\bar{O}}^- + H^+; \quad K_c = 10^{-17}$$

Im Falle der Protolyse von Phenol-Molekülen entsteht das Phenolat-Ion.

$$H_5C_6\text{-}\underline{\bar{O}}H \rightleftharpoons H_5C_6\text{-}\underline{\bar{O}}^- + H^+; \; K_c = 10^{-10}$$

Berechnen Sie den pH-Wert einer wäßrigen Lösung von Phenol der Konzentration $c(H_5C_6\text{-OH}) = 1\ \frac{mol}{l}$. Begründen Sie, weshalb der pH-Wert der wäßrigen Methanol-Lösung nicht im Basischen liegt!

4. Methanol reagiert mit Hydrogeniodid (Iodwasserstoff, HI) in einer nucleophilen Substitution zu Iodmethan und Wasser. Mit Phenol findet diese Reaktion nicht statt.

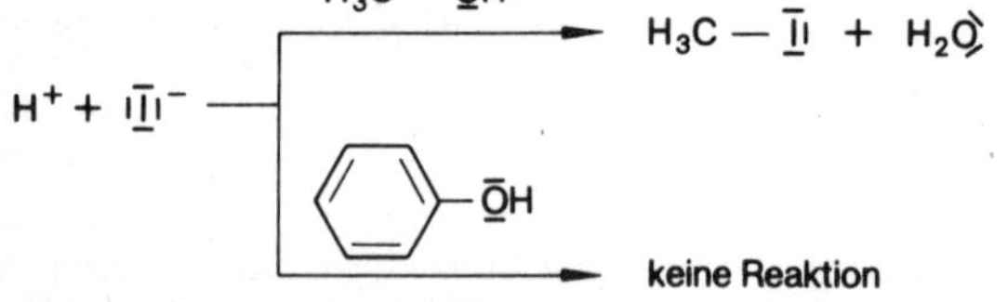

Was versteht man unter nucleophiler Substitution? Erläutern Sie diesen Begriff am Beispiel der Reaktion von Methanol mit Hydrogeniodid (Iodwasserstoff). Warum findet eine analoge Reaktion zwischen Hydrogeniodid und Phenol im Normalfall nicht statt?

5. Phenol wird zur Herstellung von Kunststoffen verwendet. Die entstandenen Makromoleküle haben folgende Struktur:

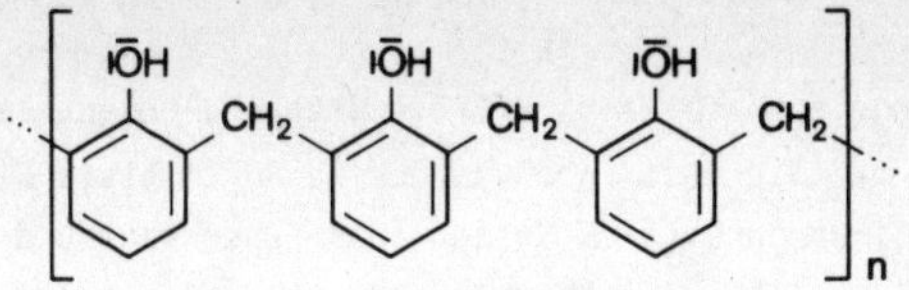

Formulieren Sie die Reaktion zwischen Phenol- und Formaldehyd-Molekülen, die zu diesen Makromolekülen führt. Welche Reaktionsart liegt hier vor? Geben Sie eine weitere Reaktionsmöglichkeit an, die Vernetzungen dieser Makromoleküle beschreibt.

<u>*Lösungsvorschlag*</u>:

Zu 1)

Methanol-Molekül $H_3C-\underline{\overline{O}}H$

Phenol-Molekül 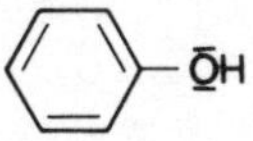

Zu 2)

$$H_3C-\underline{\overline{O}}H + NaOH \longrightarrow [H_3C-\underline{\overline{O}}|]^- Na^+ + H_2O$$

Methylat-Ion

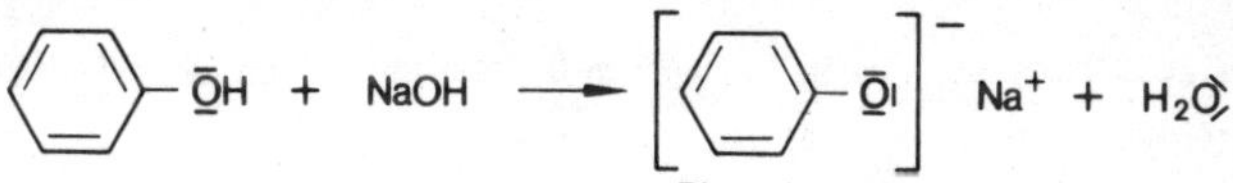

Phenolat-Ion

Beim Phenol ist das Gleichgewicht stärker auf die Seite der Endprodukte verschoben, weil das Phenolat-Ion mesomeriestabilisiert ist.

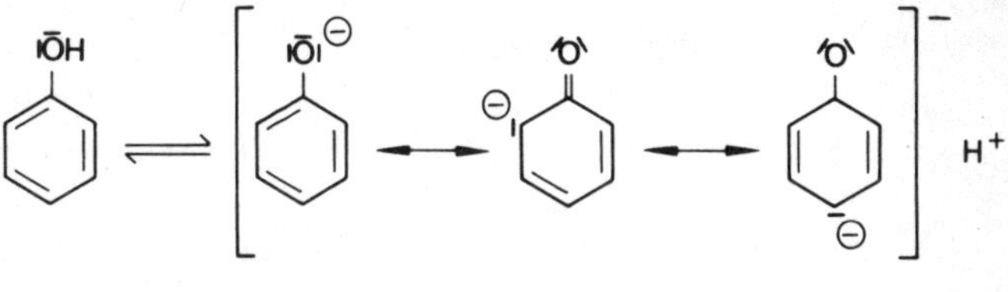

Zu 3)

$$\frac{c(H_5C_6-\underline{\overline{O}}^-)\cdot c(H^+)}{c(H_5C_6-\overline{O}H)} = 10^{-10} \qquad c(H_5C_6-\underline{\overline{O}}H) = 1\ \frac{mol}{l}$$

$$c(H_5C_6-\underline{\overline{O}}^-) = c(H^+)$$

$$c^2(H^+) = 10^{-10}\ \frac{mol^2}{l^2}$$

$$pH = 5$$

Eine analoge Rechnung kann für eine wäßrige Methanol-Lösung nicht durchgeführt werden. Hier muß die Autoprotolyse des Lösungsmittels Wasser mit berücksichtigt werden. Da bereits im Wasser pH = 7 herrscht und einige wenige Protonen aus der Dissoziation der Methanol-Moleküle dazukommen, kann der pH-Wert nicht im basischen Bereich liegen.

Zu 4) Bei der nucleophilen Substitution reagiert ein Carbenium-C-Atom (C-Atom mit einer Elektronenlücke) mit einem negativen (nucleophilen) Reaktionspartner. Dabei wird ein Atom oder eine Atomgruppe im Molekül ersetzt.

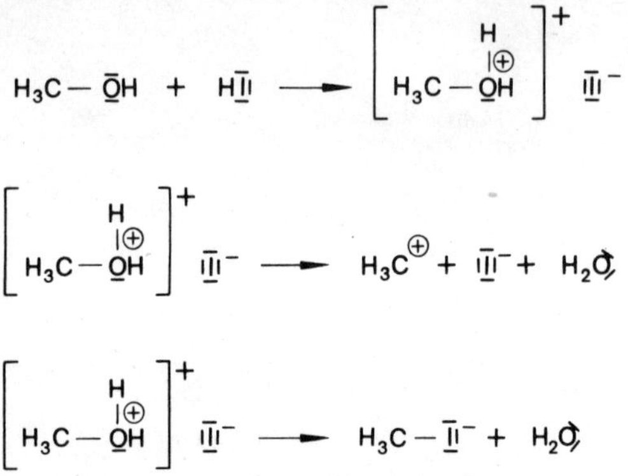

Monoiodmethan

Im Phenol-Molekül kann sich kein Carbenium-C-Atom ausbilden. Ein Proton könnte zwar koordinativ am Sauerstoff-Atom gebunden werden.
Durch die Beteiligung der freien Elektronenpaare des Sauerstoff-Atoms an der Mesomerie ist die C-O-Bindung aber verstärkt, und es kommt deshalb nicht zur Ablösung eines H_2O-Moleküls.
Die Annäherung des nucleophilen (negativen) Reaktionspartners ist durch die gleichsinnige Ladung der Reaktionszentren im Phenolat-Ion erschwert.

Zu 5) Es handelt sich hier um eine Polykondensation.

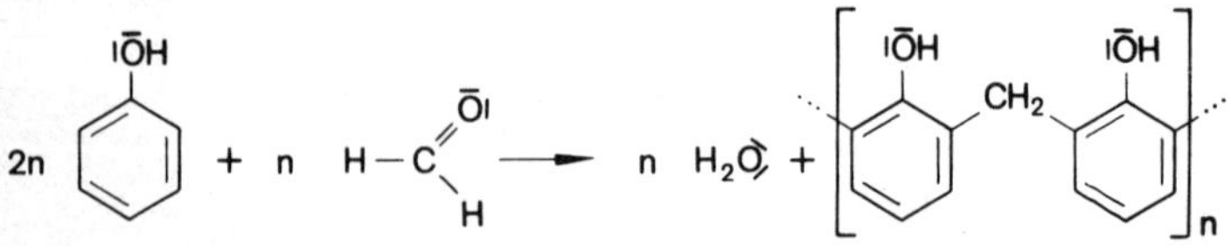

In para-Stellung zur OH-Gruppe besteht eine weitere Vernetzungsmöglichkeit.

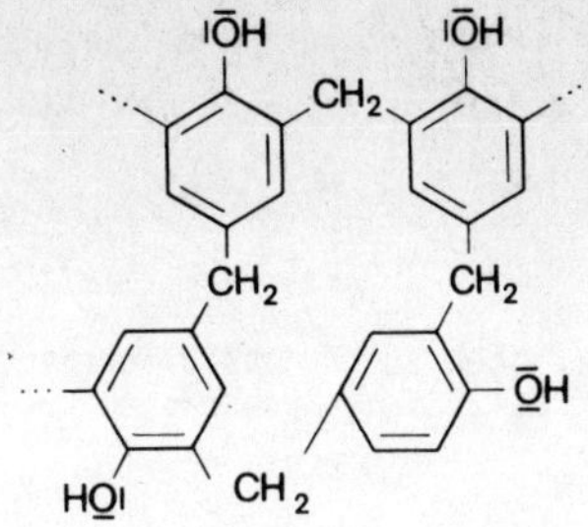

Weiterführende Informationen:

Zu 1) Methanol stellt man heute aus Synthesegas her:

$$CO + 2\ H_2 \longrightarrow H_3C\text{-}\bar{\underline{O}}H$$

Es wird hauptsächlich als Lösungsmittel und Zusatz zu Motorentreibstoffen verwendet. Normaler Kraftstoff kann bis zu 3 % Methanol enthalten. Ein höherer Prozentsatz kann schädlich sein, da die Verbrennungstemperatur im Kolben dadurch erhöht wird.

Phenol verwendet man auch heute noch für Desinfektionszwecke. Allerdings ist Vorsicht geboten, da Phenol leicht durch die Haut resorbiert wird und dann als Gift wirkt. Wegen seiner sauren Reaktion in wäßriger Lösung wurde Phenol früher auch Carbolsäure genannt.

Zu 2) Bei der Formulierung von fiktiven Grenzstrukturen bei Mesomerie ist auf die exakte Wiedergabe der konjugierten Systeme zu achten. Konjugierte Systeme liegen vor, wenn gegeben ist:
Doppelbindung - Einfachbindung - Doppelbindung oder Doppelbindung - Einfachbindung - freies Elektronenpaar oder Doppelbindung - Einfachbindung - Elektronenlücke.

Beispiele:

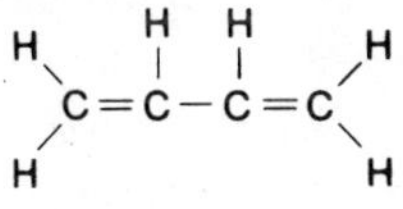

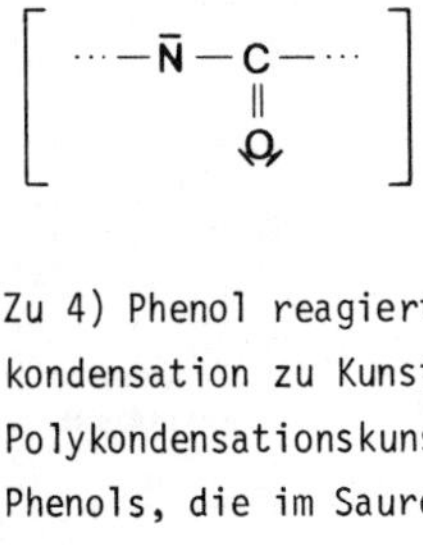

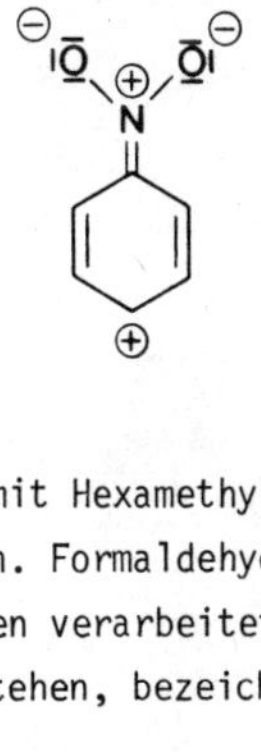

Nucleophile Substitution an Aromaten ist stets erschwert, da ein nucleophiler (negativer) Reaktionspartner von der π-Elektronenwolke des Benzolrings abgestoßen wird. Dagegen ist elektrophile Substitution möglich.

Zu 4) Phenol reagiert auch mit Hexamethylentetraamin oder Furfurol unter Polykondensation zu Kunststoffen. Formaldehyd wird mit Harnstoff und Melamin zu Polykondensationskunststoffen verarbeitet. Die Polykondensationsprodukte des Phenols, die im Sauren entstehen, bezeichnet man als Novolake; im Basischen werden Resole gebildet. Der MAK-Wert für Formaldehyd beträgt 1,2 mg/m^3. Die MAK-Werte werden jährlich an den neuesten Kenntnisstand und die genauesten Meßmethoden angepaßt.

Literatur:

[1] R. *Franik*, Demonstrationen zur Kunststoffchemie. Köln 1980
[2] B. *Gerstenberger* und E. *Zoller*, Grundwissen Chemie. Verlag Girardet, Essen 1981
[L20] Kapitel 21 und 23

14. Chemisches Verhalten der Aldehyde

Voraussetzungen aus dem Unterricht: Stoffsystematik in der organischen Chemie, organische Redoxreaktionen, nucleophile Additionen, Säure-Base-Reaktionen, Reaktionskinetik.

Aufgaben

1. Versuchsreihe (Abbildung 1 und Abbildung 2)
5 ml konzentrierte Natronlauge und 4 ml Benzaldehyd wurden ca. 20 Minuten lang unter Rückfluß erhitzt (Abbildung 1a). Das Reaktionsgemisch wurde anschließend abgekühlt, mit Wasser verdünnt und mit Salzsäure bis auf pH = 3 angesäuert. Es fiel ein weißer, flockiger Niederschlag aus, der abfiltriert wurde (Abbildung 1b). Das Filtrat, ein Gemisch aus einer wäßrigen Phase und öligen Tröpfchen, wurde wie folgt untersucht:

- Ein Teil des Filtrats wurde mit schwefelsaurer Kaliumdichromat-Lösung versetzt; es erfolgte Grünfärbung (ein Gemisch aus Benzaldehyd und Wasser gibt unter gleichen Bedingungen keine Grünfärbung);

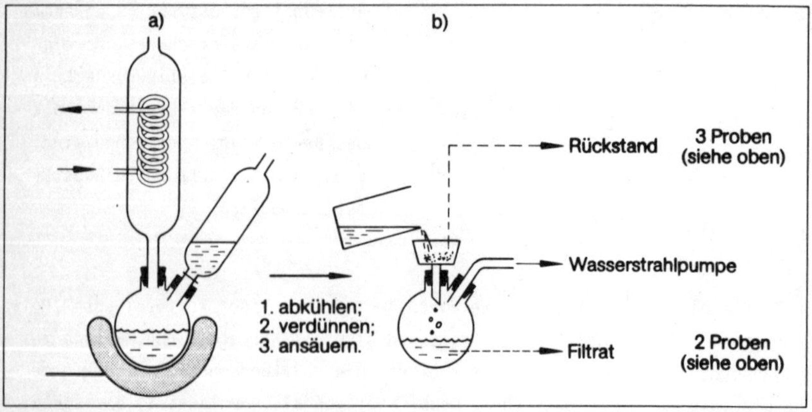

Abbildung 1: Skizze zur Versuchsreihe

- die organische Phase aus dem Filtrat wurde (nach Abtrennung von der wäßrigen) dünnschichtchromatographisch aufgetrennt (Abbildung 2).

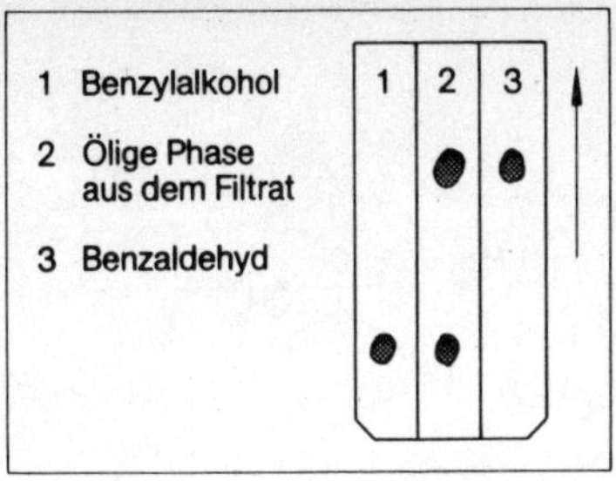

Abbildung 2:
Dünnschichtchromatogramm

Mit dem Filtrationsrückstand wurden folgende Proben durchgeführt:

- Eine Spatelspitze des Rückstands wurde in Ethanol gelöst; beim Zufügen von blauer Lackmus-Lösung erfolgte Rotfärbung;
- eine Spatelspitze des Rückstandes wurde in heißem Wasser gelöst; beim Zufügen von etwas festem Natriumcarbonat setzte eine heftige Gasentwicklung ein;
- eine Spatelspitze des Rückstands wurde in Natronlauge gebracht; der Feststoff ging sofort in Lösung; beim Ansäuern mit Salzsäure bildete sich erneut weißer Niederschlag.

Reaktionsschema der Hauptreaktion (Teil 2 in Abbildung 1):

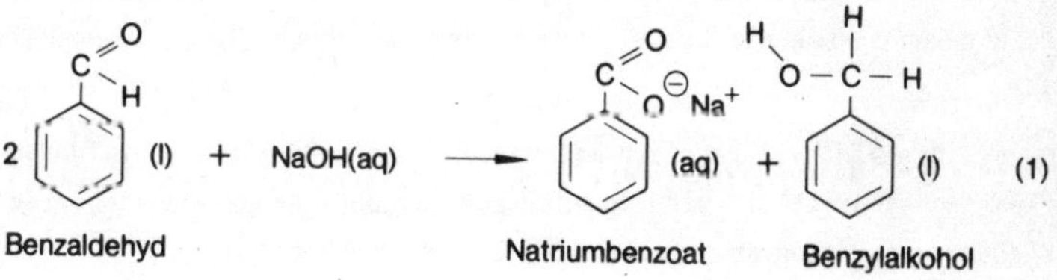

1.1 Deuten und erläutern Sie mit Hilfe des oben angegebenen Reaktionsschemas das angewendete Verfahren zur Produktauftrennung (Ansäuern, Filtrieren).

1.2 Werten Sie alle Versuchsergebnisse der Proben, die mit dem Filtrat und mit dem Rückstand durchgeführt wurden, qualitativ aus. Die Reaktionsschemata werden auch verlangt.

1.3 Aus 4 ml Benzaldehyd (= 0,96 g/cm^3) wurden 1,6 g Benzoesäure erhalten. Berechnen Sie die Ausbeute der Reaktion bezogen auf Benzoesäure.

1.4 Bestimmen Sie die Oxidationszahlen der Kohlenstoff-Atome aus den funktionellen Gruppen im Edukt und in jedem der Produkte. Schlagen Sie danach einen Reaktionstypnamen für die Reaktion (1) vor, und begründen Sie Ihren Vorschlag.

1.5 Für die Reaktion (1) wird der folgende Reaktionsmechanismus vorgeschlagen:

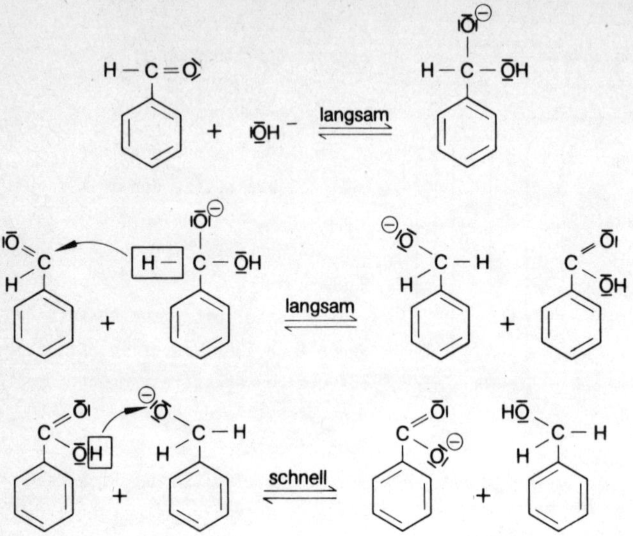

(I)

(II)

(III)

Nehmen Sie an, daß der Reaktionsmechanismus zutrifft. Erläutern Sie, um was für einen Reaktionstyp es sich beim Teilschritt (I) handelt. Welche Ordnung hat die Kinetik der Gesamtreaktion (1), die aus der Folge (I), (II) und (III) besteht? Wie könnte man die Reaktionsgeschwindigkeit von (1) experimentell messen?

1.6 Ethanal (Acetaldehyd) reagiert mit Natronlauge anders als Benzaldehyd. Im ersten Reaktionsschritt (I) wird von dem zur Carbonyl-Gruppe benachbarten Kohlenstoff-Atom ein Proton an ein Hydroxid-Ion übertragen:

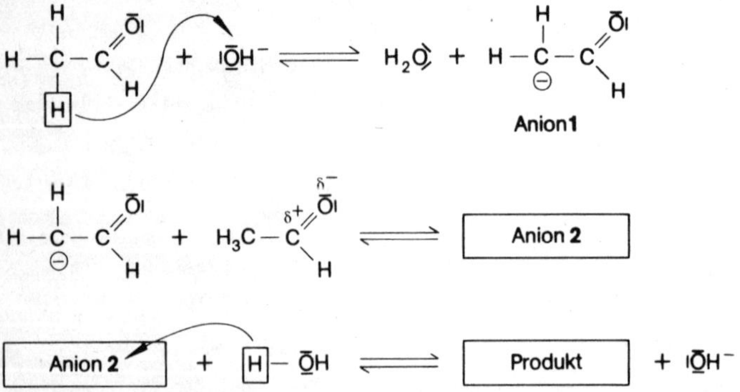

(I)

(II)

(III)

Ergänzen Sie in (II) und in (III) die fehlenden Formeln, und benennen Sie das Endprodukt. Vergleichen Sie die Funktion der Hydroxid-Ionen bei der Reaktion von Benzaldehyd in alkalischer Lösung und von Acetaldehyd in alkalischer Lösung.

1.7 Wie reagiert jeder der folgenden Aldehyde in alkalischer Lösung, wie Benzaldehyd oder wie Acetaldehyd? Formulieren Sie jeweils das (die) Endprodukt(e), benennen Sie sie, und begründen Sie Ihre Vermutungen.

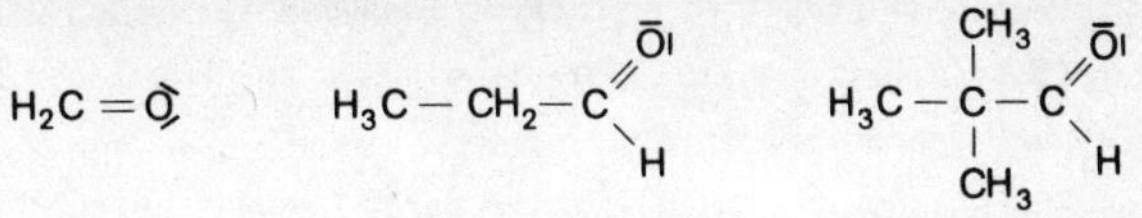

Methanal   Propanal   2,2-Dimethyl-propanal

Lösungsvorschlag:

Zu 1.1) Nach dem angegebenen Reaktionsschema liegt die Benzoesäure im Produktgemisch gelöst vor (hydratisierte Benzoat-Ionen und hydratisierte Natrium-Ionen). Beim Ansäuern der Lösung wird freie Benzoesäure gebildet:

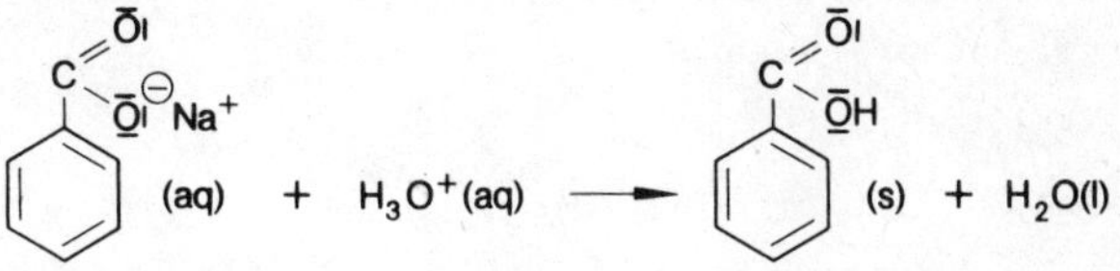

schwerlösliche Benzoesäure

Der weiße Niederschlag ist also Benzoesäure. Die öligen Tröpfchen im Filtrat sind wahrscheinlich Benzylalkohol und unreagierter Benzaldehyd. In dem angewandten Verfahren wurde ein Reaktionsprodukt in eine schwerlösliche Form überführt und durch Filtrieren vom Rest getrennt. In der organischen Phase des Filtrats, die erst von der wäßrigen getrennt werden muß, befinden sich allerdings noch 2 Komponenten (siehe Abbildung 2). Eine vollständige Produktauftrennung ist im Versuchsteil also nicht beschrieben.

Zu 1.2) Im Filtrat wurde durch die Grünfärbung der schwefelsauren Kaliumdichromat-Lösung ein Alkohol, in diesem Fall Benzylalkohol nachgewiesen:

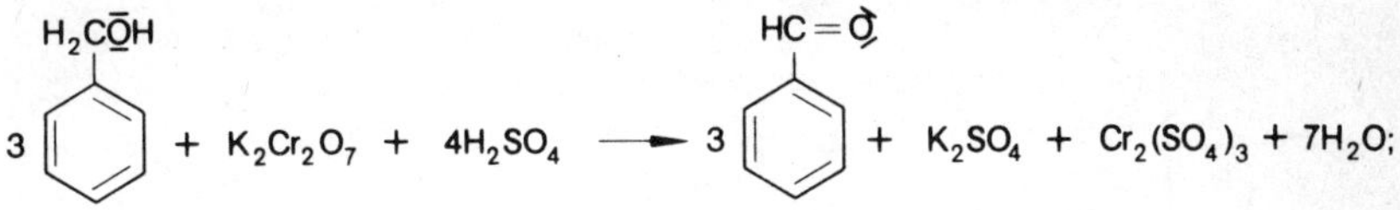

$$\overset{-I}{C} \xrightarrow{-2e^-} \overset{I}{C} \quad / \cdot 3$$

$$\overset{VI}{Cr} \xrightarrow{+3e^-} \overset{III}{Cr} \quad / \cdot 2$$

Die Tatsache, daß Benzaldehyd-Wasser keine Grünfarbe gibt, ist wohl darauf zurückzuführen, daß Aldehyde beim Kaliumdichromat-Test anders reagieren als Alkohole.

Im Dünnschichtchromatogramm ist zu erkennen, daß in der öligen Phase des Filtrats Benzylalkohol und Benzaldehyd enthalten sind; die Höhen, bei denen die Substanzflecke erscheinen (bzw. die R_F-Werte) belegen dies. Da Benzylalkohol nicht so weit gewandert ist wie Benzaldehyd, kann man vermuten, daß auf einem polaren Träger (z.B. Aluminiumoxid) und mit einem schwach polaren Fließmittel (z.B. Diethylether) gearbeitet wurde.
Die Lösung des Rückstands in Ethanol-Wasser färbt Lackmus-Lösung rot, weil die Benzoesäure z.T. protolysiert vorliegt:

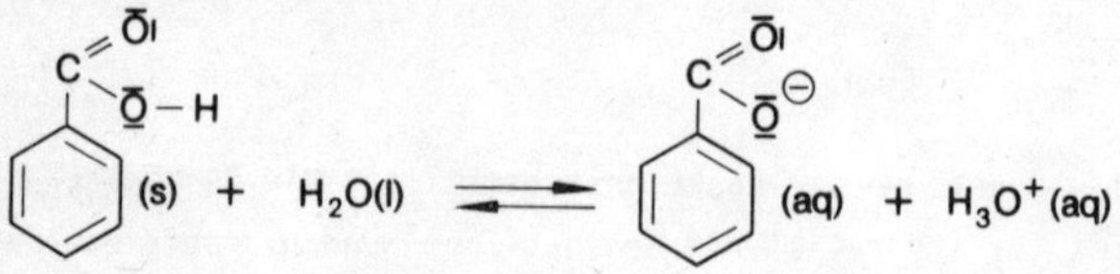

In heißem Wasser löst sich Benzoesäure relativ gut. Mit Natriumcarbonat läuft dann folgende Reaktionsfolge ab:

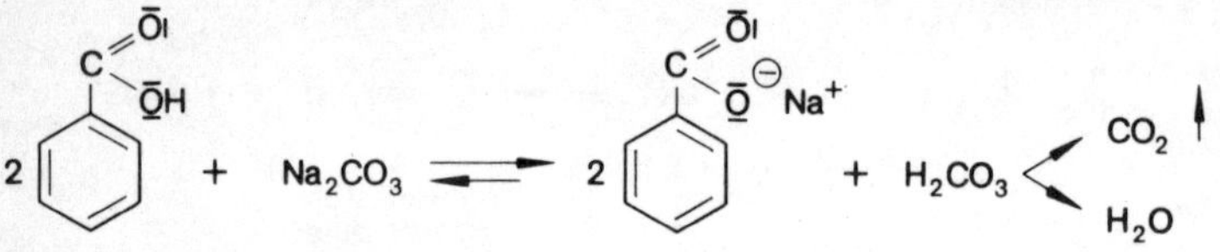

Das entweichende Gas ist also Kohlenstoffdioxid. Da es aus der Lösung entweicht, wird das erste Gleichgewicht ständig nach rechts verschoben.
In alkalischer Lösung, z.B. in Natronlauge, geht die Benzoesäure in hydratisierte Ionen über:

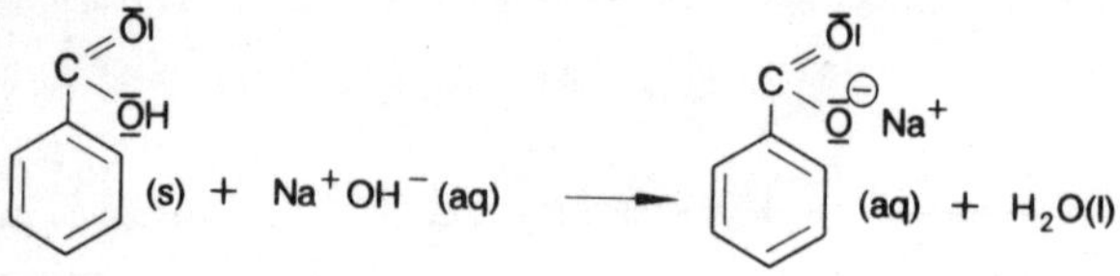

Beim Ansäuern fällt die Benzoesäure wieder nach dem Reaktionsschema von Aufgabe 1.1 aus.

Zu 1.3) Zur Vereinfachung kürzen wir ab: Benzaldehyd = BA und Benzoesäure = BS. Aus dem in der Aufgabenstellung angegebenen Reaktionsschema lesen wir das Stoffmengenverhältnis ab:

$$\frac{n(\text{BA})}{n(\text{BS})} = \frac{2}{1}. \quad \text{Daraus folgt:} \quad n(\text{BS}) = \frac{1}{2} \cdot n(\text{BA})$$

Für die Stoffmengen n setzen wir nun geeignete Ausdrücke ein:

$$\frac{m(\text{BS})}{M(\text{BS})} = \frac{1}{2} \cdot \frac{V(\text{BA}) \cdot (\text{BA})}{M(\text{BA})}$$

Diese Gleichung lösen wir nach m(BS) auf und setzen die Größen ein:

$$m(\mathrm{BS}) = \frac{M(\mathrm{BS})\cdot V(\mathrm{BA})\cdot\ (\mathrm{BA})}{2\cdot M(\mathrm{BA})} = \frac{122\ \mathrm{g/mol}\cdot 4\ \mathrm{ml}\cdot 0{,}96\ \mathrm{g/ml}}{2\cdot 106\ \mathrm{g/mol}} = 2{,}21\ \mathrm{g}.$$

Aus 4 ml Benzaldehyd müssen sich theoretisch also 2,21 g Benzoesäure bilden. Da nur 1,6 g Benzoesäure erhalten wurden, beträgt die Ausbeute:

$$= \frac{1{,}6}{2{,}21}\cdot 100 = 72\ \%$$

Zu 1.4) Kohlenstoff-Atome sind elektronegativer als Wasserstoff-Atome, aber weniger elektronegativ als Sauerstoff-Atome. Für die Kohlenstoff-Atome aus den funktionellen Gruppen ergeben sich damit die unten angegebenen Oxidationszahlen:

im Benzaldehyd: OZ = I; im Benzylalkohol: OZ = -I; in der Benzoesäure: OZ = III

Wenn man eine Elementarreaktion zwischen zwei Benzaldehyd-Molekülen betrachtet, so wird das eine oxidiert und das andere reduziert. Der Stoff Benzaldehyd wird also in dieser Reaktion oxidiert und reduziert; Benzaldehyd ist Reduktionsmittel und Oxidationsmittel. Man könnte die Reaktion also Selbstoxidation und -reduktion nennen. (Falls aus dem Unterricht bekannt, Disproportionierung.)

Zu 1.5) In (I) greift das Hydroxid-Ion am Kohlenstoff-Atom der Carbonylgruppe an, das wegen der hohen Elektronegativität des Sauerstoff-Atoms eine positive Partialladung trägt. Dies ist ein nucleophiler Angriff (nucleophiler Angreifer: Hydroxid-Ion).

Da die Schritte (I) und (II) geschwindigkeitsbestimmend (langsam) sind, müßte die Gesamtreaktion 3. Ordnung sein. Es müßte gelten:

$$v = k\cdot c(\text{Benzaldehyd})\cdot c(\text{Benzaldehyd})\cdot c(\text{Hydroxid-Ionen}) = c^2(\mathrm{BA})\cdot c(\mathrm{NaOH})$$

(Anmerkung: Das Produkt-Anion aus (I) geht als Edukt in (II) ein.) Bei der experimentellen Messung der Reaktionsgeschwindigkeit kann man sich zunutze machen, daß in der Gesamtreaktion Hydroxid-Ionen verbraucht werden. Man könnte also durch Titration mit Salzsäure die Rest-Hydroxid-Ionen aus der Reaktionslösung bestimmen und so den zeitlichen Verlauf der Konzentrationsänderung ermitteln. (Anmerkung: Man könnte auch anders verfahren, z.B. die Bildung von Benzylalkohol gas-chromatographisch verfolgen oder die Bildung von Benzoesäure gravimetrisch. Diese Verfahren sind aber aufwendiger.)

Zu 1.6) Die Strukturformeln des "Anions 2" und des "Produkts" sind:

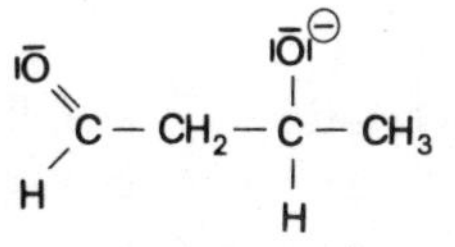

Anion 2

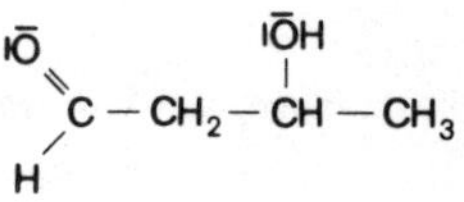

Produkt

Bei (I) bis (III) fällt auf, daß die Hydroxid-Ionen nicht verbraucht werden; sie erfüllen bei der Reaktion von Ethanal in alkalischer Lösung also (im Gegensatz zur Reaktion von Benzaldehyd in alkalischer Lösung) die Funktion eines Katalysators.

Zu 1.7) 2,2-Dimethyl-propanal-Moleküle haben kein Wasserstoff-Atom an dem zur Carbonyl-Gruppe benachbarten Kohlenstoff-Atom. Die Reaktion verläuft also wahrscheinlich wie bei Benzaldehyd (das auch kein solches Wasserstoff-Atom hat). Die Produkte wären:

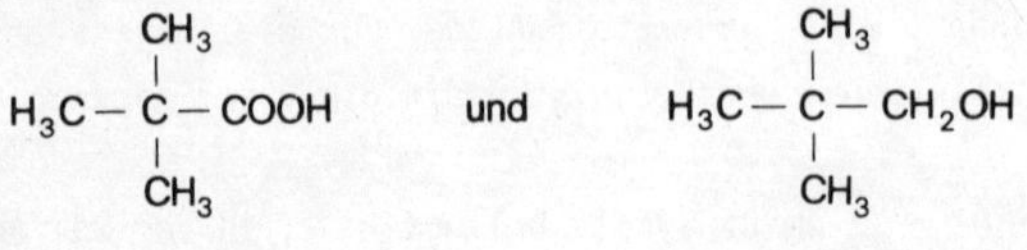

2,2-Dimethyl-propansäure 2,2-Dimethyl-propanol

Methanal-Moleküle haben gar kein zur Carbonylgruppe benachbartes Kohlenstoff-Atom. Auch Methanal reagiert also wahrscheinlich wie Benzaldehyd zu folgenden Produkten:

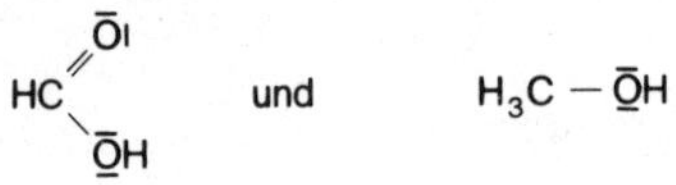

Methansäure Methanol

Bei Propanal-Molekülen kann ein erster Reaktionsschritt (I) wie bei Ethanal-Molekülen erfolgen. Endprodukt der Reaktion:

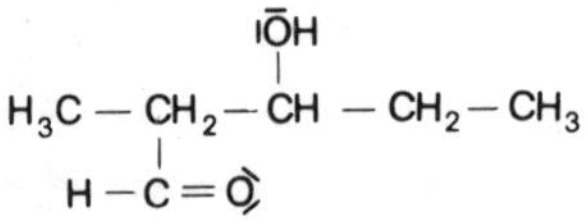

3-Hydroxy-2-methyl-pentanal-(1)

Weiterführende Informationen:

Aldehyde sind sehr reaktionsfähige Verbindungen. Sie reagieren sowohl mit Oxidations- als auch mit Reduktionsmitteln, sowohl mit Säuren als auch mit Basen; die Carbonyl-Gruppe aus den Aldehyd-Molekülen reagiert fast mit allen funktionellen Gruppen.
Ein Teil der Reaktionen der Aldehyde wurde im Chemieunterricht behandelt und kann in den Schulbüchern nachgelesen werden [1 - 6]. Die in dieser Aufgabe besprochenen Reaktionen der Aldehyde in alkalischer Lösung verlaufen nach den beiden Mustern, die unter 1.5 und 1.6 diskutiert wurden.

Aldehyde, deren Moleküle an dem zur Carbonyl-Gruppe benachbarten Kohlenstoff-Atom ein Wasserstoff-Atom gebunden haben, reagieren wie Ethanal nach dem Muster (I) - (III). Da die Produkte dieser Reaktionen Alkohol-Aldehyde sind, nennt man den Reaktionstyp "Aldol-Kondensation". Zutreffender wäre allerdings die Bezeichnung "Aldol-Addition", weil hier kein kleineres Molekül zwischen zwei größeren Molekülen abgespalten wird wie etwa bei der Veresterung. Für die Synthese ist dieser Reaktionstyp interessant, weil man auf diese Weise neue C-C-Bindungen knüpfen kann.
Aldehyde, in deren Molekülen das zur Carbonyl-Gruppe benachbarte Kohlenstoff-Atom ein tertiäres ist, reagieren wie Benzaldehyd. Dieser Reaktionstyp wird nach seinem Entdecker *Cannizzaro*-Reaktion genannt. Aus einem Aldehyd bilden sich eine Carbonsäure (Oxidation) und ein Alkohol (Reduktion). Man nennt allgemein Reaktionen, bei denen ein Stoff sowohl oxidiert als auch reduziert wird, Disproportionierungen. Über weitere Reaktionen der Aldehyde kann bei Bedarf in Organik-Büchern für die Schule [L7 - L8] nachgelesen werden.
Die im Anfangsteil der Aufgabe beschriebene Arbeitsweise (Durchführung der Reaktion und Produktauftrennung) kann als "klassisch" für die organische Chemie angesehen werden. Die Isolierung des zweiten Reaktionsprodukts (Benzylalkohol) hätte allerdings noch weitere Arbeitsschritte erforderlich gemacht: Extraktion der organischen Phase z.B. mit Diethylether und fraktionierte Destillation (eventuell unter vermindertem Druck, weil Benzaldehyd und Benzylalkohol hohe Siedetemperaturen, ϑ_b = 178 °C bzw. ϑ_b = 209 °C, haben).

Literatur:

[1] Autorenkollektiv, Organikum, Kapitel 7.3, VEB Dt. Verlag der Wissenschaften, Berlin
[L 5] Kapitel
[L18] Kapitel 9 und 10
[L20] Kapitel 15
[L25] Kapitel 9.3
[L28] Kapitel 12
[L29] Kapitel 15

15. Reaktionen funktioneller Gruppen

Voraussetzungen aus dem Unterricht: Alkohole, Aldehyde, Carbonsäuren, Ether, Ester, Acetale, Stabilität von Cycloalkanen z.B. von Cyclohexan und Cyclopropan.

Aufgaben

1. 5-Hydroxypentansäure liefert beim Erhitzen mit katalytischen Mengen Schwefelsäure ein δ-Lacton: Valerolacton

Valerolacton

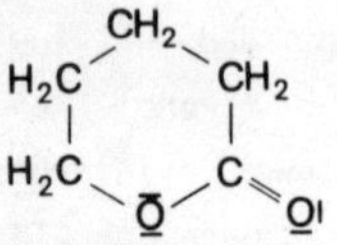

Kurzformel:

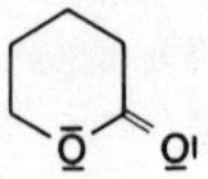

1.1 Geben Sie begründet an, in welche Stoffklasse Valerolacton einzuordnen ist, und formulieren Sie das Reaktionsschema für dessen Bildung.

1.2 Geben Sie eine Erklärung dafür, daß 2-Hydroxypentansäure im Gegensatz zu 5-Hydroxypentansäure kein Lacton bildet, sondern unter analogen Reaktionsbedingungen zu einem Produkt mit hoher Molekülmasse reagiert. Formulieren Sie das Reaktionsschema, und zeichnen Sie einen Ausschnitt aus dem entstehenden Produkt.

1.3 Erläutern Sie im Vergleich zu Valerolacton, aus welchen Ausgangsstoffen

A B C D

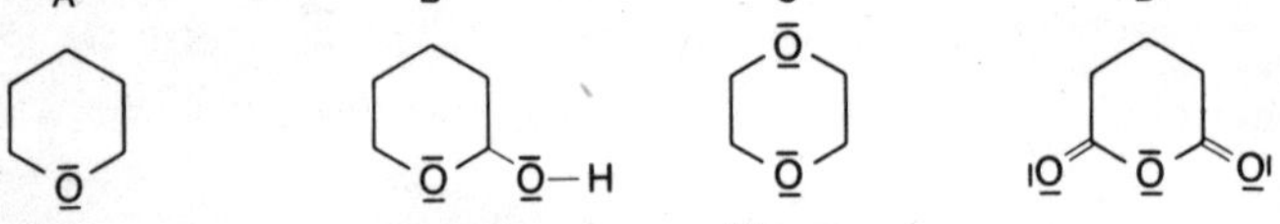

Tetrahydropyran 2-Hydroxy-tetrahydropyran Dioxan

gebildet werden und in welche Stoffklassen diese Verbindungen einzuordnen sind.

Lösungsvorschlag:

Zu 1.1) Valerolacton ist ein cyclischer Ester mit der funktionellen Gruppe

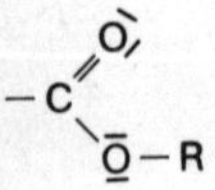

Valerolacton entsteht aus 5-Hydroxypentansäure durch intramolekulare Veresterung der Carboxylgruppe mit der Hydroxylgruppe am 5. Kohlenstoff-Atom. Dabei wird ein sterisch günstiger Sechs-Ring ausgebildet.

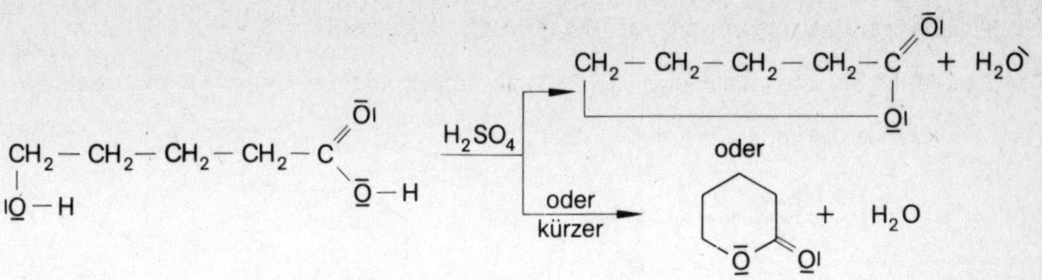

Zu 1.2) Bei der intramolekularen Veresterung von 2-Hydroxypentansäure zu einem cyclischen Ester (Lacton) müßte ein ungünstiger, gespannter Dreiring gebildet werden:

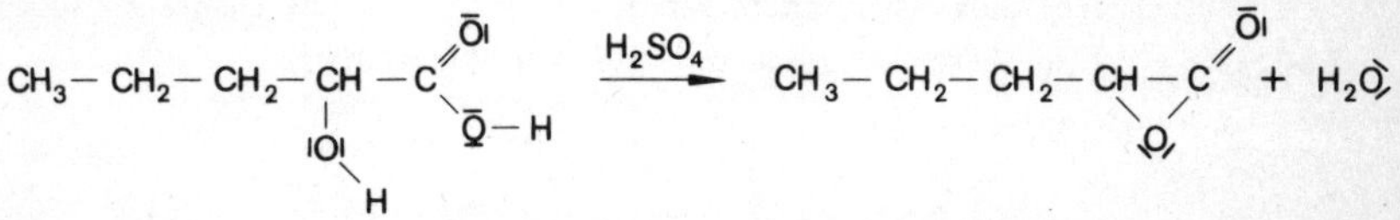

Daher reagiert 2-Hydroxypentansäure mit katalytischen Mengen Schwefelsäure bevorzugt unter intermolekularer Wasserabspaltung:

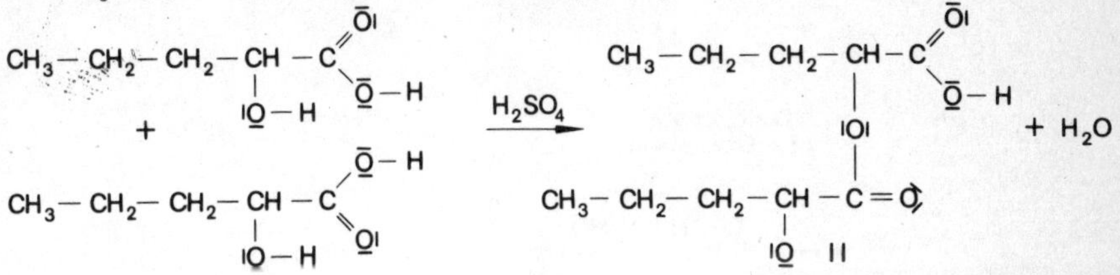

Es entsteht ein Polyester:

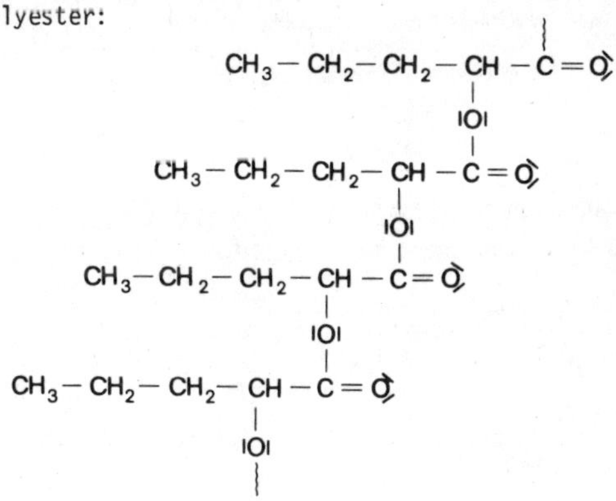

Zu 1.3) Tetrahydropyran ist ein cyclischer Ether, er entsteht durch intramolekulare Wasserabspaltung aus 1,5-Pentandiol:

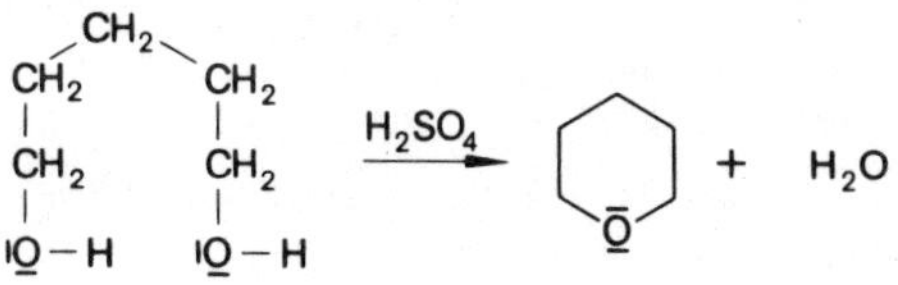

2-Hydroxytetrahydropyran ist ein cyclisches Halbacetal mit der funktionellen Gruppe $-CH{<}^{\overline{O}-R}_{\overline{O}-H}$, das aus 5-Hydroxypentanal durch Addition der Hydroxylgruppe an die Carbonylgruppe gebildet wird.

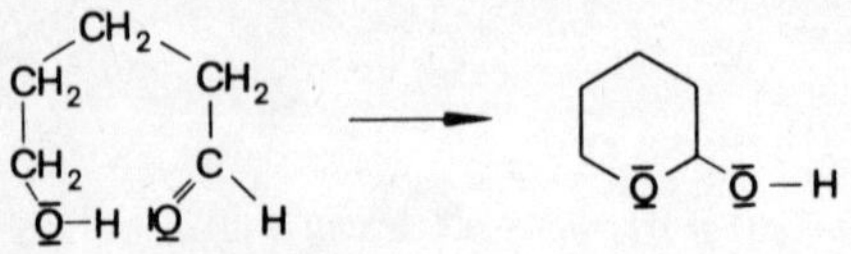

Dioxan ist ein cyclischer bifunktioneller Ether, der unter dem Einfluß von konzentrierter Schwefelsäure a) durch intramolekulare Wasserabspaltung aus Diethylenglycol oder b) durch Kondensation von Glycol gebildet wird.

a)

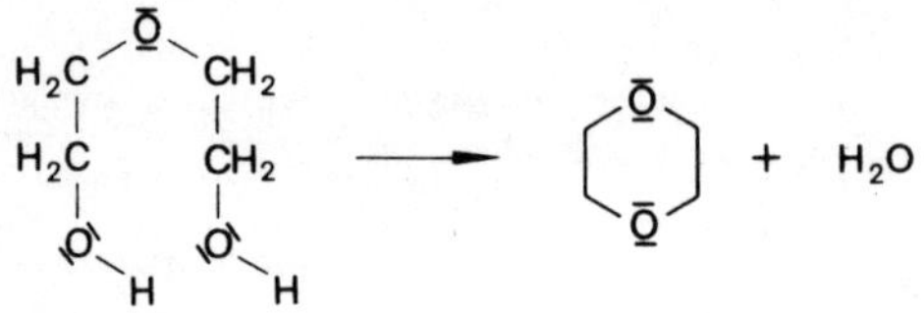

Diethylenglycol
(2,2'-Oxydiethanol)

b)

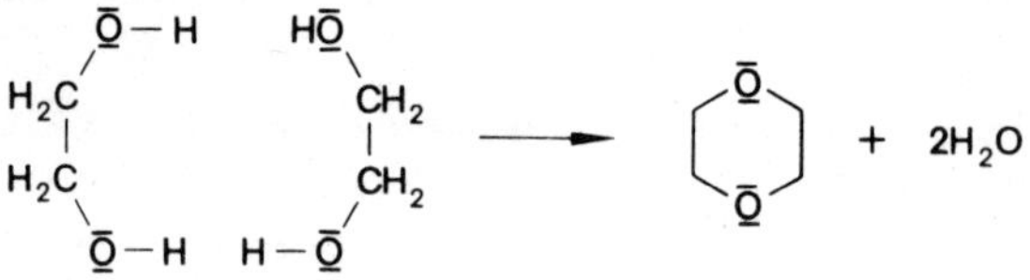

Glycol
(Ethandiol)

Die Verbindung D ist ein Säureanhydrid, nämlich Glutarsäureanhydrid (Pentandicarbonsäureanhydrid) und entsteht durch intramolekulare Wasserabspaltung aus Glutarsäure.

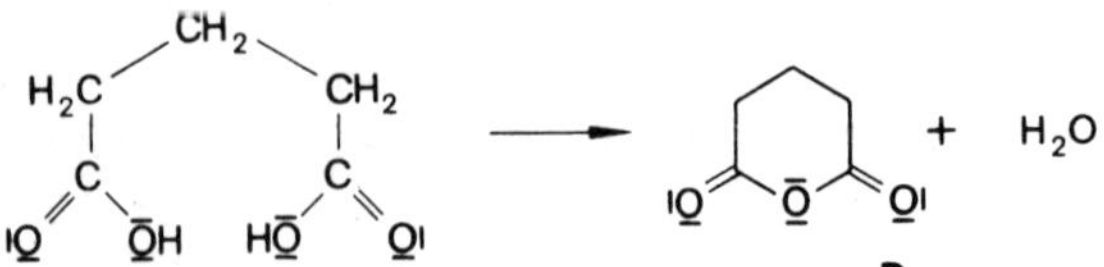

D

Weiterführende Informationen:

δ-Lactone und γ-Lactone (5-Ring) sind in vielen Molekülen anzutreffen, beispielsweise in Cumarin, dem Aromastoff des Waldmeisters, oder in Ascorbinsäure (Vitamin C), oder in den Phthaleinfarbstoffen wie Phenolphthalein (Strukturformel siehe Aufgabe Nr. 26.

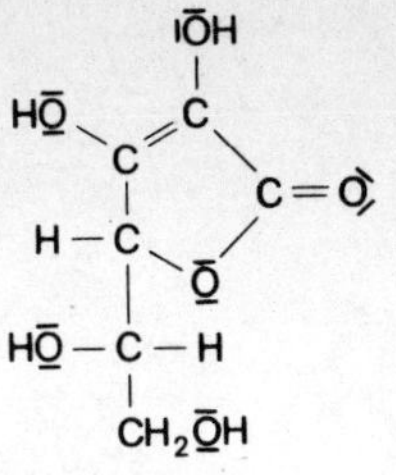

Vitamin C, γ-Lacton

2-Hydroxytetrahydropyran kann man als Grundgerüst der Hexosen wie Glucose verstehen.
Dioxan ist sowohl in Wasser als auch in unpolaren Lösungsmitteln gut löslich. Dioxan ist ein technisch wichtiges Lösungsmittel, z.B. für Acetylcellulose.
Eine Synthesemöglichkeit führt über Diethylenglycol, das im Sommer 1985 als unerlaubter Weinzusatz allgemein bekannt wurde.
Der Name Dioxan erinnert an die "Dioxine", die ebenfalls cyclische Diether sind. Die mehrfach chlorierten Dioxine sind als starke Umweltgifte bekannt. Der bekannteste und giftigste Vertreter dieser Gruppe ist das 2,3,7,8-Tetrachlor-dibenzo-p-dioxin.

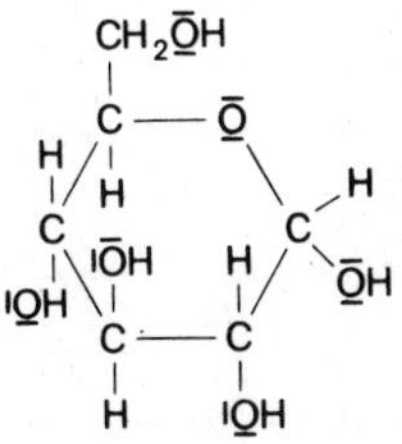

Glucose

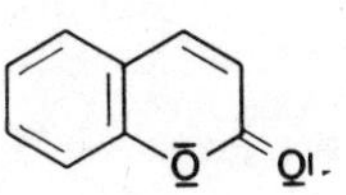

Cumarin

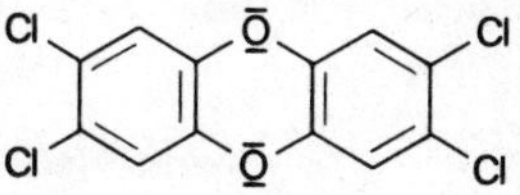

2,3,7,8-Tetrachlor-dibenzo-p-dioxin

Literatur:

[1] *R.T. Morrison, R.N. Boyd*, Lehrbuch der Organischen Chemie, Kap. 20.15. Verlag Chemie, Weinheim 1978

[2] Alle Schulbücher zur Organischen Chemie, Kapitel: Carbonsäuren, Ester, Hydroxysäuren, Alkohole, Ether, Aldehyde

16. Hydrierung von Benzol, Cyclohexen und Cyclohexadien

Voraussetzungen aus dem Unterricht: σ-Bindung, π-Bindung, Mesomerie, Alkene, Aromaten, elektrophile Addition, elektrophile Substitution.

Aufgaben

1. Geben Sie die Strukturformeln der drei Verbindungen Cyclohexen, 1,3-Cyclohexadien und Benzol an.

2. Unter geeigneten Bedingungen werden die drei Verbindungen einzeln mit Wasserstoff zur Reaktion gebracht. Alle beteiligten Stoffe sollen dabei stets im Stoffmengenverhältnis 1:1 reagieren.
Geben Sie jeweils die Reaktionsgleichungen zu den drei Reaktionen an. Zwei der Reaktionen sind exotherm, eine ist endotherm. Begründen Sie, welche Reaktion endotherm verläuft. Für die beiden exothermen Reaktionen betragen die Reaktionsenthalpien $\Delta H°_R = -112{,}3\ kJ \cdot mol^{-1}$ und $\Delta H°_R = -119{,}8\ kJ \cdot mol^{-1}$. Ordnen Sie

der jeweiligen Reaktion die richtige Reaktionsenthalpie zu, und begründen Sie diese Zuordnung.

3. Cyclohexen wird mit Brom umgesetzt. Entwickeln Sie den Mechanismus der Reaktion mit Hilfe von Strukturformeln und Reaktionsgleichungen, und erklären Sie die einzelnen Reaktionsschritte unter Verwendung von Fachbegriffen.

4. Werden 1,3-Cyclohexadien und Brom im Stoffmengenverhältnis 1:1 zur Reaktion gebracht, so entstehen zwei isomere Reaktionsprodukte. Geben Sie die Strukturformeln der beiden Isomeren an, und benennen Sie diese eindeutig. Erklären Sie die Bildung der beiden Produkte anhand des Reaktionsmechanismus.

5. Brom reagiert mit Benzol nur in Anwesenheit eines geeigneten Katalysators. Begründen Sie, weshalb bei dieser Reaktion (im Gegensatz zu der Reaktion von Brom mit Cyclohexen und mit 1,3-Cyclohexadien) ein Katalysator notwendig ist. Geben Sie einen geeigneten Katalysator an, und erklären Sie seine Wirkungsweise.

6. Geben Sie die Reaktionsgleichung der Reaktion von Brom mit Benzol an, und benennen Sie den Reaktionstyp. Die Mechanismen der Reaktionen von Brom mit Benzol und von Brom mit Cyclohexen verlaufen bis auf den letzten Schritt parallel. Begründen Sie den abweichenden Verlauf des letzten Reaktionsschrittes bei der Reaktion von Brom mit Benzol.

Lösungsvorschlag:

Zu 1)

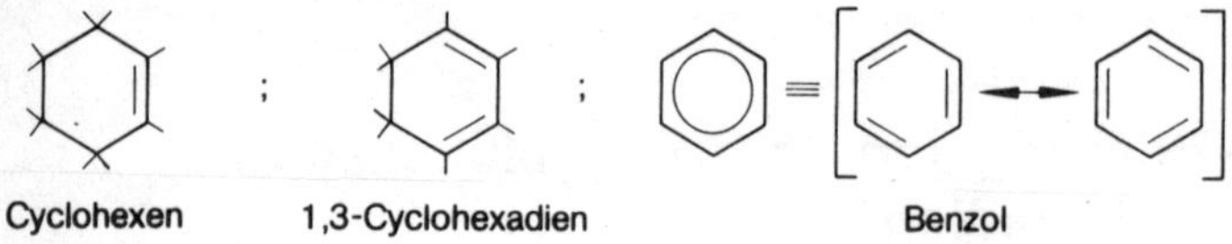

Zu 2) Die Reaktion von Benzol zu 1,3-Cyclohexadien verläuft endotherm. Das stabile (energiearme) aromatische System wird bei dieser Reaktion zerstört. Bei der Reaktion von Cyclohexen zu Cyclohexan wird der größere Energiebetrag frei (-119,8 kJ). Bei der Reaktion von 1,3-Cyclohexadien zu Cyclohexen wird weniger Energie frei, weil der Ausgangsstoff mesomeriestabilisiert ist. Bei der Reaktion wird das relativ stabile mesomere System vernichtet.

Zu 2)

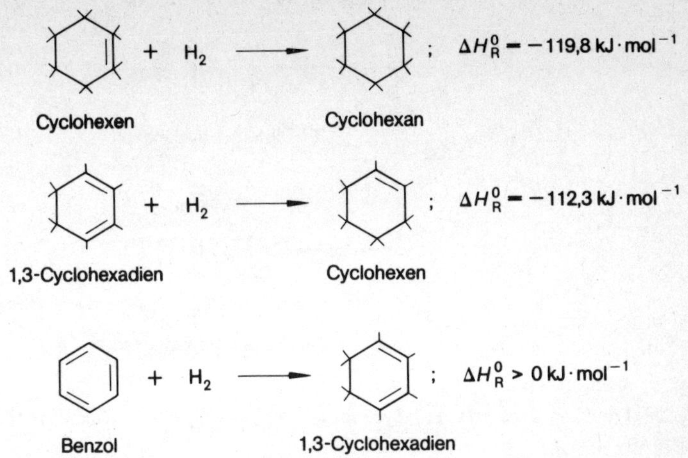

Zu 3)

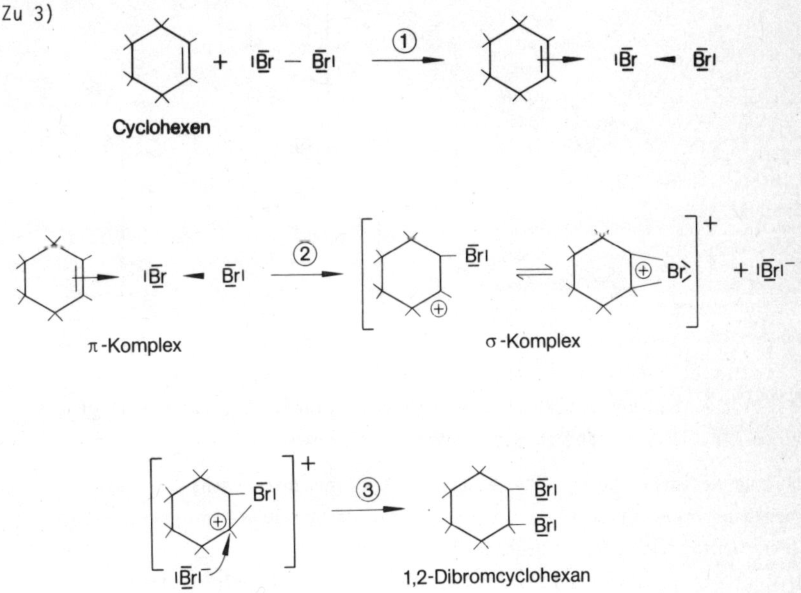

1 Polarisierung des Br_2-Moleküls durch die C=C-Doppelbindung

2 Heterolyse der polarisierten Br-Br-Bindung und elektrophile Addition

3 nucleophiler Rückseitenangriff

Zu 4)

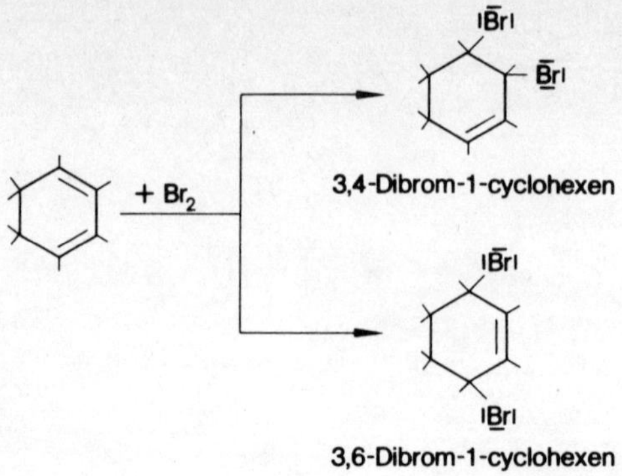

Erklärung:
Bei der Reaktion von Brom mit 1,3-Cyclohexadien können zwei unterschiedliche σ-Komplexe entstehen:

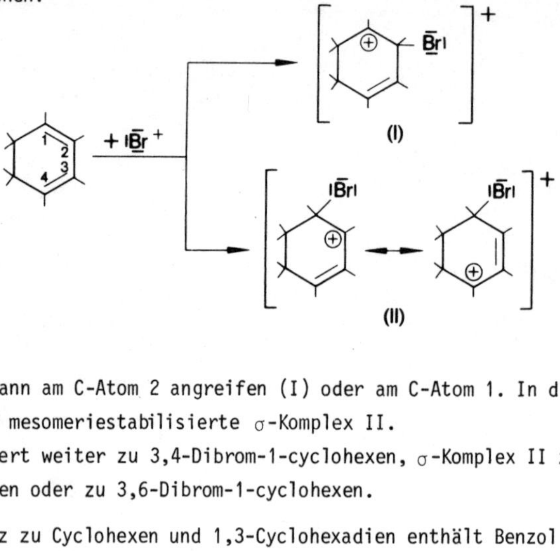

Das Brom-Kation kann am C-Atom 2 angreifen (I) oder am C-Atom 1. In diesem Fall entsteht der mesomeriestabilisierte σ-Komplex II.
σ-Komplex I reagiert weiter zu 3,4-Dibrom-1-cyclohexen, σ-Komplex II zu 3,4-Dibrom-1-cyclohexen oder zu 3,6-Dibrom-1-cyclohexen.

Zu 5) Im Gegensatz zu Cyclohexen und 1,3-Cyclohexadien enthält Benzol keine Doppelbindungen. Die π-Elektronen sind über das gesamte Ringsystem delokalisiert. Benzol ist dadurch besonders stabil.
Bei der Reaktion von Brom mit Cyclohexen und mit 1,3-Cyclohexadien erfolgt die Polarisierung des angreifenden Brom-Moleküls durch die hohe Ladungsdichte im Bereich der Doppelbindung(en). Im Benzol-Molekül dagegen gibt es keine Zentren erhöhter Ladungsdichte; darüber hinaus ist das Benzol-Molekül unpolar und kann somit nicht zu einer Polarisierung des Brom-Moleküls beitragen.
Diese Funktion übernimmt der Katalysator. Es kommen *Lewis*-Säuren wie Eisen(III)-bromid in Frage:

$$FeBr_3 + \underline{\overline{Br}}-\underline{\overline{Br}} \longrightarrow [FeBr_4]^- + \underline{\overline{Br}}^+$$

Zu 6)

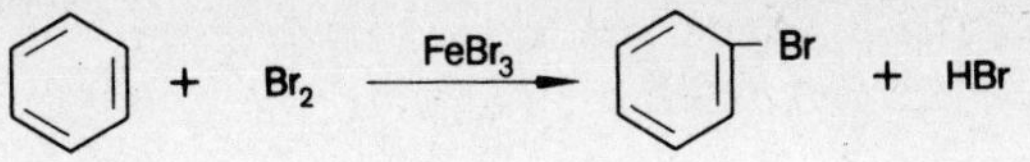

Bei der Reaktion handelt es sich um eine elektrophile Substitution.

Der Mechanismus verläuft (wie der der elektrophilen Addition) über den π-Komplex zum σ-Komplex. Während bei der Additionsreaktion im letzten Schritt das Bromid-Ion nucleophil angreift, erfolgt hier der Austritt eines Protons. Die Ursache liegt darin, daß durch den Austritt des Protons das stabile aromatische System wiederhergestellt wird. Bei einer Additionsreaktion wäre dies nicht möglich.

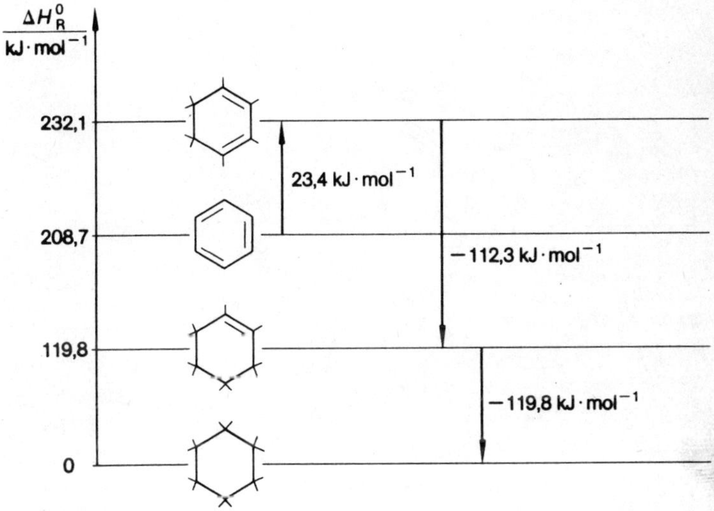

Weiterführende Informationen:

Zu 2)

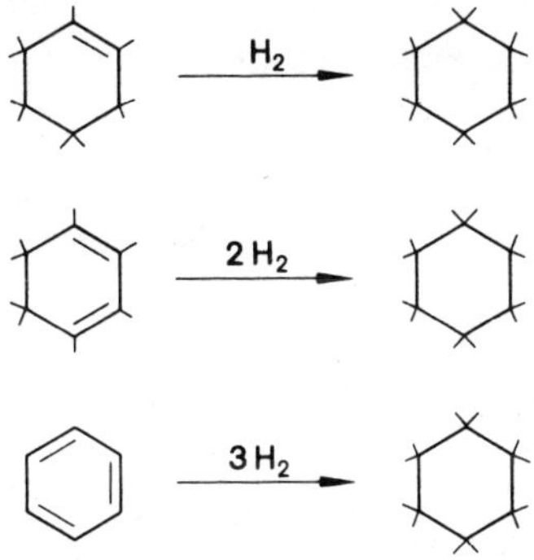

; $\Delta H^0_R = -119{,}8\ kJ \cdot mol^{-1}$

; $\Delta H^0_R = -232{,}1\ kJ \cdot mol^{-1}$

; $\Delta H^0_R = -208{,}7\ kJ \cdot mol^{-1}$

Experimentell zugänglich ist die vollständige Hydrierung der drei Verbindungen. Sie erfolgt in Anwesenheit von Platinoxid als Katalysator beim Einleiten von Wasserstoff in Cyclohexen (bzw. 1,3-Cyclohexadien bzw. Benzol) bereits bei Zimmertemperatur.

Gemeinsames Reaktionsprodukt der vollständigen Hydrierung der Verbindungen ist Cyclohexan (siehe Seite 111).

In der Aufgabenstellung wird die Enthalpie der Hydrierung mit jeweils n = 1 mol Wasserstoff betrachtet. Die entsprechenden Werte erhält man aus folgendem Energie-Schema.

Zu 3) Das Reaktionsprodukt heißt 1,2-Dibromcyclohexan. Es wird darauf hingewiesen, daß hier - wie auch bei den Produkten in 4) - cis-trans-Isomerie auftritt.

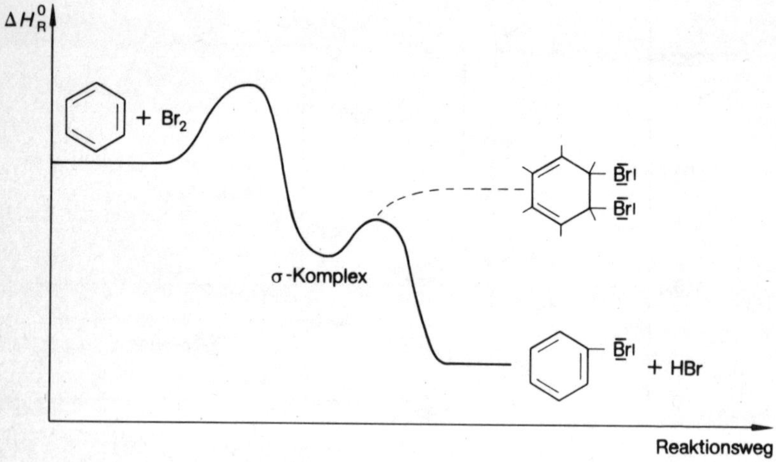

Die vereinfachten Strukturformeln des Cyclohexans, Cyclohexens und 1,3-Cyclohexadiens und ihrer Derivate geben nicht - wie beim Benzol - die Geometrie der Moleküle wieder. Es sei hier nur an die Konformationen des Cyclohexans (Wannen-, Sesselform) erinnert.

Zu 4) Bei der Reaktion von 1,3-Cyclohexadien mit Brom treten die gleichen Verhältnisse auf wie bei der entsprechenden Reaktion des 1,3-Butadien.

Wegen der größeren Stabilität wird bevorzugt der σ-Komplex II gebildet (Mesomerie!).

17. Chemosynthese und Kohlenhydratabbau

Voraussetzungen aus dem Unterricht: Redoxbegriff, Oxidationszahlen, Redoxgleichungen, Ermittlung von Redoxpotentialen, Nomenklatur sauerstoffhaltiger organischer Verbindungen.

Aufgaben

1. Bakterien der Gattung Ferrobacillus beziehen die Energie, die sie zur Synthese von Kohlenhydraten (z.B. Traubenzucker, $C_6H_{12}O_6$) aus Kohlenstoffdioxid benötigen, aus der Oxidation von Fe^{2+}-Ionen.
Entwickeln Sie über die Teilgleichungen für Oxidation und Reduktion die Redoxgleichung für den beschriebenen Stoffwechselprozeß. Klären Sie an diesem Beispiel die Begriffe Oxidation, Reduktion, Oxidationsmittel und Reduktionsmittel.

2. Endotherme Prozesse in lebenden Systemen werden durch energetische Kopplung mit der exothermen Oxidation von Traubenzucker zu Kohlenstoffdioxid ermöglicht. Dabei erfolgt die Oxidation des Traubenzucker-Moleküls stufenweise. Unter anderem sind folgende Teilchen an dem Reaktionsablauf beteiligt:

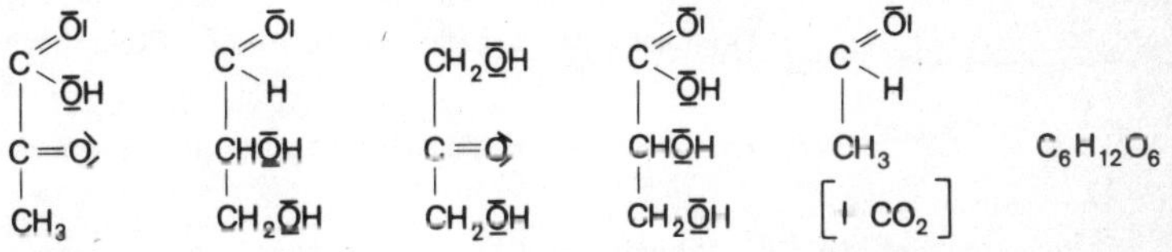

(1) (2) (3) (4) (5) (6)

Benennen Sie die Zwischenprodukte nach den *IUPAC*-Nomenklaturregeln (*Genfer Nomenklatur*).
Ordnen Sie die Teilchen im Sinne der oben beschriebenen stufenweisen Oxidation in einer sinnvollen Reihenfolge. Kennzeichnen Sie dabei jeweils die Reaktionsschritte, bei denen eine Oxidation erfolgt, und die, bei denen Edukt und Produkt jeweils das gleiche Oxidationsniveau einnehmen.

3. Der erste Oxidationsschritt soll etwas näher untersucht werden. Zunächst soll gezeigt werden, daß diese Reaktion nicht nur in der lebenden Zelle ("in vivo"), sondern auch im Reagenzglas ("in vitro") abläuft.
Als Oxidationsmittel wird Kaliumdichromat verwendet. Entwickeln Sie die Reaktionsgleichung der Redoxreaktion über die Teilgleichungen für Oxidation und Reduktion. (Die Dichromat-Ionen werden bei der Reaktion zu Cr^{3+}-Ionen umgesetzt.)

4. Nun soll das Normalpotential des am ersten Oxidationsschritt beteiligten Redoxpaares experimentell bestimmt werden. Skizzieren Sie einen geeigneten Versuchsaufbau, und beschreiben Sie den Ablauf des durchzuführenden Experimentes.

Lösungsvorschlag:

Zu 1)
Oxidation:

$$Fe^{2+} \rightleftharpoons Fe^{3+} + e^-$$

Reduktion:

$$6\ CO_2 + 24\ H^+ + 24\ e^- \rightleftharpoons C_6H_{12}O_6 + 6\ H_2O$$

Redoxreaktion:

$$24\ Fe^{2+} + 6\ CO_2 + 24\ H^+ \rightleftharpoons C_6H_{12}O_6 + 6\ H_2O + 24\ Fe^{3+}$$

Oxidation ist definiert als die Abgabe von Elektronen (≙ Erhöhung der Oxidationszahl).
Bei der obigen Reaktion werden die Fe^{2+}-Ionen oxidiert.

Reduktion ist die Aufnahme von Elektronen (≙ Erniedrigung der Oxidationszahl). Bei der obigen Reaktion wird das Kohlenstoff-Atom reduziert. (Das C-Atom im Kohlenstoffdioxid hat die Oxidationszahl +IV; C-Atome im Traubenzucker-Molekül haben die mittlere Oxidationszahl ±0.)

Ein Oxidationsmittel ist ein Teilchen, das Elektronen aufnimmt (Elektronenakzeptor).
Ein Reduktionsmittel ist ein Teilchen, das Elektronen abgibt (Elektronendonator).
Im obigen Beispiel ist das CO_2-Molekül das Oxidationsmittel, das Fe^{2+}-Ion das Reduktionsmittel.

Zu 2)
(1) 2-Oxopropansäure
(2) 2,3-Dihydroxypropanal
(3) 1,3-Dihydroxypropanon
(4) 2,3-Dihydroxypropansäure
(5) Ethanal

1. Schritt: Spaltung des $C_6H_{12}O_6$-Moleküls in 2 $C_3H_6O_3$-Moleküle

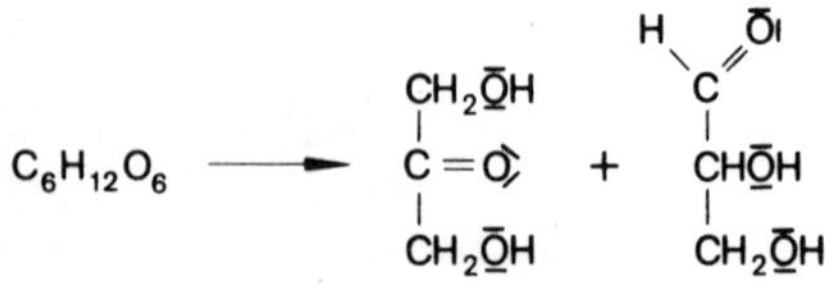

Keine Oxidation: Sowohl bei dem Edukt als auch bei den Produkten ist die Summe der Oxidationszahlen der C-Atome gleich 0. Auch die Oxidationszahlen der übrigen Atome ändern sich nicht.

(Ausgehend von der Struktur des $C_6H_{12}O_6$-Moleküls ergibt sich eine Änderung der Oxidationszahlen der einzelnen C-Atome. Die Änderungen heben sich jedoch innerhalb des Moleküls auf: "intramolekulare Redoxreaktion").

2. Schritt: Oxidation des Aldehyds zur Carbonsäure

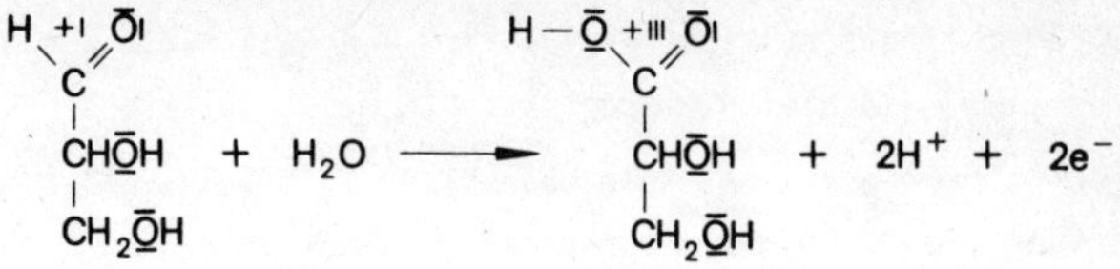

3. Schritt: Abspaltung eines Wasser-Moleküls

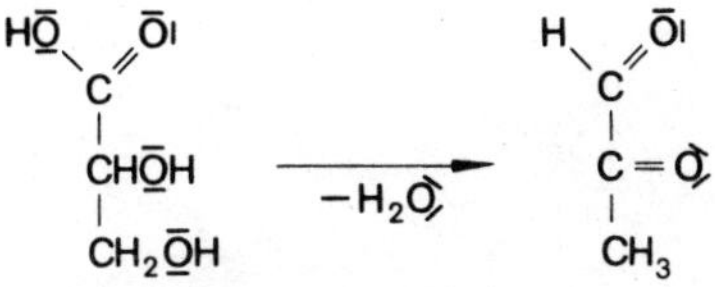

keine Oxidation

4. Schritt: Abspaltung eines Kohlenstoffdioxid-Moleküls:

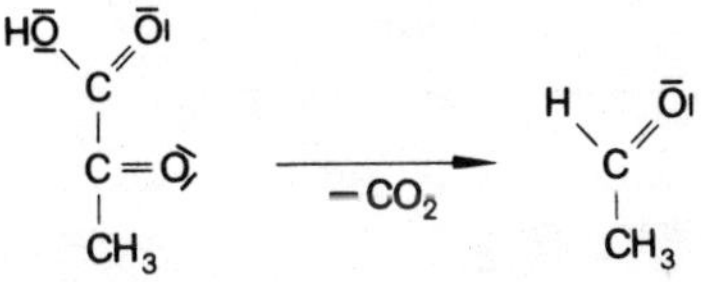

Auch bei diesem Reaktionsschritt erfolgt in der Bilanz keine Oxidation.

Zu 3)

Oxidation:

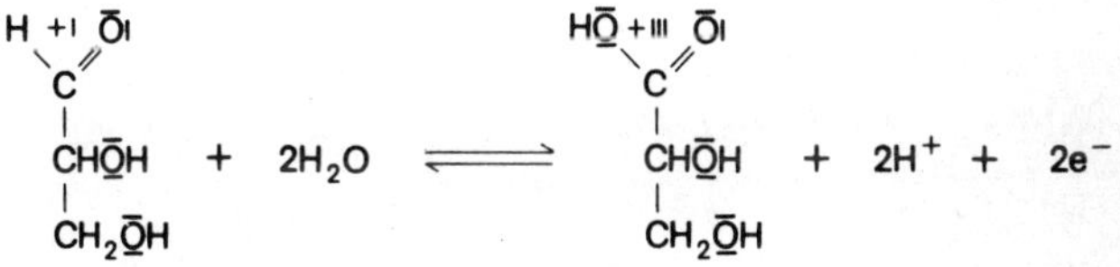

Reduktion:

$$\overset{+VI}{Cr_2O_7^{2-}} + 14H^+ + 6e^- \rightleftharpoons \overset{+III}{2Cr^{3+}} + 7H_2O$$

Redoxreaktion:

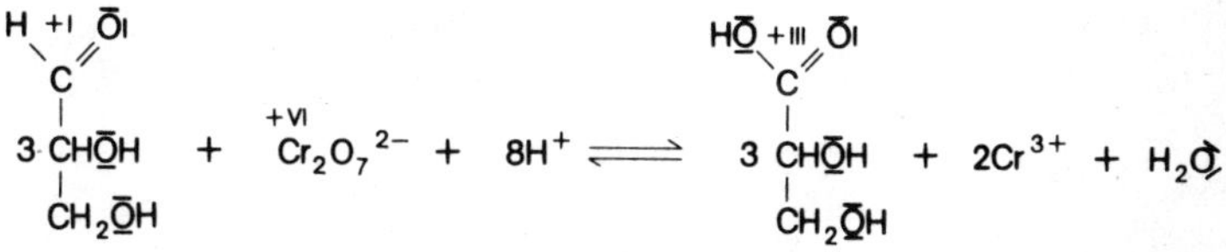

Zu 4) Versuchsbeschreibung:

Als Reaktionsgefäß ist beispielsweise ein U-Rohr geeignet, dessen Schenkel durch ein Diaphragma getrennt sind. Der als Vergleichshalbzelle vorgesehene Schenkel wird mit einer Säurelösung mit der Stoffmengenkonzentration $c(H^+)$ = 1 mol/l gefüllt. Eine Platinelektrode, die von Wasserstoff umspült ist, wird in die Lösung eingebracht. (Selbstverständlich kann statt des Wasserstoffhalbelementes ein anderes Vergleichselement benutzt werden.)

Das Meßelement besteht aus einer Ableitelektrode (z.B. einer Platinelektrode) und einer Lösung, die 2,3-Dihydroxypropanal und 2,3-Dihydroxypropansäure jeweils mit der Stoffmengenkonzentration c = 1 mol/l enthält.

Zur Messung muß ein hochohmiges Voltmeter verwendet werden.

Versuchsskizze

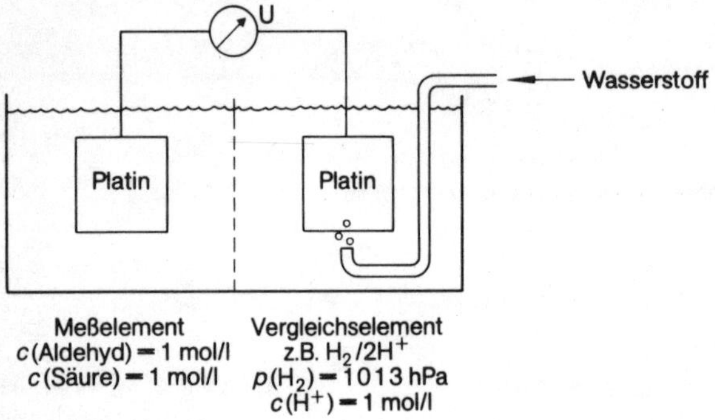

Weiterführende Informationen:

Zu 1) Pflanzliche Organismen reduzieren Kohlenstoffdioxid zu Kohlenhydraten (z.B. Traubenzucker $C_6H_{12}O_6$). Die dazu notwendige Energie erhalten sie aus Vorgängen, bei denen Teilchen aus einem angeregten Zustand in den Grundzustand zurückfallen. Die Anregung selbst erfolgt durch die Absorption von Lichtquanten. Den Gesamtprozeß - von der Lichtabsorption bis zur $C_6H_{12}O_6$-Synthese - bezeichnet man als Photosynthese.

Manche Bakterien, die nicht zur Photosynthese fähig sind, beziehen die Energie zur Reduktion des Kohlenstoffdioxids aus anderen exothermen chemischen Reaktionen (Chemosynthese). Hier einige Beispiele für Reaktionen, die dabei eine Rolle spielen:

Gattung Beggiatoa

$$2\ H_2S + O_2 \longrightarrow 2\ H_2O + 2\ S\ ; \qquad \Delta H_R = -493\ kJ \cdot mol^{-1}$$

$$2\ S + 2\ H_2O + 3\ O_2 \longrightarrow 2\ H_2SO_4\ ; \qquad \Delta H_R = -1195\ kJ \cdot mol^{-1}$$

Gattung Nitrosomonas

$$2\ NH_3 + 3\ O_2 \longrightarrow 2\ HNO_2 + 2\ H_2O\ ; \qquad \Delta H_R = -660\ kJ \cdot mol^{-1}$$

Gattung Nitrobacter

$$2\ HNO_2 + O_2 \longrightarrow 2\ HNO_3\ ; \qquad \Delta H_R = -151\ kJ \cdot mol^{-1}$$

Gattung Hydrogenomonas

$$2\ H_2 + O_2 \longrightarrow 2\ H_2O\ ; \qquad \Delta H_R = 479\ kJ \cdot mol^{-1}$$

Zu 2) Beim Kohlenhydratabbau in biologischen Systemen werden die Kohlenhydrat-Makromoleküle zunächst in C_6-Einheiten gespalten. Sodann erfolgt die Spaltung der C_6-Moleküle in zwei C_3-Moleküle. Nach einigen weiteren Reaktionen (die in der Aufgabe bzw. der Lösung beschrieben sind) erfolgt eine stufenweise Abspaltung von CO_2-Molekülen (Decarboxylierung).
In der Bilanz stellt der gesamte Prozeß die Umkehrung der CO_2-Reduktion bei der Photo- bzw. Chemosynthese dar.

Zu den Formeln und Namen der angegebenen Verbindungen:

Trivialnamen: (1) Brenztraubensäure
(2) Glycerinaldehyd
(3) Dihydroxyaceton
(4) Glycerinsäure
(5) Acetaldehyd

Beachten Sie, daß zwischen den Verbindungen (2) und (3) ein Tautomerie-Gleichgewicht vorliegt. (Auf welcher Seite liegt das Gleichgewicht?)
In der Zelle liegen die angegebenen Verbindungen nicht in freier Form, sondern als Phosphorsäureester und zum Teil an Protein-Moleküle gebunden vor.
Bei der Lösung der Aufgabe kann der erste Reaktionsschritt, die Spaltung des Traubenzucker-Moleküls in zwei C_3-Moleküle, auch abweichend von der Darstellung in der Musterlösung beschrieben werden. Wesentlich ist, daß nachher schließlich 2,3-Dihydroxypropanal weiter umgesetzt wird.
Um zu erkennen, ob die einzelnen Reaktionsschritte eine Oxidation darstellen oder nicht, ist es sinnvoll, die Oxidationszahlen der C-Atome zu ermitteln. Ist die Summe der Oxidationszahlen bei Edukt und Produkt gleich, so hat keine Redoxreaktion stattgefunden.

Literatur:

[L 6] Kapitel 9
[L 9] Kapitel 7.5
[L26] Kapitel 11

18. Enzyme als Biokatalysatoren

Voraussetzungen aus dem Unterricht: Enzymarten, Coenzym, prosthetische Gruppe, Enzyme als Biokatalysatoren, aktives Zentrum, Aktivierungsenergie, *Arrhenius*-Gleichung.

Aufgaben

1. Welche Enzymarten kennen Sie? Geben Sie die 6 Hauptgruppen der Enzymeinteilung an, und nennen Sie je ein Beispiel!

2. Welche Unterschiede bestehen zwischen prosthetischer Gruppe und einem Coenzym?

3. Handelt es sich im folgenden Beispiel um eine Enzymkatalyse mit Coenzym oder mit prosthetischer Gruppe? Begründen Sie Ihre Aussage!

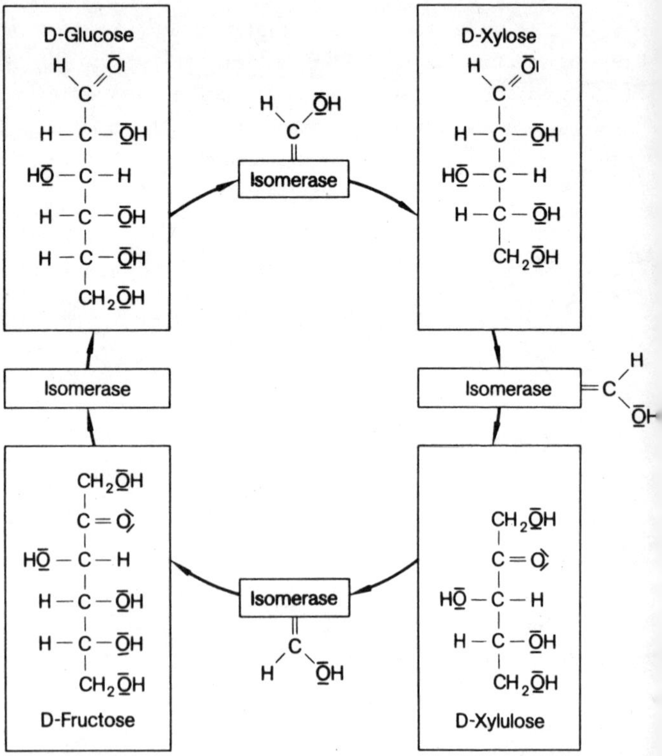

4. Ferredoxin ist ein Eisenproteid, das als Oxidoreduktase bei der pflanzlichen Photosynthese wirkt. Entspricht der Wirkungsmechanismus einem Enzym mit prosthetischer Gruppe oder mit Coenzym (Cosubstrat)? Begründen Sie Ihre Aussage!

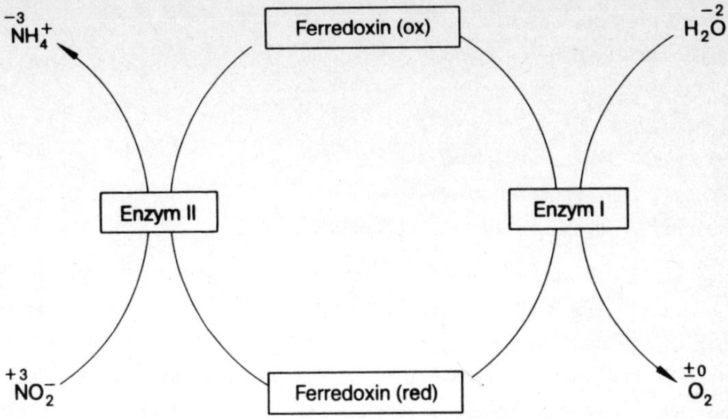

5. Wenn man die *Arrhenius*-Gleichung logarithmiert, erhält man:

$$\ln k = -\frac{\Delta G}{RT} + \ln A$$

Diese Gleichung entspricht formal der Grundgleichung einer Geraden.

$$y = mx + b$$

Trägt man ln k über $\frac{1}{T}$ graphisch auf, erhält man eine Gerade mit negativer Steigung.

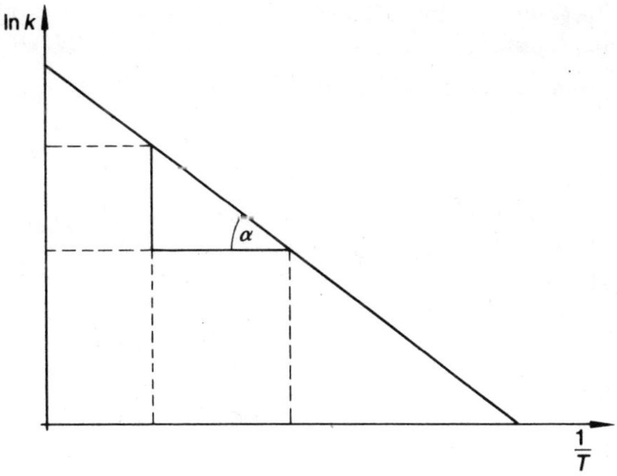

Welcher Term entspricht der Steigung der Geraden?

Lösungsvorschlag:

Zu 1) Einteilung der Enzyme:

a. Oxidoreduktasen, z.B. Ferredoxin
b. Transferasen, z.B. Alanin-Transaminase
c. Hydrolasen, z.B. Glucose-6-phosphatase
d. Lyasen, z.B. Pyruvat-Decarboxylase
e. Isomerasen, z.B. Phosphohexose-Isomerase
f. Ligasen, z.B. Acetylcoenzym-A-Carboxylase

Zu 2) Unter prosthetischen Gruppen versteht man Reste, die fest an ein Protein gebunden sind (z.B. Kohlenhydrat-, Phosphat-Rest oder auch ein Metall-Ion). Coenzyme sind nicht so fest an das Protein gebunden und können leichter abdissoziieren. Coenzym und prothetische Gruppe greifen beide in den katalysierenden Vorgang ein und werden dabei verändert. Die Regeneration erfolgt bei diesen Gruppen in unterschiedlicher Art und Weise. Coenzyme reagieren dabei stöchiometrisch und werden deshalb auch Cosubstrate genannt. Ihre katalytische Wirkung kommt erst durch die Regeneration und Kopplung mit einem weiteren Enzymsystem zustande. Die prosthetischen Gruppen eines Enzyms reagieren nacheinander mit zwei verschiedenen Substraten. Dabei hebt das zweite Substrat die Veränderung des ersten wieder auf. Prosthetische Gruppen werden am gleichen Protein (Holoenzym) in den ursprünglichen Zustand zurückversetzt.

Zu 3) Schema 1 symbolisiert den Wirkmechanismus einer prosthetischen Gruppe. Die Isomerase nimmt zunächst ein C-1-Glied von der D-Glucose auf. Die dabei entstehende Xylose lagert sich in Xylulose um (Substrat 1), während die Isomerase durch D-Fructose (Substrat 2) wieder in den ursprünglichen Zustand versetzt wird.

Zu 4) Schema 2 symbolisiert den Wirkmechanismus eines Coenzyms. Ferredoxin (ox) reagiert mit dem Enzymkomplex, indem es Elektronen aufnimmt und dabei in Ferredoxin (red) übergeht. Der Enzymkomplex II kann durch die Übertragung der Elektronen des Ferredoxins (red) katalytisch wirken, während Ferredoxin (red) wieder in die oxidierte Form übergeführt wird.

Zu 5) Die Steigung m wird durch den Quotienten

$$m = \frac{\Delta \ln k}{\Delta \frac{1}{T}}$$

angegeben. Die freie Aktivierungsenthalpie (oder Aktivierungsenergie) errechnet sich aus dem Zusammenhang

$$\Delta G(\text{Akt.}) = -m \cdot R$$

$$(R = 8{,}314 \ \frac{\text{Joule}}{\text{mol K}})$$

Weiterführende Informationen:

Zu 1) a) Ferredoxin ermöglicht biologische Oxidationen und Reduktionen. Es wirkt bei der Photosynthese und der biologischen Stickstoff-Fixierung als Elektronendonator bzw. -akzeptor.

b) Alanin-Transaminase überträgt beim Abbau der Proteine eine NH_2-Gruppe auf das α-Ketoglutarat, wobei Pyruvat entsteht. Pyruvate sind die Salze der Brenztraubensäure.

c) Bei der Gluconeogenese findet Glucosebildung aus Aminosäuren statt. Der Syntheseweg führt auch über das Milchsäure-Molekül. Ab dem Phosphoenolpyruvat verläuft die Gluconeogenese als Umkehrung der Glycolyse. Dabei spaltet u.a. Glucose-6-phophatase Phosphat-Reste aus Glucose-6-phosphat ab, die allerdings aus energetischen Gründen nicht wieder auf ATP zurückübertragen werden können. Dieses Enzym wirkt als Hydrolase esterspaltend.

d) Lyasen katalysieren Eliminierungsreaktionen unter Ausbildung von Doppelbindungen (bzw. deren Umkehrung). Bei der alkoholischen Gärung katalysiert Pyruvat-Decarboxylase die Bildung von Acetaldehyd aus Brenztraubensäure.

e) Isomerasen katalysieren Umlagerungen. Phosphohexose-Isomerase bewirkt die Umlagerung von Glucose-6-phosphat in Fructose-6-phosphat bei der Glykolyse.

f) Ligasen sind Enzyme, die unter Adenosintriphosphat-Spaltung Bindungen knüpfen. Acetylcoenzym A kann sich unter Einwirkung der Acetyl-CoA-Carboxylase unter Abspaltung von Kohlenstoffdioxid in Fett umwandeln (Umkehrung der *Knoop*schen β-Oxidation).

Zu 5) Enzyme sind Katalysatoren, die wie alle Katalysatoren die Aktivierungsenergie einer chemischen Reaktion herabsetzen und dadurch die Geschwindigkeit der Konzentrationsänderung (Reaktionsgeschwindigkeit) erhöhen. Den Zusammenhang zwischen Aktivierungsenergie und Reaktionsgeschwindigkeitskonstanten k liefert die *Arrhenius*-Gleichung:

$$k = A\,e^{-\frac{E}{RT}} \quad \text{wobei}$$

$$\upsilon(R) = k \cdot c(A) \cdot c(B)$$

$\upsilon(R)$: Reaktionsgeschwindigkeit

$c(A)$: Konzentration des Stoffes A

$c(B)$: Konzentration des Stoffes B

Literatur:

[1] *H. Römpp* und *H. Raaf*, Organische Chemie im Probierglas. Stuttgart 1972
[2] *R. Blume*, Quantitative Enzymkinetik: Die Alkoholdehydrogenase. Praxis (Biologie) 27, 65 (1978)
[3] *H.-J. Bogen*, Knaurs Buch der modernen Biologie. München 1967
[4] *O.E. Neumüller*, Basis-Römpp. Stuttgart 1977
[5] *G. Hobohm*, Biochemie. Freiburg 1977
[6] Dudenredaktion (Hrsg.), Schülerduden Chemie. Mannheim 1977

IV. Synthese organischer Verbindungen

19. Kohlenwasserstoffe durch Kohleveredlung

Voraussetzungen aus dem Unterricht: Kohlenwasserstoffe, Erdöl, Kohle, fraktionierte Destillation, Grundkenntnisse der organischen Chemie.

Aufgaben

Die Abbildungen 1 bis 3 enthalten Informationen, die zur Lösung der Aufgaben erforderlich sind.

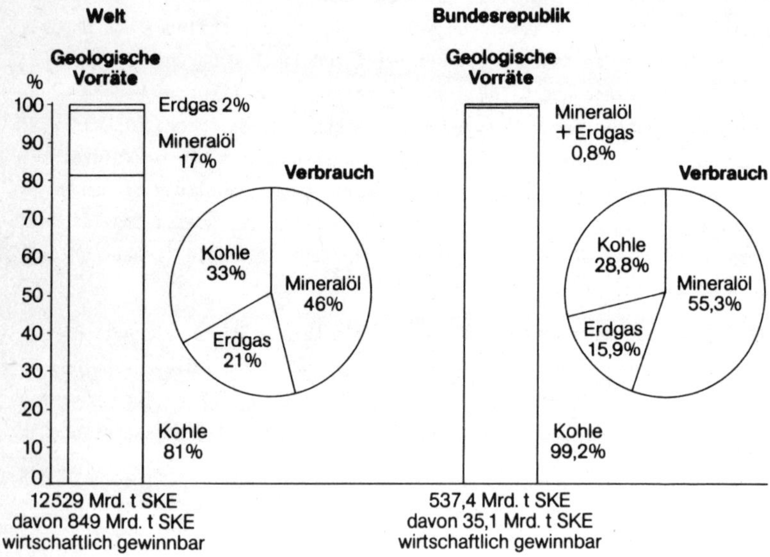

Abbildung 1: Vorräte und Verbrauch fossiler Energie

1.1 Erklären Sie unter Verwendung der in Abbildung 1 bis Abbildung 3 enthaltenen Daten, warum die Forschung bei der Kohlehydrierung und Kohlevergasung rasch vorangetrieben wird.

1.2 Die in Abbildung 3 angeführten Kohleveredelungsverfahren lassen sich in thermische und chemische Veredelungsverfahren einteilen. Ordnen Sie jedes der drei Verfahren aus Abbildung 3 diesbezüglich ein, und begründen Sie Ihre Zuordnung.

1.3 Warum setzt man bei den Verfahren b) und c) aus Abbildung 3 Kohlestaub und nicht größere Kohlestücke, z.B. Bricketts, ein?

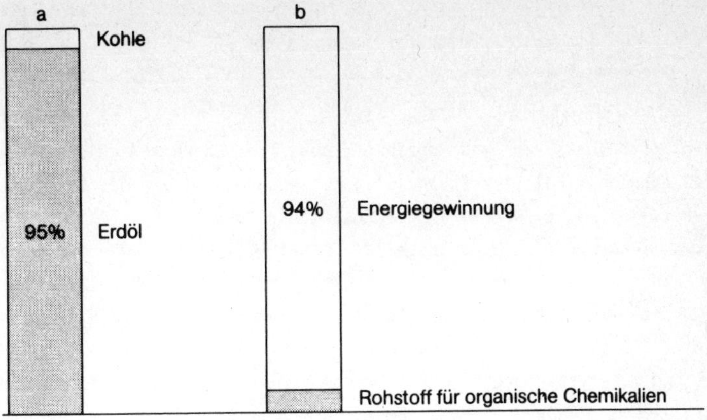

Abbildung 2: Anteil des Erdöls als Rohstoff für organische Primärchemikalien (a) und Aufteilung des Erdölverbrauchs (b)

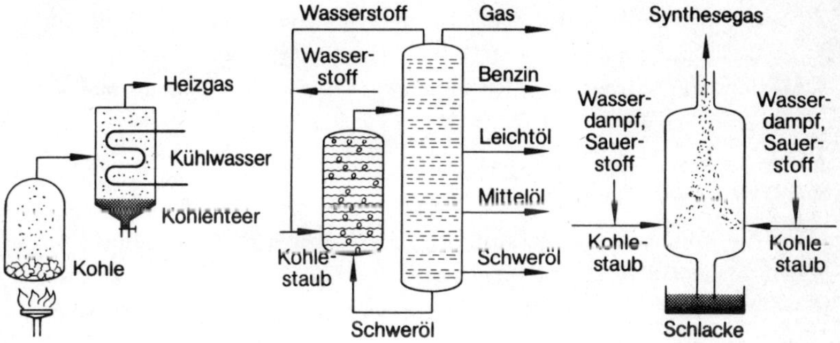

a) Verkokung

Kohlestücke werden unter Luftabschluß auf 1100 °C bis 1400 °C erhitzt.
Produkte: Koks, Teer und Heizgas.
1000 kg Steinkohle ergeben:
675 kg Koks
150 kg Heizgas (Methan, Kohlenstoffmonooxid, Wasserstoff, Schwefelwasserstoff u.a.)
50 kg Teer (ca. 10000 Stoffe, darunter Benzol, Naphthalin, Toluol u.a.).

b) Kohlehydrierung

Kohlestaub wird mit Schweröl vermischt und mit Wasserstoff hydriert.
(450 °C, 300 bar, Fe_2O_3-Katalysator)
Produkte: Gasförmige und (vor allem) flüssige Kohlenwasserstoffe.
Die Kohle wird praktisch vollständig zu Kohlenwasserstoffen umgesetzt.

c) Kohlevergasung

Feiner Kohlestaub wird mit Wasserdampf und Sauerstoff in Spezialreaktoren (Kohlevergasern) versetzt.
(1800 °C bis 2000 °C, 30 bar)
Produkte: Synthesegas (Wasserstoff und Kohlenstoffmonooxid)
Nebenprodukte: Kohlenstoffdioxid, Schlacke.
1000 kg Kohle ergeben ca. 2000 Nm^3 Synthesegas (je nach Reaktortyp).

Abbildung 3: Die wichtigsten großtechnischen Verfahren zur Kohleveredlung

1.4 Bei der Kohlevergasung bildet sich als Nebenprodukt auch etwas Kohlenstoffdioxid (CO_2). Welche Komponente im Eduktgemisch beeinflußt den Kohlenstoffdioxid-Gehalt im Produktgemisch am stärksten? Begründung. Kann man auf diese Komponente im Eduktgemisch verzichten? Begründung.

1.5 Aus Synthesegas kann man Benzin (*Fischer-Tropsch*-Verfahren), Methanol, Methan, Ethylenglykol (1,2-Ethandiol), Essigsäure u.a. organische Verbindungen herstellen. Dabei werden an die Zusammensetzung des Synthesegases jedesmal etwas andere Forderungen gestellt. Schreiben Sie für jeden der genannten Stoffe ein Reaktionsschema auf (bei Benzin für Isooctan C_8H_{18}), und geben Sie das für die jeweilige Synthese notwendige Volumenverhältnis $V(H_2):V(CO)$ an. (Hinweis: Außer dem Volumenverhältnis $V(H_2):V(CO)$ sind auch die Temperatur-, Druck- und Katalysatorbedingungen für den Verlauf der Synthesen bestimmend.)

1.6 Wie ist es zu erklären, daß man bei der Kohlehydrierung aus einer gegebenen Menge Kohlenstoff mehr Kohlenwasserstoffe erhalten kann als bei der Kohlevergasung?

1.7 Bei der Verarbeitung der Produkte von der Kohlehydrierung ist die in Abbildung 3 angedeutete fraktionierte Destillation ein wichtiger Schritt. Wie funktioniert ein solcher Fraktionierturm? Erläutern Sie anhand einer ausführlicheren, von Ihnen erstellten Skizze.

Lösungsvorschlag:

Zu 1.1) Die Abbildung 1 zeigt, daß die fossilen Brennstoffe Erdöl und Erdgas weltweit einen viel größeren Anteil beim Verbrauch einnehmen (67 %) als bei den geologischen Vorräten (19 %). In der Bundesrepublik ist dieser Unterschied noch größer. Aus Abbildung 2 geht hervor, daß 95 % aller organischen Primärchemikalien aus Erdöl und Erdgas gewonnen werden, trotzdem aber der größte Teil des verbrauchten Erdöls und Erdgases (94 %) zur Energiegewinnung verfeuert wird. Dies bedeutet, daß die wertvollsten Rohstoffe und Energieträger unseres Planeten in einigen Jahrzehnten zur Neige gehen werden. Um die Vorräte an Erdöl und Erdgas zeitlich zu "strecken", muß man sowohl bei der Energieerzeugung als auch bei der Gewinnung von Kohlenwasserstoffen schrittweise zu Alternativen übergehen. Hohe Ausbeuten an Kohlenwasserstoffen erhält man bei der Kohlehydrierung und bei der Kohlevergasung. Deshalb werden diese Verfahren heute in raschem Tempo weiterentwickelt.

Zu 1.2) Die Verkokung kann man als ein thermisches Veredelungsverfahren bezeichnen, weil Kohle in Abwesenheit von Reaktionspartnern (z.B. Sauerstoff) "nur" erhitzt wird. Dabei werden zahlreiche Stoffe, die zum Teil schon in der Kohle enthalten sind, frei. Der feste Rückstand ist Koks, fast reiner Kohlenstoff. Die Kohlehydrierung und die Kohlevergasung sind chemische Veredelungsverfahren, weil hier die Kohle mit Wasserstoff bzw. mit Wasserdampf und Sauerstoff zur Reaktion gebracht wird. Es bilden sich dabei neue Stoffe, die in der Kohle nicht oder nur in einem sehr geringen Anteil enthalten sind.

Zu 1.3) Sowohl bei der Kohlehydrierung als auch bei der Kohlevergasung läuft die Reaktion in heterogener Phase ab, d.h. die Edukte befinden sich in verschiedenen Phasen. Kohle bildet dabei jedesmal die feste Phase. Je größer die Kontaktfläche zwischen den Phasen ist, desto schneller läuft die Reaktion ab. Es wird Kohlestaub verwendet, weil die Oberfläche in diesem Fall weitaus größer ist als bei Kohlestücken.

Zu 1.4) Zur Bildung von Kohlenstoffdioxid ist mehr Sauerstoff nötig als zur Bildung von Kohlenstoffmonooxid. Deshalb wird der Anteil von Kohlenstoffdioxid im Produktgemisch bei steigendem Sauerstoff-Anteil im Eduktgemisch zunehmen. Wenig Sauerstoff im Eduktgemisch bedeutet wenig Kohlenstoffdioxid im Produktgemisch. Um die hohe Reaktionstemperatur von 1800 °C bis 2000 °C (Abbildung 3) aber aufrechtzuerhalten, muß man einen kleinen Teil der Kohle bis zu Kohlenstoffdioxid oxidieren, weil diese Reaktion exothermer verläuft als die Oxidation bis zum Kohlenstoffmonooxid. Man kann also im Eduktgemisch nicht ganz auf Sauerstoff verzichten, obwohl dies aus stöchiometrischer Sicht sinnvoll erscheint ($C + H_2O \longrightarrow CO + H_2$). Die dann notwendige Aufheizung des Reaktors auf einem anderen Wege wäre wahrscheinlich unwirtschaftlicher als das Inkaufnehmen eines geringen Anteils an Kohlenstoffdioxid im Produktgemisch bei der Synthesegaserzeugung.

Zu 1.5) Reaktionsschemata:

(1) $17\ H_2 + 8\ CO \longrightarrow C_8H_{18} + 8\ H_2O$; $V(H_2):V(CO) = 17:8 \cong 2:1$

(2) $2\ H_2 + CO \longrightarrow H_3COH$; $V(H_2):V(CO) = 2:1$

(3) $3\ H_2 + CO \longrightarrow CH_4 + H_2O$; $V(H_2):V(CO) = 3:1$

(4) $3\ H_2 + 2\ CO \longrightarrow HOCH_2\text{-}CH_2OH$; $V(H_2):V(CO) = 3:2$

(5) $2\ H_2 + 2\ CO \longrightarrow H_3C\text{-}COOH$; $V(H_2):V(CO) = 1:1$

Da bei der Benzin-Synthese (1) und bei der Methanol-Synthese (2) das Verhältnis $V(H_2):V(CO)$ annähernd gleich ist, wird die selektive Bildung des einen oder des anderen Produkts hier wahrscheinlich über die anderen Parameter (Temperatur, Druck und Katalysator) gesteuert.

Zu 1.6) Bei der Kohlehydrierung wird ein Teil des eingesetzten Kohlenstoffs als Kohlenstoffdioxid CO_2 gebunden. Dieser Teil wird bei der *Fischer-Tropsch*-Synthese nicht zu Kohlenwasserstoffen umgesetzt. Bei der Kohlehydrierung treten keine Kohlenstoffoxide als Zwischenprodukte bei der Erzeugung von Kohlenwasserstoffen auf; diese werden direkt aus Kohlenstoff und Wasserstoff synthetisiert.

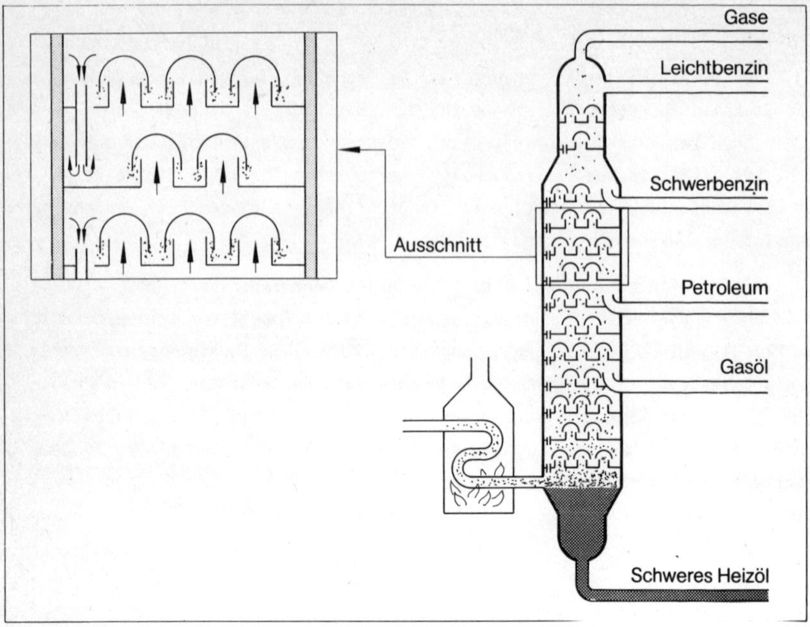

Abbildung 4: Fraktionierturm für Kohlenwasserstoffe und Ausschnitt mit Glokkenböden

Zu 1.7) Das zu fraktionierende Kohlenwasserstoff-Gemisch wird bei ca. 450 °C in den Fraktionierturm eingeleitet. Die bei dieser Temperatur gasförmigen Bestandteile steigen im Turm hoch. Dabei müssen sie etagenweise immer wieder durch "Glockenböden" (Abbildung 4, Ausschnitt) hindurch, in denen sich kondensierte Bestandteile bestimmter Temperaturen befinden. Jedesmal kondensieren die Stoffe, deren Kondensationstemperatur erreicht ist. Das Kondensat fließt durch Oberlaufrohre nach unten, während der Dampf durch die Glockenböden nach oben steigt. Die dadurch entstandenen Erdölfraktionen verteilen sich von unten nach oben nach fallenden Siedetemperaturen. In verschiedenen Höhen des Turms werden die Fraktionen abgeführt und in Vorrattanks gespeichert.

Weiterführende Informationen:

Als A.W. *Hofmann* im Jahre 1845 Benzol im Steinkohlenteer entdeckte, war eine wichtige Quelle für Aromaten, die zu Farbstoffen, Medikamenten und anderen Produkten weiterverarbeitet werden können, gefunden. Der bei der Verkokung erhaltene Koks wird zur Eisengewinnung im Hochofenprozeß, das Heizgas zum Heizen verwendet [L18], [L28], [L29]. Die Kohleverflüssigung wurde von F. *Bergius* (Nobelpreis für Chemie, 1931) zur technischen Reife entwickelt: Im Jahre

1927 produzierten die *Leuna*-Werke bei Merseburg 100.000 t/Jahr Kohlebenzin. Die Benzinherstellung nach dem *Fischer-Tropsch*-Verfahren aus Synthesegas begann 1936 und erreichte 1944 mit 600.000 t/Jahr den Höhepunkt [1], [2]. Da nach dem zweiten Weltkrieg das Erdölbenzin das Kohlebenzin vom Markt verdrängte, wurde die Produktion nach und nach eingestellt. Aus heutiger Sicht sind die alten Verfahren nicht mehr rentabel. Spätestens seit dem "Ölschock" der 70er Jahre wird die Fortentwicklung des *Bergius*-Verfahrens der Kohlehydrierung und des *Fischer-Tropsch*-Verfahrens schnell vorangetrieben. Es wird nach besseren und billigeren Katalysatoren und nach leistungsfähigeren Reaktoren gesucht. Zur Zeit laufen eine Vielzahl von Klein- und Großprojekten. So z.B. ist seit 1982 in Bottrop eine Kohlehydrierungsanlage mit einer Produktion von 200 t/Tag Kohlebenzin in Betrieb. Aus dem bei der Kohlevergasung gewonnenen Synthesegas werden eine ganze Reihe von Grundchemikalien hergestellt, vom Ammoniak bis zum Polyethylen, die in Aufgabe 1.5 angesprochenen Stoffe eingeschlossen. Die Produktpalette läßt sich durch die Wahl der Reaktionsparameter variieren: Bei Normdruck, 170 °C und einem Cobaltkatalysator erhält man aus Synthesegas der Zusammensetzung $V(H_2) : V(CO) = 2:1$ synthetisches Benzin, bei 250 bar bis 350 bar und Zinkoxidkatalysator erhält man Methanol [1].

Literatur:

[1] Fonds der Chemischen Industrie, Nr. 9, "Kohleveredlung", Frankfurt am Main 1980
[2] Verband der Chemischen Industrie, Schriftenreihe, Nr. 1, Frankfurt am Main 1981
[L18] Kapitel 6.3
[L28] Kapitel 20.5
[L29] Kapitel 13

20. Synthese nach *Williamson*

Voraussetzungen aus dem Unterricht: Eigenschaften und Reaktionen von Alkoholen und Halogenalkanen, nucleophile Substitution

Aufgaben

1. In einem Laboratoriumsbuch findet man für die Herstellung der Verbindung A nach *Williamson* folgende Arbeitsvorschrift: In einem Rundkolben werden zu V = 100 ml Methanol n = 0,4 mol Natrium portionsweise zugegeben. Dabei muß gelegentlich von außen gekühlt werden. Nach Beendigung der Gasentwicklung werden n = 0,4 mol 1-Brompropan zugetropft. Dann wird ein Rückflußkühler aufgesetzt und das Reaktionsgemisch 10 Minuten zum Sieden erhitzt. Dabei bildet sich allmählich ein weißer Niederschlag. Nach dem Abfiltrieren dieses weißen Feststoffes (Schmelztemperatur: 750 °C) destilliert man das Reaktionsgemisch und erhält bei einer Siedetemperatur von 35 °C - 40 °C die Verbindung A.

1.1 Erläutern Sie die einzelnen Reaktionsschritte, und formulieren Sie die entsprechenden Reaktionsschemata; berücksichtigen Sie dabei die angegebenen Mengenverhältnisse, und gehen Sie auch auf die Reaktionsbedingungen und -beobachtungen ein.

1.2 Geben Sie an, um welche Verbindung es sich bei A handelt.

1.3 Berechnen Sie, wieviel Gramm A bei einer 90prozentigen Ausbeute erhalten werden.

1.4 Geben Sie an, aus welchen Ausgangsstoffen A ebenfalls nach der *Williamson*-Synthese hergestellt werden kann.

Lösungsvorschlag:

Zu 1.1) Im ersten Schritt der Synthese von Verbindung A reagiert Natrium mit Methanol unter Bildung von Wasserstoff und Natriummethanolat.

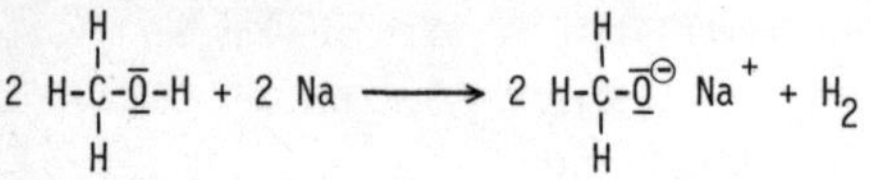

Diese Reaktion ist stark exotherm, deshalb muß von Zeit zu Zeit gekühlt werden. Sobald die Gasentwicklung aufgehört hat, ist die Reaktion beendet und das Natrium "aufgelöst". Methanol dient gleichzeitig als Lösungsmittel und wird daher im Überschuß vorgelegt. (Natrium muß vollständig aufgelöst sein, bevor 1-Brompropan zugetropft werden kann, da sonst eine Reaktion zwischen Natrium und 1-Brompropan eintritt.)
Im zweiten Schritt der Synthese wird 1-Brompropan zur Lösung von Natriummethanolat zugegeben. Das Stoffmengenverhältnis ist 1:1. Die hohe Schmelztemperatur des ausfallenden Festproduktes deutet auf einen salzartigen Charakter dieses Stoffes hin. Es kann in diesem Fall nur Natriumbromid sein.

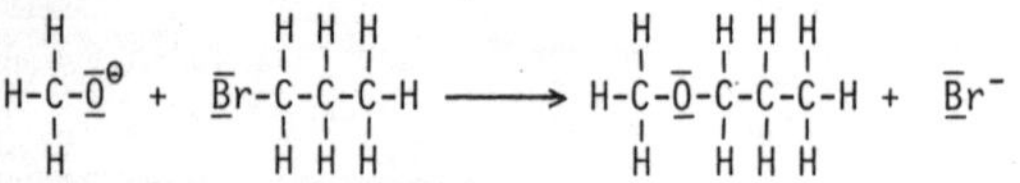

In einer nucleophilen Substitution wird das Brom-Atom durch das Methanolat-Ion ersetzt und als Bromid-Ion abgespalten.
Aus den Bromid-Ionen und den in der Lösung vorliegenden Natrium-Ionen bildet sich das in Methanol schwer lösliche Natriumbromid.

$$Na^+ + Br^- \longrightarrow NaBr$$

Zu 1.2) Die Verbindung A ist Methylpropylether.

Zu 1.3) Bei einem Ansatz von n = 0,4 mol werden bei 90%iger Ausbeute n = 0,36 0,36 mol Methylpropylether gebildet.
Die molare Masse von Methylpropylether ist: M = 74 g mol^{-1}. Es werden m = 0,3674 g = 26,6 g Methylpropylether gebildet.

Zu 1.4) Methylpropylether kann nach *Williamson* auch aus 1-Propanol und Brommethan nach folgendem Reaktionsschema hergestellt werden:

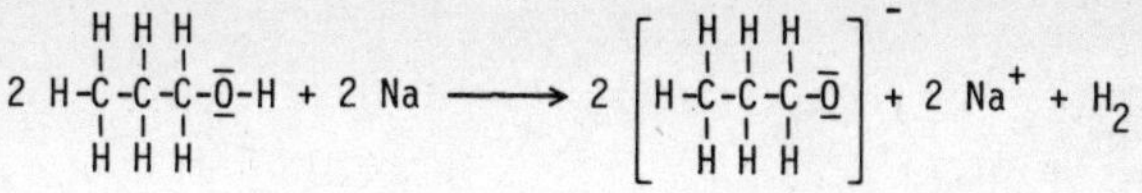

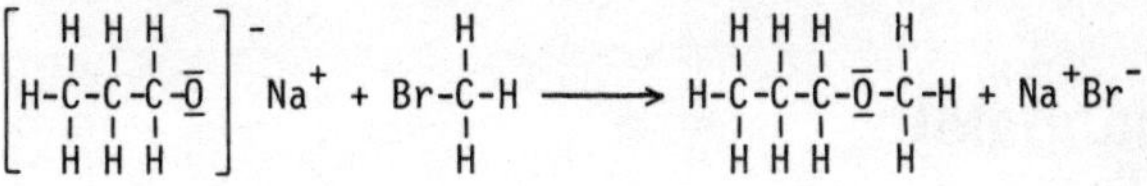

Weiterführende Informationen:

Nach der von A.W. *Williamson* 1852 entwickelten Synthese lassen sich symmetrische und unsymmetrische Ether herstellen.
Symmetrische Ether kann man zwar auch aus Alkoholen durch Wasserabspaltung mit Schwefelsäure gewinnen:

Beispiel: Diethylether aus Ethanol

$$2\ CH_3\text{-}CH_2\text{-}\overline{O}H \xrightarrow{H_2SO_4} CH_3\text{-}CH_2\text{-}\overline{\underline{O}}\text{-}CH_2\text{-}CH_3 + H_2O$$

Doch sind nach dieser Methode unsymmetrische Ether nicht zugänglich.
Auch aromatische Ether können nach *Williamson* synthetisiert werden:

Beispiel:

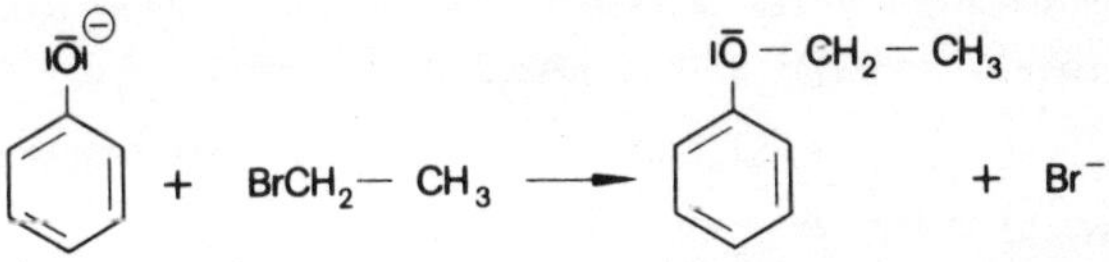

Phenylethylether

Das Phenolat-Ion braucht hierbei nicht wie ein aliphatisches Alkoholat-Ion mit elementarem Natrium hergestellt zu werden; denn Phenol reagiert bereits mit Natronlauge zum Phenolat-Ion, da Phenol eine stärkere Säure als Wasser ist, im Gegensatz zu aliphatischen Alkoholen.
Phenolether haben eine gewisse Bedeutung als Riech- und Aromastoffe - Vanillin, Eugenol (Nelkenöl), Anethol (Anisöl).

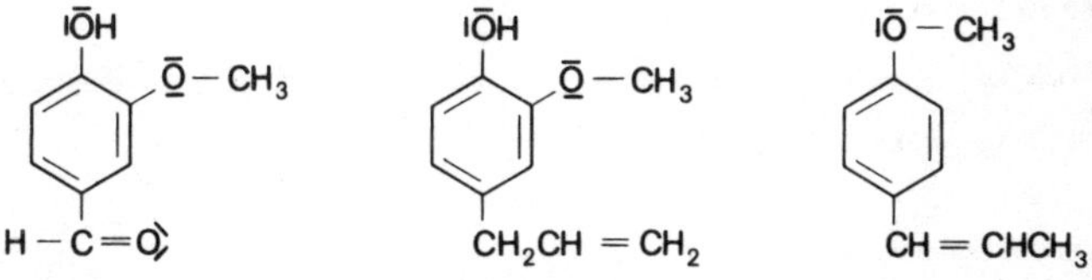

Vanillin | Eugenol | Anethol

Literatur:

[L 2] Stichwort Substitution
[L 3] Stichwort Ether
[L 5] Kapitel 11.3.3
[L 9] Kapitel 5.7
[L13] Kapitel 4.2
[L25] Kapitel 8.1.2
[L28] Kapitel 10.2 u. 11.3

21. Bittermandelöl

Voraussetzungen aus dem Unterricht: Redoxgleichungen, Mechanismus der radikalischen und der elektrophilen Substitution, nucleophile Substitution, Alkohole, Aldehyde, Aromaten.

Aufgaben

1. Bittermandelöl enthält neben 2 - 4 % Blausäure etwa 90 % einer organischen Substanz mit der Summenformel C_7H_6O.
Eine Untersuchung der Substanz C_7H_6O liefert folgende Ergebnisse:

a) Es handelt sich um eine farblose Flüssigkeit mit marzipanähnlichem Geruch.
b) Die Siedetemperatur beträgt ϑ_b = 179 °C.
c) Gibt man Brom zu der Substanz, so erfolgt keine Entfärbung. Bei zusätzlicher Zugabe eines Stahlwolle-Bausches tritt eine Reaktion ein: Die Lösung entfärbt sich, und es entweicht ein stechend riechendes Gas.
d) Versetzt man ammoniakalische Silbernitrat-Lösung mit einigen Tropfen der Substanz und erwärmt, so fällt Silber aus (Silberspiegel).

1.1 Beschreiben Sie, welche Schlußfolgerungen bezüglich der Struktur von C_7H_6O aus den Befunden c) und d) zu ziehen sind.
Geben Sie die Strukturformel der Substanz an, und benennen Sie sie nach den *IUPAC*-Nomenklaturregeln (*Genfer Nomenklatur*).

1.2 Entwickeln Sie mit Hilfe von Strukturformeln und Reaktionsgleichungen den Mechanismus der unter c) beschriebenen Reaktion.
Skizzieren Sie ein Energieniveaudiagramm, das den energetischen Verlauf dieser Reaktion beschreibt.

1.3 Beschreiben Sie die Reaktion d) mit Hilfe der entsprechenden Teilgleichungen und der Gesamtreaktionsgleichung.

2. Toluol (Methylbenzol wird im Reagenzglas mit Brom versetzt und bis zum Sieden erhitzt. Die Lösung entfärbt sich.
Unter den Reaktionsprodukten kann u.a. Benzalbromid nachgewiesen werden.

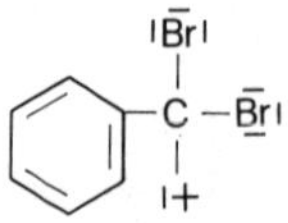

2.1 Entwickeln Sie mit Hilfe von Strukturformeln und Reaktionsgleichungen den Mechanismus der Reaktion von Toluol zu Benzalbromid.

2.2 Benzalbromid wird mit Calciumhydroxid-Lösung gekocht. Nach Ablauf der Reaktion können Bromid-Ionen nachgewiesen werden.
Benennen Sie den Reaktionsmechanismus, und formulieren Sie die Reaktionsgleichung.

2.3 Das organische Reaktionsprodukt aus Teilaufgabe 2.2 ist nicht beständig. Geben Sie die Reaktionsgleichung für die Folgereaktion an. Benennen Sie das Endprodukt.

Lösungsvorschlag:

Zu 1.1) Die Beschreibung der Reaktion c) läßt auf eine elektrophile aromatische Substitution schließen:
Aus der Stahlwolle entsteht Eisen(III)-bromid, das hier katalytisch wirkt.
Bei dem gebildeten Gas handelt es sich um Hydrogenbromid (Bromwasserstoff).
Die Reaktion mit ammoniakalischer Silbernitrat-Lösung deutet auf eine Aldehyd-Gruppe hin.
Aus der Summenformel und den Schlußfolgerungen aus den Reaktionen c) und d) ergeben sich als strukturelle Bestandteile des C_7H_6O-Moleküls eine Phenyl-Gruppe und eine Aldehyd-Gruppe.
Strukturformel:

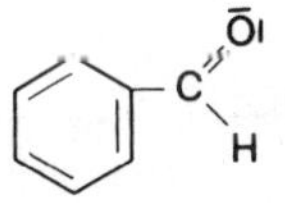

Name nach den *IUPAC*-Nomenklaturregeln (*Genfer Nomenklatur*): Benzolcarbaldehyd (Phenylmethanal)

Zu 1.2)

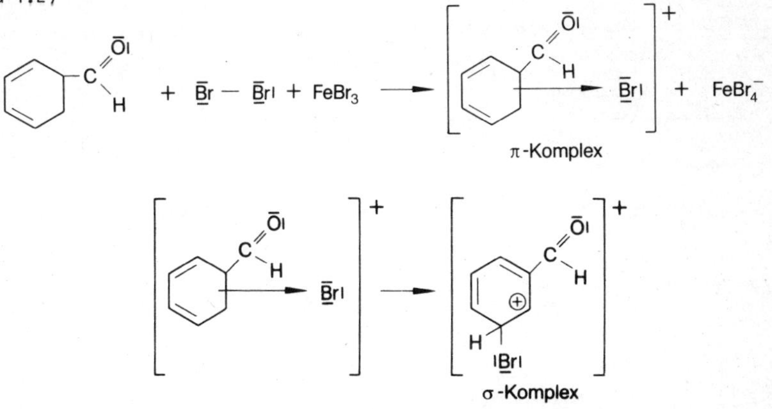

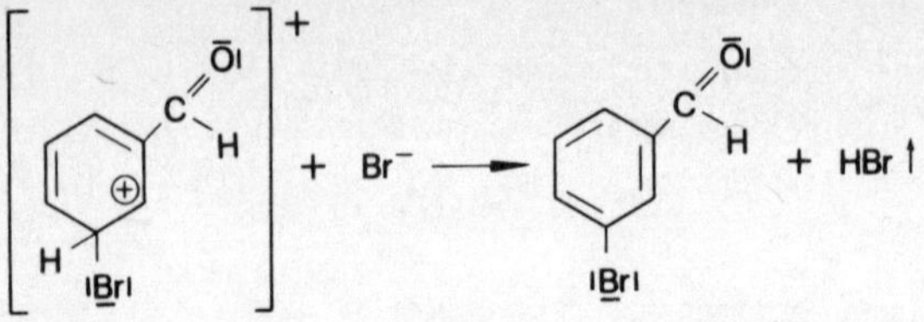

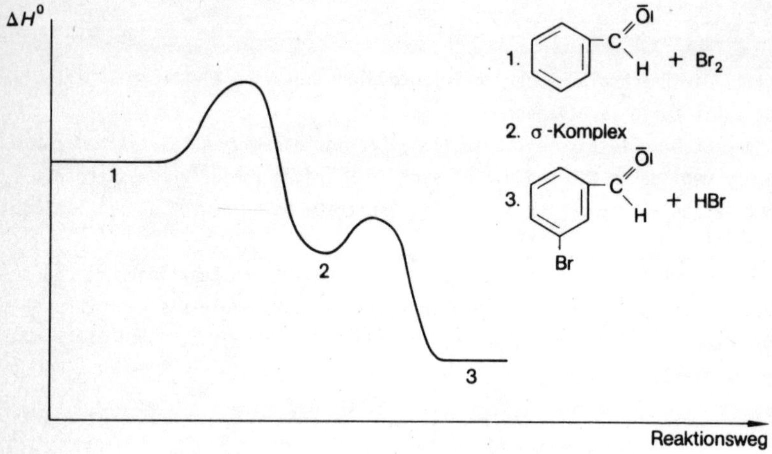

Abbildung 1

Zu 1.3)

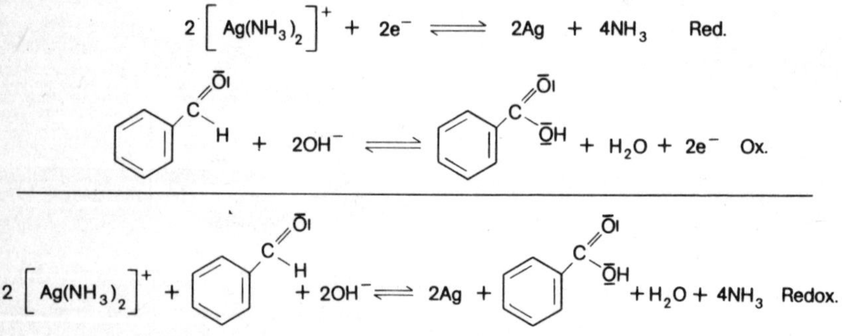

Zu 2.1) Unter den beschriebenen Bedingungen wird das Toluol-Molekül in der Seitenkette angegriffen (SSS-Regel).

Die Reaktion erfolgt nach dem Mechanismus der radikalischen Substitution:

Kettenstart: $Br - Br \xrightarrow{\text{Siedehitze}} Br\cdot + \cdot Br$

Kettenreaktion:

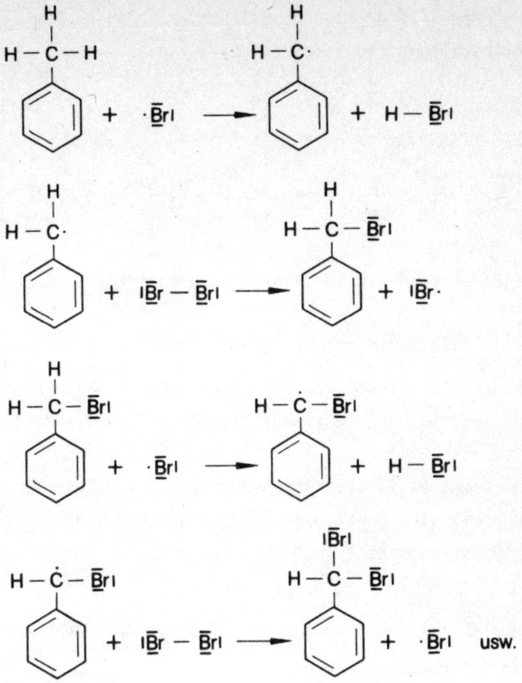

Kettenabbruch:

Kombination zweier Radikale, z.B.:

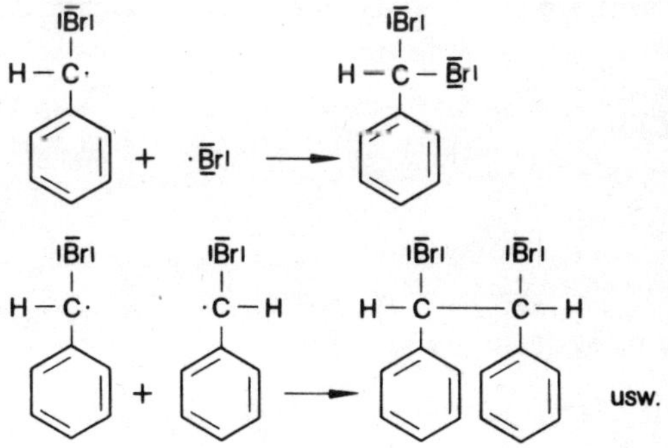

Zu 2.2) Bei der Reaktion handelt es sich um eine nucleophile Substitution (S_N-Reaktion).

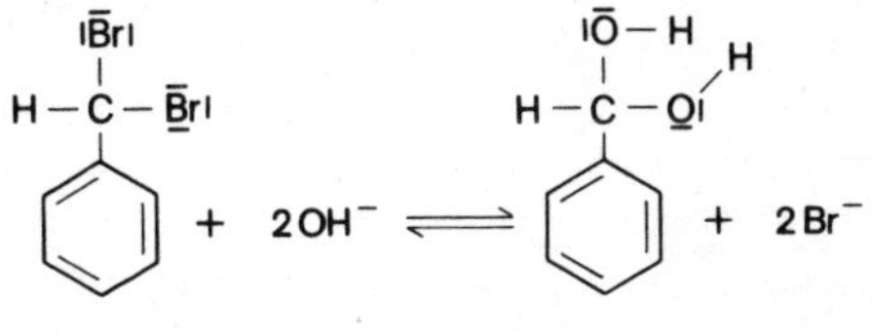

Zu 2.3) Nach der *Erlenmeyer*-Regel sind geminale Diole (gemini, lat., Zwillinge; zwei OH-Gruppen an einem C-Atom) nicht beständig. Die Stabilisierung erfolgt unter Abspaltung eines Wasser-Moleküls.

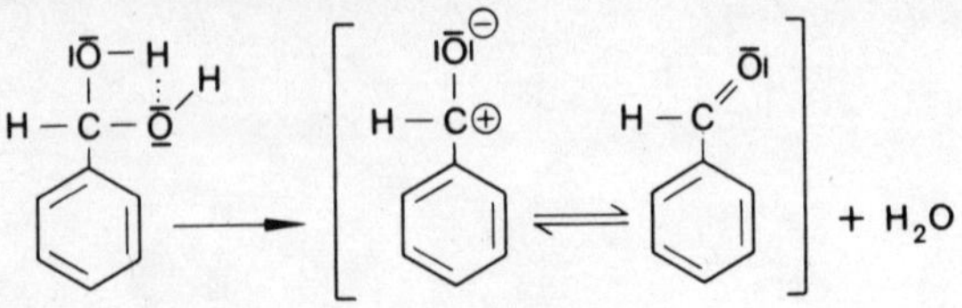

Produkt: Benzolcarbaldehyd (Trivialname: Benzaldehyd)

Weiterführende Informationen:

Zu 1) Bittermandelöl findet Verwendung als Geschmackskorrigens bei der Backwarenherstellung, in der Likörindustrie sowie als Geruchsstoff in der Parfümindustrie.

In der Natur kommt es in Steinobstkernen vor. Es ist in dem Glykosid Amygdalin (= Mandelsäurenitril-ß-gentiobiosid) gebunden und kann durch enzymatische oder saure Hydrolyse freigesetzt werden:

$$C_6H_5-CH(O-C_{12}H_{21}O_{10})-C\equiv N + 2\,H_2O \longrightarrow 2\,C_6H_{12}O_6 + C_6H_5-CHO + HC\equiv N$$

Zu 1.2) Die Aldehyd-Gruppe übt auf das aromatische System einen negativen induktiven Effekt (-I-Effekt) und einen negativen mesomeren Effekt (-M-Effekt) aus. Dadurch wird die Basizität (im Sinne des *Lewis*schen Säure-Base-Begriffs) des aromatischen Kerns herabgesetzt und damit seine Reaktivität erniedrigt.

Zu 2) Nach den *IUPAC*-Nomenklatur-Regeln kann Benzalbromid als Dichlorphenylmethan oder als (Dichlormethyl)-benzol bezeichnet werden.

Literatur:

[1] R. *Wolff* und E. *Glaum* (Hrsg.), Kursthemen Chemie, Kapitel Grundlagen der organischen Chemie - Funktionelle Gruppen. Dümmler's Verlag, Bonn 1984

[L18] Kapitel 3, 6, 10.10, 13

22. Synthese von m-Nitrophenol

Voraussetzungen aus dem Unterricht: Elektrophile aromatische Substitution, Zweitsubstitution, Einfluß des Erstsubstituenten auf den Ort der Zweitsubstitution, mesomere Grenzformeln, Reaktionsdiagramme.

Aufgaben

1. Zur Synthese von m-Nitrophenol wird Nitrobenzol mit Brom in Gegenwart von Eisen(III)-bromid umgesetzt. Das entstehende Zwischenprodukt wird anschließend durch längeres Kochen mit konzentrierter Natronlauge in m-Nitrophenol überführt.

1.1 Erläutern Sie diesen Syntheseweg, und formulieren Sie die Reaktionsschemata.

1.2 Formulieren und erläutern Sie den Reaktionsmechanismus für den ersten Syntheseschritt, der Bromierung von Nitrobenzol.

1.3 Zeichnen Sie ein Energiediagramm für diese Reaktion, und erläutern Sie, weshalb sich der zwischenzeitlich gebildete σ-Komplex nicht durch Addition von Bromid-Ionen stabilisiert.

1.4 Erklären Sie, daß bei der Bromierung von Nitrobenzol zu über 90 % 3-Bromnitrobenzol entsteht. Geben Sie dazu die mesomeren Grenzformeln der σ-Komplexe an, die bei einer Substitution in ortho-, meta- und para-Stellung gebildet werden, und vergleichen Sie die Stabilität der σ-Komplexe.

1.5 Erklären Sie, warum man m-Nitrophenol nicht durch direkte Nitrierung von Phenol herstellen kann.

Lösungsvorschlag:

Zu 1.1) Im 1. Schritt der Synthese von m-Nitrophenol wird Nitrobenzol in einer elektrophilen Substitution in meta-Stellung bromiert. Eisen(III)-bromid dient hierbei als Katalysator.

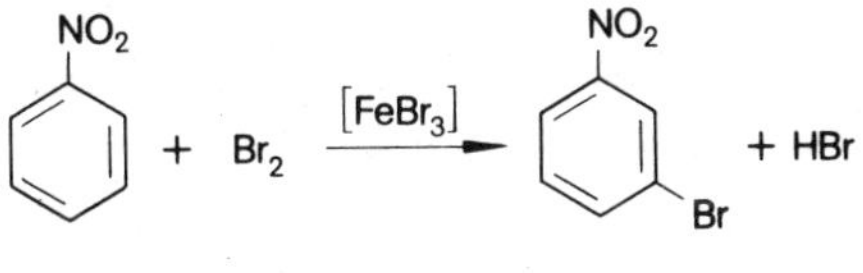

Im 2. Schritt wird das Brom-Atom in einer nucleophilen Substitution durch eine Hydroxygruppe ersetzt.

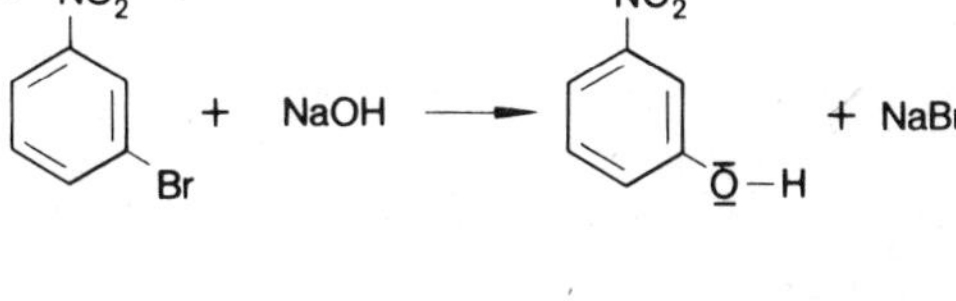

Zu 1.2) Das Brom-Molekül wird von dem als Katalysator zugesetzten Eisen(III)-bromid polarisiert, so daß das positiv polarisierte Brom-Atom den Benzolkern elektrophil angreifen kann:

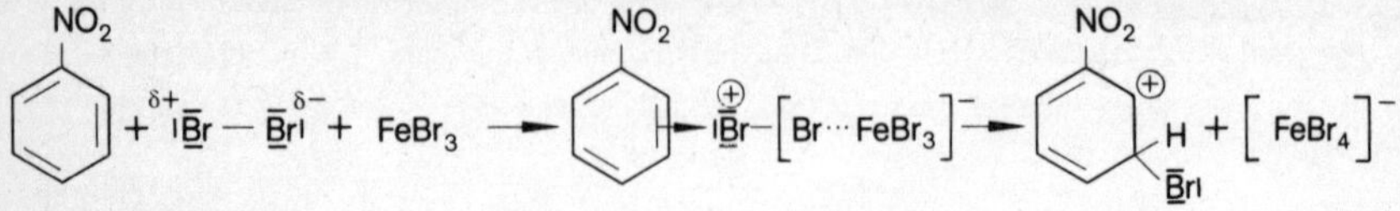

Das entstehende Carbenium-Ion (σ-Komplex) ist mesomeriestabilisiert:

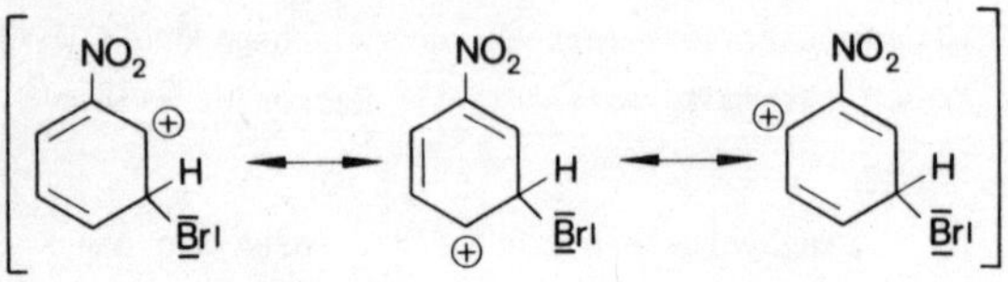

Der σ-Komplex reagiert unter Abspaltung eines Protons weiter, wobei der aromatische Zustand wiederhergestellt wird. Das abgespaltene Proton reagiert mit dem Anion $[FeBr_4]^-$ zu Hydrogenbromid (Bromwasserstoff) unter Rückbildung des Katalysators Eisen(III)-bromid:

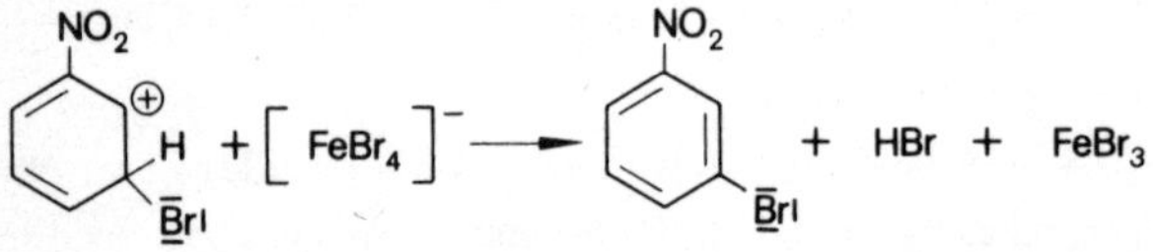

Zu 1.3) Der σ-Komplex stabilisiert sich unter Abspaltung eines Protons, da dann der energiearme aromatische Zustand zurückgebildet wird. Bei der Addition eines Bromid-Ions würde ein energiereicheres Produkt entstehen, da die Delokalisierung der π-Elektronen über den ganzen Ring aufgehoben wäre.

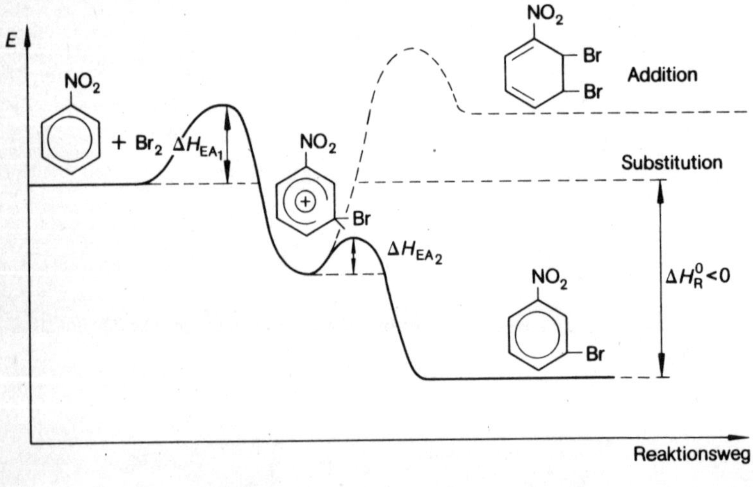

Abbildung 1: Energiediagramm der Bromierung von Nitrobenzol

Zu 1.4) Mesomere Grenzformeln der σ-Komplexe bei einer Substitution in o-Position

Substitution in o-Position

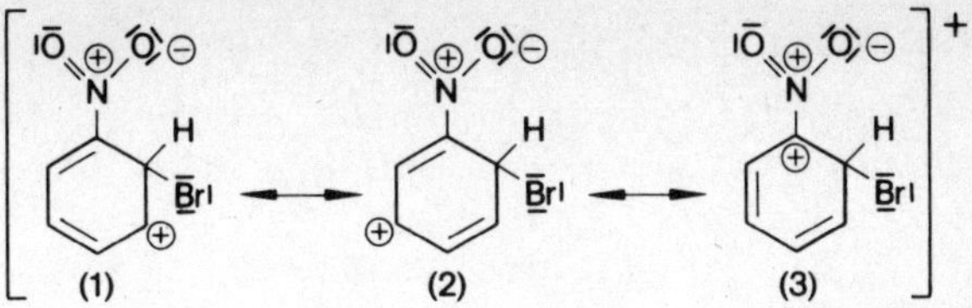

Substitution in m-Position

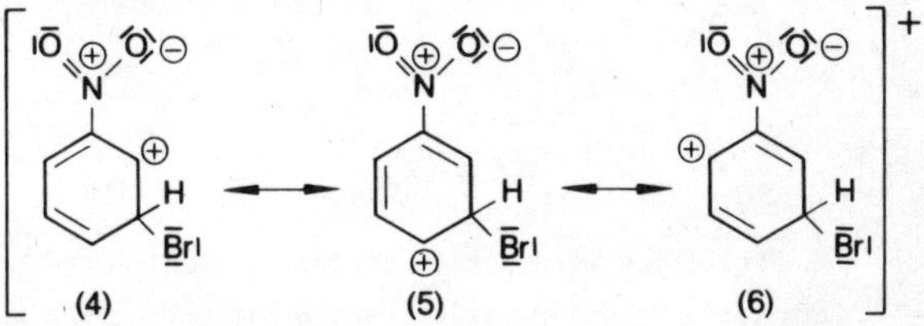

Substitution in p-Position

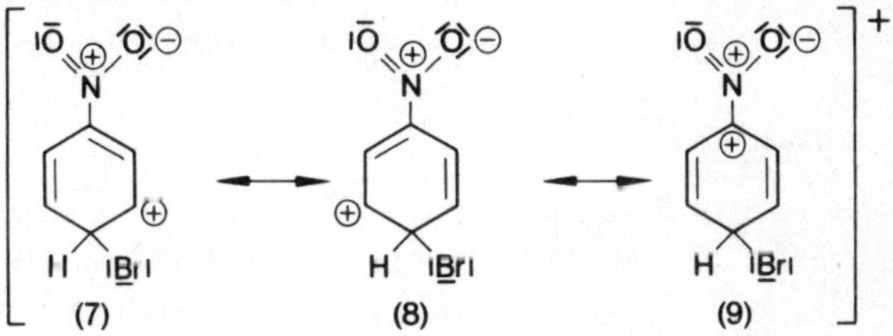

Bei der Substitution in o- und p-Position trägt je eine der mesomeren Grenzformeln (3) und (9) eine positive Ladung an dem Kohlenstoff-Atom, das mit dem formal positiv geladenen Stickstoff-Atom der Nitrogruppe verbunden ist. Diese sind energiereichere Strukturen, die zur Mesomeriestabilisierung des σ-Komplexes wenig beitragen. Für den σ-Komplex bei der m-Substitution gilt dies nicht. Daher tritt bevorzugt eine Substitution in m-Stellung ein. Aus Nitrobenzol entsteht bei der Bromierung also überwiegend 3-Bromnitrobenzol.

Zu 1.5) Für die σ-Komplexe bei der Nitrierung von Phenol lassen sich die folgenden mesomeren Grenzformeln aufstellen:

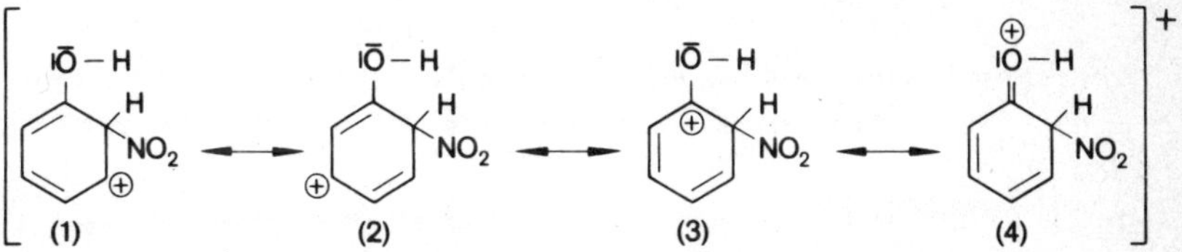

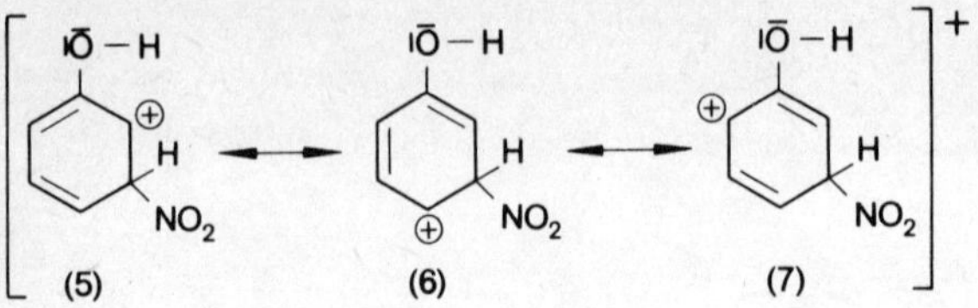

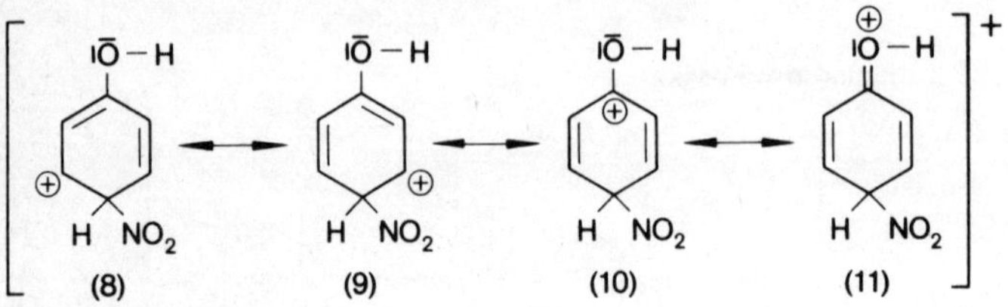

Bei der o- und p-Substitution wird der σ-Komplex zusätzlich dadurch stabilisiert, daß die Hydroxygruppe die positive Ladung mit übernehmen kann (4) und (11). Dies ist bei der m-Substitution nicht möglich. Daher tritt bei Phenol bevorzugt eine Substitution in o- und p-Stellung ein. Bei der Nitrierung erhält man demnach o- und p-Nitrophenol, nicht aber m-Nitrophenol.

Weiterführende Informationen:

Die Synthese von m-Nitrophenol ist ein Beispiel dafür, daß sich viele Verbindungen nicht einfach auf dem direktesten Weg, sondern oft nur auf Umwegen herherstellen lassen.

Die Bromierung von Nitrophenol ist eine für Aromaten typische elektrophile Substitution. Der 2. Reaktionsschritt, die nucleophile Substitution des Brom-Atoms durch die Hydroxygruppe, ist mit der S_{N1}-Reaktion bei aliphatischen Verbindungen vergleichbar. Jedoch erfordert die Substitution eines Brom-Atoms, das an einen aromatischen Ring gebunden ist, erheblich energischere Reaktionsbedingungen, da die freien Elektronenpaare des Brom-Atoms mit in die Mesomerie des Benzolrings einbezogen sind.

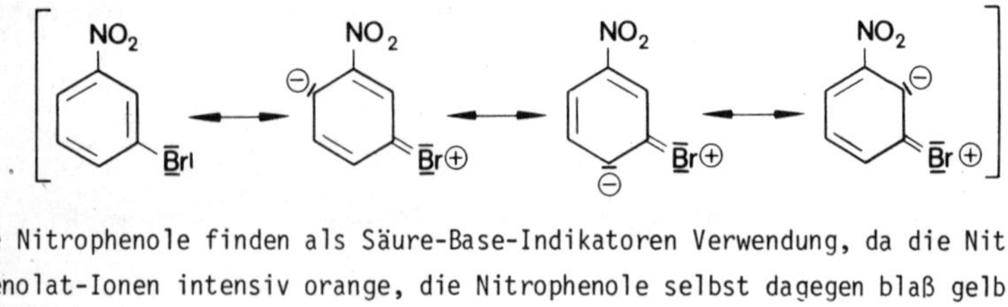

Die Nitrophenole finden als Säure-Base-Indikatoren Verwendung, da die Nitrophenolat-Ionen intensiv orange, die Nitrophenole selbst dagegen blaß gelb gefärbt sind.

Weiterhin werden die Nitrophenole bei den Synthesen verschiedener Farbstoffe und Arzneimittel verwendet.

Literatur:

[L 1] Stichwort Substitution
[L 5] Kapitel 11.6.1
[L18] Kapitel 5 und 7
[L20] Kapitel 20.2.2
[L25] Kapitel 8.1.3
[L28] Kapitel 9.3 u. 9.4

23. Salicylsäure

Voraussetzungen aus dem Unterricht: Aromaten, elektrophile Substitution, Einfluß des Erst-Substituenten auf die Reaktivität, Mechanismus der Esterbildung, Einfluß der Substituenten auf die Stärke organischer Säuren.

Aufgaben

1. Zeichnen Sie die Strukturformeln der Verbindungen Benzol, Phenol und Natriumphenolat.
Geben Sie jeweils mesomere Grenzstrukturen an, um die Ladungsverteilung zu verdeutlichen.

2. Vergleichen Sie Benzol, Phenol und Natriumphenolat bezüglich ihrer Bereitschaft zu Reaktionen mit elektrophilen Reagenzien. Begründen Sie Ihre Aussagen.

3. Unter bestimmten Bedingungen (δ = 140 °C; p = 5 bar = 0,5 MPa) reagiert Natriumphenolat mit Kohlenstoffdioxid.
Entwickeln Sie den Mechanismus der Reaktion mit Hilfe von Strukturformeln und Reaktionsgleichungen. Erklären Sie die einzelnen Reaktionsschritte unter Verwendung von Fachausdrücken.

4. Das ortho-Substitutionsprodukt aus 3. wird protoniert. Die dabei entstehende Verbindung heißt mit dem Trivialnahmen Salicylsäure. Benennen Sie diese Säure nach den *IUPAC*-Nomenklatur-Regeln (*Genfer Nomenklatur*).

5. Verestert man die Salicylsäure mit Essigsäure, so erhält man das therapeutisch wirksame *Aspirin* ^{R}.
Beschreiben Sie am Beispiel der Reaktion von Salicylsäure mit Essigsäure den Mechanismus der Veresterung unter Verwendung von Strukturformeln und Reaktionsgleichungen. Erläutern Sie die einzelnen Reaktionsschritte.

6. Die Säurestärke der Salicylsäure soll mit der Säurestärke ähnlicher Verbindungen verglichen werden. Es sind folgende Säuren und ihre pK_S-Werte gegeben:

pK_S (p-Hydroxybenzoesäure) = 4,56

pK_S (Benzoesäure) = 4,21

pK_S (Salicylsäure) = 2,98

Begründen Sie die Abweichungen der Säurestärke der Salicylsäure und der p-Hydroxybenzoesäure von der Säurestärke der Benzoesäure anhand der Molekül-Strukturen.

Lösungsvorschlag:

Zu 1)

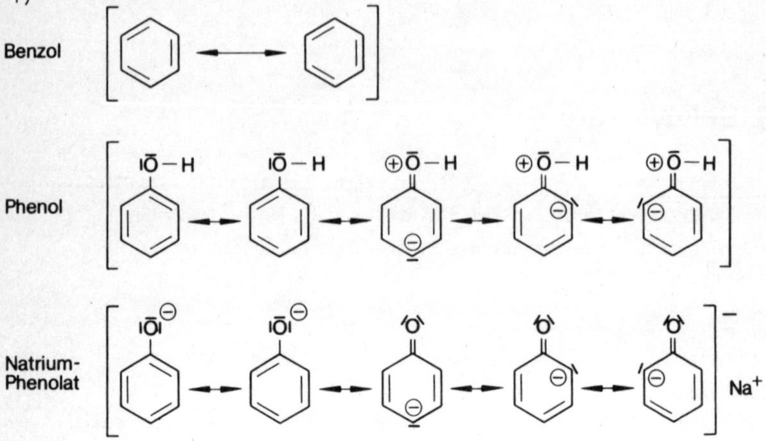

Ladungsverteilung:

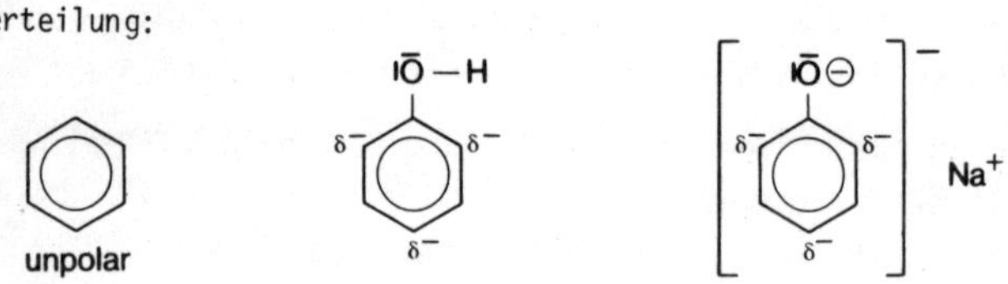

Zu 2) Als Aromaten können sowohl Benzol, Phenol wie auch Phenolat mit elektrophilen Reagenzien reagieren. Es erfolgt die Substitution eines Wasserstoff-Atoms (je nach Reaktivität auch weiterer Wasserstoff-Atome) in dem elektrophil angegriffenen Teilchen.
Die Fähigkeit zu solchen Reaktionen ist beim Phenol größer als beim Benzol, weil die Elektronendichte im aromatischen System durch den positiven mesomeren Effekt (+M-Effekt) der OH-Gruppe erhöht wird. Entsprechend treten in ortho- und para-Stellung negative Partialladungen auf.
Der +M-Effekt des Sauerstoff-Atoms im Phenolat-Ion ist stärker als der +M-Effekt des Sauerstoff-Atoms im Phenol-Molekül, weil das Sauerstoff-Atom im Phenolat-Ion über ein zusätzliches freies Elektronen-Paar verfügt und negativ geladen ist. Deshalb ist die Fähigkeit zu Reaktionen mit elektrophilen Reagenzien bei Natriumphenolat größer als bei Phenol.

CORK

Zu 3)

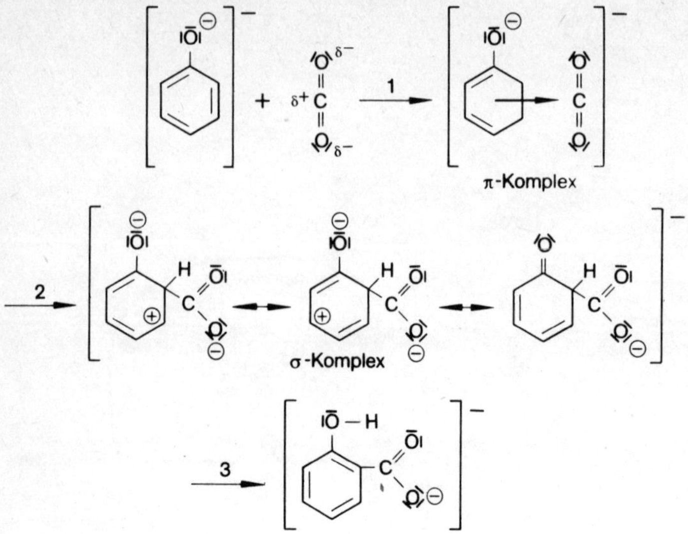

1 elektrophiler Angriff; Bildung des π-Komplexes
2 Bildung des mesomeriestabilisierten σ-Komplexes
3 intramolekulare Protolyse; Rearomatisierung

Zu 4) Die Salicylsäure heißt nach den *IUPAC*-Nomenklatur-Regeln 2-Hydroxybenzoesäure (o-Hydroxybenzoesäure, 2-Hydroxybenzolcarbonsäure).

Zu 5)

1. Protonierung der Carboxyl-Gruppe der Säure:

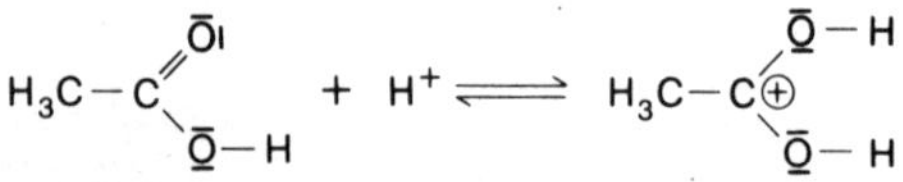

2. Nucleophiler Angriff des Alkohols:

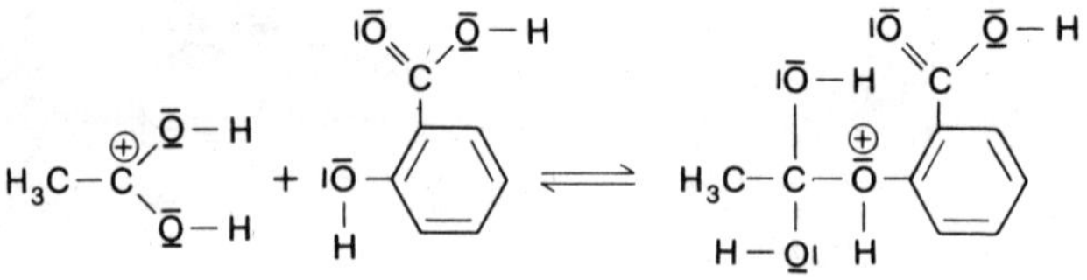

3. Intramolekulare Protolyse und Eliminierung eines Wasser-Moleküls:

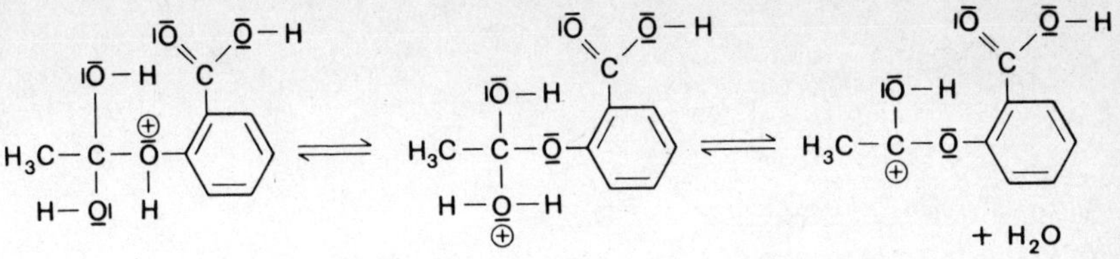

4. Abspaltung eines Protons ("Rückgewinnung des Katalysators"):

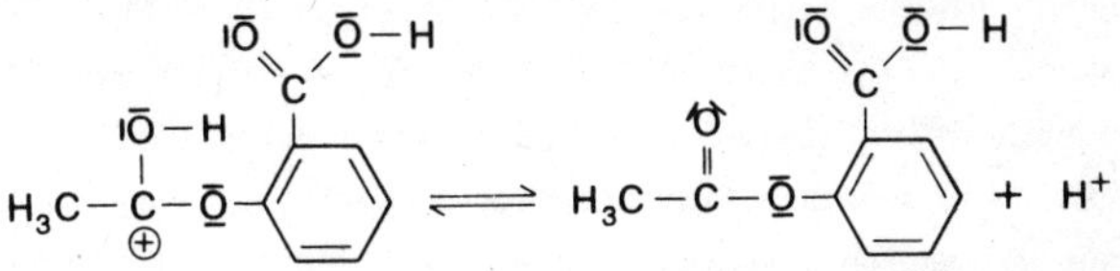

Zu 6)

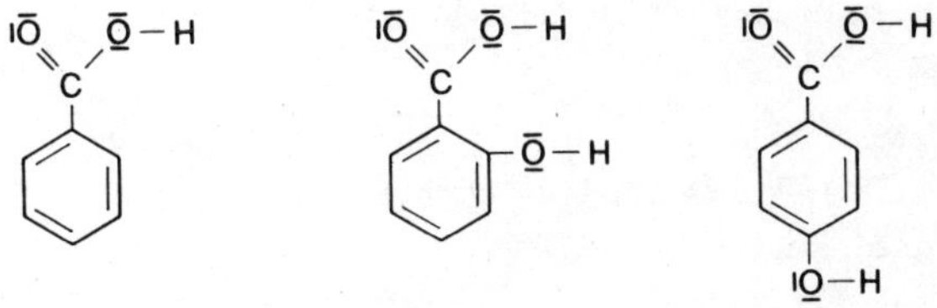

Benzoesäure Salicylsäure p-Hydroxybenzoesäure

Im Vergleich zur Benzoesäure ist die Säurestärke der p-Hydroxybenzoesäure kleiner; die Salicylsäure ist dagegen eine stärkere Säure als die Benzoesäure.

Die Ursache für die Erhöhung bzw. Verminderung der Säurestärke der beiden isomeren Hydroxybenzoesäuren liegt in der unterschiedlichen Stellung der OH-Gruppe im jeweiligen Molekül.
Wie im Phenol-Molekül übt die OH-Gruppe auch im Salicylsäure-Molekül und im p-Hydroxybenzoesäure-Molekül einen +M-Effekt auf das π-Elektronensystem des Phenyl-Restes aus. Dadurch wird die Elektronendichte im π-System erhöht. Indirekt wirkt sich dieser Effekt auch auf die Carboxyl-Gruppe aus. Durch den "Elektronendruck" auf die Carboxyl-Gruppe wird die Polarität der O-H-Bindung vermindert und damit die Abspaltung des Protons erschwert: Die Säurestärke nimmt ab.
Im Salicylsäure-Molekül wird dieser die Säurestärke mindernde Effekt offensichtlich durch einen entgegengesetzt wirkenden überlagert:
Durch die räumliche Nähe der Carboxyl-Gruppe und der Hydroxyl-Gruppe kommt es zur Ausbildung einer intramolekularen Wasserstoffbrückenbindung, die die Polarität der O-H-Bindung in der Carboxyl-Gruppe erhöht und die Abspaltung eines Protons erleichtert.

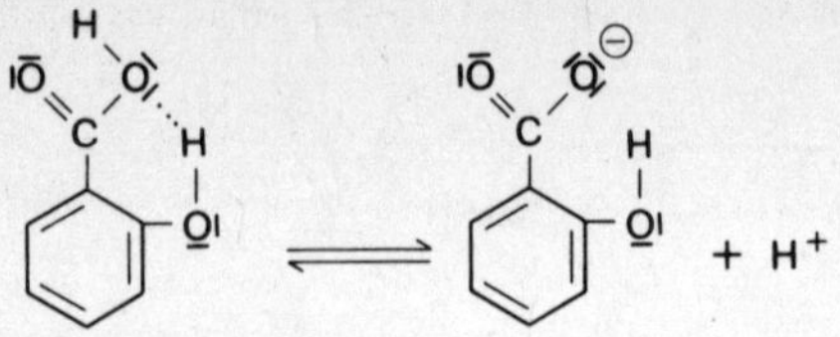

Weiterführende Informationen:

Zu 3/4) Bei der Reaktion handelt es sich um die technisch sehr bedeutsame *Kolbe-Schmitt*-Synthese der Salicylsäure, die auf das Jahr 1885 zurückgeht. Sie ist benannt nach *Hermann Kolbe* (1818 - 1884, Professor der Chemie in Marburg und Leipzig) und *Rudolf Schmitt* (1830 - 1896, Schüler von *Hermann Kolbe*, Professor der Chemie in Dresden). Schon 1859 gelang *Kolbe* die Salicylsäure-Synthese aus Phenol und Kohlenstoffdioxid in Gegenwart von Alkalimetall. 1873 nahm er diesbezügliche Untersuchungen wieder auf und ersetzte Phenol durch Natriumphenolat. Im Jahre 1875 ging die erste großtechnische Anlage zur Salicylsäure-Synthese in Radebeul bei Dresden in Betrieb. Nach *Kolbes* Tod verbesserte *Rudolf Schmitt* das Verfahren.

Zu 5) Salicylsäure ist bekannt für ihre schmerzstillende und fiebersenkende Wirkung. Als relativ starke Säure greift die Salicylsäure allerdings die Magenschleimhaut an. Nach der Veresterung mit Essigsäure ist die Hydroxylgruppe blockiert. Damit ist die Möglichkeit zur Ausbildung einer intramolekularen Wasserstoffbrückenbindung nicht mehr gegeben (s. Lösung 6) und damit die Säurestärke vermindert.

Der rationelle Name für *Aspirin*^{R} ist Acetylsalicylsäure.

Auch andere Verbindungen der Salicylsäure spielen in verschiedenen Bereichen unseres Lebens eine wichtige Rolle.

Bereits *Hermann Kolbe* erkannte die konservierende Wirkung der Salicylsäure. Noch heute werden die Salicylsäure selbst, ihre Salze und die Ester der p-Hydroxybenzoesäure (PHB-Ester) als Konservierungsstoffe verwendet.

Ester, bei denen die Carboxyl-Gruppe der Salicylsäure mit Alkoholen verestert ist, bilden eine wichtige Gruppe von Riech- bzw. Duftstoffen (Salicylsäuremethylester: Wintergrünöl).

Als bifunktionelles Molekül (OH-Gruppe; COOH-Gruppe) kann das Salicylsäure-Molekül sowohl mit Alkohol-Molekülen als auch mit Säure-Molekülen Ester bilden:

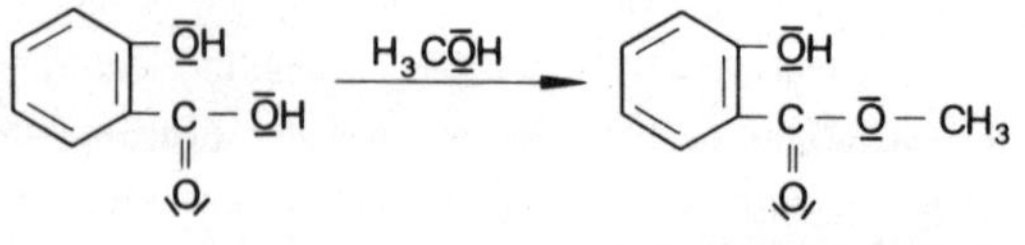

Salicylsäuremethylester
(„Wintergrünöl")

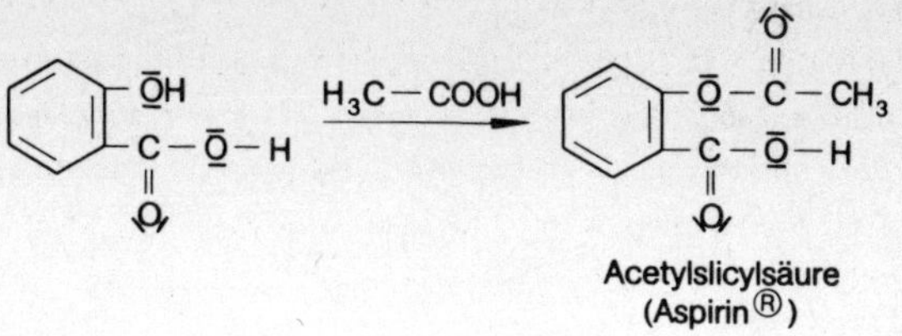

Literatur:

[L 9] Kapitel 5
[L18] Kapitel 17
K. *Sich*, Makromoleküle, Farbstoffe, Heilmittel, Kapitel 3.5.1. Schroedel Verlag, Hannover 1973

24. Schlaf- und Beruhigungsmittel

Voraussetzungen aus dem Unterricht: Säuren und Basen; Säurestärke, Säurekonstanten, Protolyse-Reaktionen, *Brönsted*scher Säuren- und Basenbegriff, Carbonsäuren, Carbonsäurederivate (Carbonsäureamide), Alkohole/Alkoholate, Carbonate, Nachweisreaktionen, Harnstoff, Reaktion von Natrium mit Wasser und mit Alkohol, Massenwirkungsgesetz.

Aufgaben

Harnstoff und Propandisäure (≘ Malonsäure) sind Ausgangsstoffe für die Herstellung von Schlaf- und Beruhigungsmitteln (Barbitursäurederivate). Bei den Synthesereaktionen wird Natriumethylat als Basenkatalysator eingesetzt. Es erscheint daher zweckmäßig, diese Ausgangsstoffe anhand einfacher Versuche näher kennenzulernen:

Versuch 1:

Erhitzen Sie eine Spatelspitze Malonsäure im Reagenzglas über die Schmelztemperatur (ϑ_s: 133 °C) hinaus.

1.1 Notieren Sie Ihre Beobachtungen, die möglich sind, wenn Sie angefeuchtetes, blaues Lackmuspapier über die Reagenzglasöffnung halten.

1.2 Prüfen Sie auch den Geruch über der Reagenzglasöffnung, nachdem Sie das Reagenzglas aus der Flamme genommen haben.

Versuch 2:

Erhitzen Sie eine Spatelspitze Malonsäure in einem Reagenzglas, das mit Stopfen und Gasableitungsrohr, welches in eine Calciumhydroxid-Lösung taucht, versehen ist, so lange, bis eine beobachtbare Veränderung eintritt. Säuern Sie anschließend das Reaktionsgemisch, das unter anderem auch noch überschüssiges Calciumhydroxid enthält, tropfenweise mit Salzsäure ($c(HCl) \approx 6\ mol \cdot l^{-1}$) an.

1. Notieren Sie Ihre Beobachtungen.

2. Interpretieren Sie die Beobachtungsbefunde aus den Versuchen 1 und 2 in Form geeigneter Reaktionsschemata, und fassen Sie diese zu einem Gesamtvorgang, der beim Erhitzen von Malonsäure über die Schmelztemperatur hinaus abläuft, zusammen.

Versuch 3:

Versetzen Sie eine Spatelspitze Malonsäure in einem Reagenzglas mit 5 bis 10 ml Wasser. Prüfen Sie die Mischung mit Lackmusindikator.

1. Notieren Sie Ihre Beobachtungen.

2. In der Literatur sind für Malonsäure zwei Dissoziationskonstanten angegeben ($K_1 = 140 \cdot 10^{-5}$ und $K_2 = 0{,}2 \cdot 10^{-5}$). Berücksichtigen Sie diese qualitativ bei der Interpretation der Beobachtungen.

3. Wie könnte man die Tatsache interpretieren, daß Malonsäure in Wasser stärker sauer reagiert als z.B. Essigsäure ($K(CH_3COOH) = 1{,}85 \cdot 10^{-5}$)?

Versuch 4:

Erhitzen Sie eine Spatelspitze Harnstoff über seine Schmelztemperatur (ϑ_s = 132 °C), und halten Sie feuchtes, rotes Lackmuspapier über die Reagenzglasöffnung.

1. Notieren Sie Ihre Beobachtungen, und prüfen Sie auch den Geruch über der Reagenzglasöffnung.

2. Interpretieren Sie Ihre Beobachtungsbefunde.

Versuch 5:

Geben Sie zu einer Spatelspitze Harnstoff in einem Reagenzglas so viel Wasser, daß eine gesättigte Lösung gebildet wird. Versetzen Sie diese Lösung, V = 5 ml, mit einem halben bis einem Kubikzentimeter Kalilauge, $c(KOH) \approx 8\ mol \cdot l^{-1}$, und erhitzen Sie über dem Brenner.

Untersuchen Sie über der Reagenzglasöffnung mit feuchtem, rotem Lackmuspapier und nach Geruch.

1. Notieren Sie Ihre Beobachtungen.

2. Deuten Sie Ihre Beobachtungsbefunde.

Versuch 6:

Erhitzen Sie die Lösung aus Versuch 5 unter kontinuierlichem Nachfüllen des verdampfenden Wassers drei bis fünf Minuten lang zum Sieden (Siedesteinchen!). Lassen Sie anschließend abkühlen, und säuern Sie dann tropfenweise mit Salzsäure, $c(HCl) \approx 6\ mol \cdot l^{-1}$, an. Versehen Sie gleich nach dem Ansäuern das Reagenzglas mit Stopfen und Gasüberleitungsrohr, das in eine Calciumhydroxid-Lösung taucht. Erhitzen Sie jetzt wieder, bis in der Calciumhydroxid-Lösung eine beobachtbare Veränderung eintritt. Verfahren Sie ab jetzt weiter wie in Versuch 2.

1. Notieren Sie Ihre Beobachtungen.

2. Interpretieren Sie Ihre Beobachtungsergebnisse zunächst einzeln in Form geeigneter Reaktionsschemata, und fassen Sie diese dann zu einem Gesamtreaktionsschema zusammen.

Versuch 7:

Geben Sie eine Spatelspitze Harnstoff in siedendes Wasser, V = 50 ml. Versetzen Sie die siedend heiße Lösung tropfenweise mit Silbernitratlösung, $c(AgNO_3) \approx 0,3\ mol \cdot l^{-1}$, nachdem Sie das Reaktionsgefäß vom Brenner genommen haben.

1. Notieren Sie Ihre Beobachtungen.
2. Informieren Sie sich (Schulbuch oder verfügbares Lexikon) über die *Wöhler*sche Harnstoffsynthese.
3. Interpretieren Sie in Kenntnis der Harnstoffsynthese nach *Wöhler* Ihre Beobachtungsbefunde, und verwerten Sie dabei die folgende Information: Silber-Ionen erzeugen in wäßriger Lösung mit Pseudohalogenid-Ionen ähnlich wie mit Halogenid-Ionen schwerlösliche Niederschläge; das Cyanat-Ion, NCO^-, zählt zu den Pseudohalogenid-Ionen. Fassen Sie Ihre Interpretationsergebnisse zusammen, und erweitern Sie damit das Deutungsergebnis zu Versuch 6.

Versuch 8:

Ethanol, V = 20 ml, wird mit einem viertelerbsengroßen, frisch entrindeten Stück Natriummetall versetzt. Dieser Versuch ist aus dem Chemie-Unterricht als Lehrerdemonstrationsversuch bekannt. Lesen Sie Ihre Beobachtungsnotizen nach!

Prüft man das Reaktionsgemisch nach beendeter Reaktion mit pH-Indikatorpapier, stellt man einen pH-Wert von pH $\approx$ 7 fest. Versetzt man die Reaktionsmischung anschließend mit Wasser, V = 30 ml, stellt man einen pH-Wert von pH $\approx$ 14 fest.

1. Tragen Sie Ihre Informationen zu den Versuchsbeobachtungen zusammen.
2. Interpretieren Sie die Beobachtungsbefunde. Vergleichen Sie Ethanol und Wasser unter Zuhilfenahme des *Brönsted*schen Säure-Base-Begriffes.

Lösungsvorschlag:

Gerät:

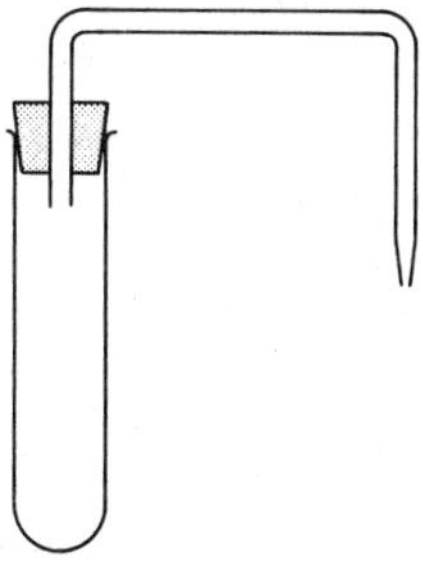

Abbildung 1: Reagenzglas mit Gasüberleitungsrohr

Zu Versuch 1/Versuch 2)

1. Beobachtungen zu Versuch 1 und 2:

Versuch 1: Beim Erhitzen über die Schmelztemperatur wird blaues, angefeuchtetes Lackmuspapier rot; gleichzeitig ist Essig(säure)-Geruch wahrnehmbar.

Versuch 2: Malonsäure schmilzt; Kalkwasser (Calciumhydroxid-Lösung) wird getrübt; Verschwinden der Trübung beim Ansäuern mit Salzsäure.

2. Interpretation der Beobachtungen zu den Versuchen 1 und 2:

- Erhitzen der Malonsäure bis zur Schmelztemperatur:

$$CH_2(COOH)_2(s) \xrightarrow{\text{erhitzen}} CH_2(COOH)_2(l) \qquad (1)$$

- Bildung von Essigsäuredampf beim Erhitzen über die Schmelztemperatur hinaus:

$$CH_2(COOH)_2(l) \xrightarrow{\text{erhitzen}} CH_3COOH(g) + \text{Folgeprodukte} \qquad (2)$$

- Reaktion von Essigsäuredampf mit Wasser auf Indikatorpapier (Rotfärbung):

$$CH_3COOH(g) + H_2O(l) \xrightarrow{aq} CH_3COO^-(aq) + H_3O^+(aq) \qquad (3)$$

- Trübung des Kalkwassers:

$$Ca(OH_2)(aq) + CO_2(g) \xrightarrow{aq} CaCO_3(s) + H_2O(l) \qquad (4)$$

- Aufhebung der Trübung im Kalkwasser beim Versetzen mit Salzsäure:

$$CaCO_3(s) + 2\ HCl(aq) \xrightarrow{aq} Ca^{2+}(aq) + 2\ Cl^-(aq) + H_2O(l) + CO_2(g) \qquad (5)$$

- Beim Erhitzen von Malonsäure über die Schmelztemperatur hinaus wird auch Kohlenstoffdioxid frei (folgt aus (4) und (5)):

$$CH_2(COOH)_2(l) \xrightarrow{\text{erhitzen}} CO_2(g) + \text{Folgeprodukte} \qquad (6)$$

- Zusammenfassung der Interpretationsergebnisse: Die Reaktionen (2) und (3) sowie (4), (5) und (6) lassen aufgrund der Beobachtungsbefunde die Formulierung der folgenden (Zersetzungs-)Reaktion zu:

$$CH_2(COOH)_2(l) \xrightarrow{\text{erhitzen}} CH_3COOH(g) + CO_2(g) \qquad (7)$$

Zu Versuch 3)

1. Beobachtungen:

- Malonsäure löst sich in Wasser;
- Lackmusindikator wird rot.

2. Interpretation der Beobachtungsbefunde:

- Auflösung der Malonsäure in Wasser:

$$CH_2(COOH)_2(s) \xrightarrow{aq} CH_2(COOH)_2(aq) \qquad (1)$$

- Reaktion der in Wasser gelösten Malonsäure mit Wasser (Rotfärbung von Lackmusindikator):

$$HOOC\text{-}CH_2\text{-}COOH(aq) + H_2O(l) \xrightarrow{aq} HOOC\text{-}CH_2\text{-}COO^-(aq) + H_3O^+(aq) \qquad (2)$$

- Ablösung des zweiten Protons (Berücksichtigung von K_1 und K_2):

$$HOOC\text{-}CH_2\text{-}COO^-(aq) + H_2O(l) \xrightarrow{aq} CH_2(COO^-)_2(aq) + H_3O^+(aq) \qquad (3)$$

$\Longrightarrow$ Malonsäure ist eine zweiprotonige Säure.

3. Vergleich Essigsäure/Malonsäure

Vergleicht man Essigsäure mit Malonsäure, kann Malonsäure als eine durch eine Carbonsäuregruppe (-COOH) substituierte Essigsäure aufgefaßt werden:

| H | — CH_2COOH / | HOOC | — CH_2COOH

Essigsäure — substituierte Essigsäure (≙ Malonsäure)

Wenn Malonsäure die stärkere Säure ist als Essigsäure, bedeutet dies, daß in wäßriger Lösung bei jeweils gleich großer Konzentration an Säure

$$c(CH_3COOH) = c(CH_2(COOH)_2),$$

$$c(H^+)_{Essigs.} < c(H^+)_{Malons.}$$

Dieser Befund kann durch die Annahme erklärt werden, daß die (zweite) -COOH-Gruppe im Malonsäure-Molekül die Gleichgewichtsverlagerung der Reaktion (2)/Versuch 3 nach rechts begünstigt oder anders ausgedrückt: das vergleichbare, einfach negativ geladene Anion $HOOC\text{-}CH_2\text{-}COO^-(aq)$ ist in wäßriger Lösung stabiler als das Acetat-Anion, $CH_3COO^-(aq)$, das Malonsäure-Molekül instabiler als das Essigsäure-Molekül. Diese Aussage wird bei einem Vergleich der Gleichgewichtskonstanten bestätigt:

$$K\,(CH_3COOH) < K_1\,(CH_2(COOH)_2)$$

$$1{,}85 \cdot 10^{-5} < 140 \cdot 10^{-5}$$

Zu Versuch 4)

1. Beobachtungen:

- Beim Erhitzen von Harnstoff über seine Schmelztemperatur hinaus ist der Geruch von Ammoniak wahrnehmbar;
- feuchtes, rotes Lackmuspapier wird blau.

2. Interpretation der Beobachtungsbefunde:

- Erhitzen des Harnstoffs bis zur Schmelztemperatur:

$$CO(NH_2)_2(s) \xrightarrow{erhitzen} CO(NH_2)_2(l) \qquad (1)$$

- Bildung von Ammoniakgas beim Erhitzen über die Schmelztemperatur hinaus:

$$CO(NH_2)_2(l) \xrightarrow{\text{erhitzen}} NH_3(g) + \text{Folgeprodukte} \quad (2)$$

- Reaktion von Ammoniakgas mit Wasser auf Lackmuspapier (Blaufärbung):

$$NH_3(g) + H_2O(l) \xrightarrow{\text{erhitzen}} NH_4^+(aq) + OH^-(aq) \quad (3)$$

Zu Versuch 5)

1. Beobachtungen:
- Ammoniak-Geruch ist wahrnehmbar;
- feuchtes, rotes Lackmuspapier wird blau.

2. Interpretation der Beobachtungsbefunde:
- Auflösung des Harnstoffs in Wasser:

$$CO(NH_2)_2(s) \xrightarrow{aq} CO(NH_2)_2(aq) \quad (1)$$

- Bildung von Ammoniakgas bei der Reaktion mit (Kali-)Lauge (Kaliumhydroxid-Lösung):

$$CO(NH_2)_2(aq) + OH^-(aq) \xrightarrow{aq} NH_3(g) + \text{Folgeprodukte} \quad (2)$$

Zu Versuch 6)

1. Beobachtungen:
- Beim Versetzen mit Salzsäure bilden sich Gasblasen;
- Gasblasen trüben Kalkwasser (Calciumhydroxid-Lösung;
- die Trübung wird bei Zusatz von Salzsäure wieder aufgehoben.

2. Interpretation der Beobachtungen:

Die Nachweisreaktionen (vergleiche Versuche 1 und 2, Reaktionen (4) und (5)) deuten darauf hin, daß beim Kochen der wäßrigen Harnstoff-Lösung mit Kalilauge neben Ammoniakgas auch Carbonat-Ionen gebildet werden:

$$CO(NH_2)_2(aq) + 2\ OH^-(aq) \xrightarrow{aq} CO_3^{2-}(aq) + \text{Folgeprodukte} \quad (1)$$

Eine zusammenfassende Deutung der Teilinterpretationen zu den Versuchen 5 und 6 läßt die Formulierung folgender Reaktion zu:

$$CO(NH_2)_2(aq) + 2\ OH^-(aq) \xrightarrow{aq} CO_3^{2-}(aq) + 2\ NH_3(g) \quad (2)$$

$\Longrightarrow$ Harnstoff wird in wäßriger Lösung beim Kochen mit starken Basen zu Carbonaten und Ammoniak zersetzt.

Zu Versuch 7)

1. Beobachtungen:
- Die Lösung beginnt, sich zu trüben; die Trübung wird intensiver, bis ein flockiger, weißer Niederschlag ausfällt.

2. Interpretation unter Berücksichtigung von Punkt 2 und 3:
Trübung und Fällung deuten auf die Bildung eines schwerlöslichen Silbersalzes hin. Die Intensivierung der Trübung bis zur Niederschlagsbildung könnte ein Hinweis auf eine gleichgewichtsverlagernde Wirkung der Silber-Ionen sein, die so lange anhält, bis die Silber-Ionen durch die Bildung des schwerlöslichen Silbersalzes verzehrt sind. Unter Berücksichtigung von Punkt 2 und 3 dürfte das schwerlösliche Silbersalz Silbercyanat, AgOCN, sein:

$$Ag^{+}(aq) + NCO^{-}(aq) \xrightarrow[-\ aq]{} AgOCN(s) \qquad (1)$$

Wöhler hat Harnstoff aus Ammoniumcyanat, NH_4OCN, über folgende Umwandlungsreaktion gewonnen:

$$NH_4OCN \longrightarrow CO(NH_2)_2 \qquad (2)$$

Berücksichtigt man das Teilinterpretationsergebnis von Versuch 6, kann die Versuchsbeobachtung aus Versuch 6 über folgende Reaktionen gedeutet werden:

$$CO(NH_2)_2(aq) \xrightarrow{aq} NH_4^{+}(aq) + NCO^{-}(aq) \qquad (3)$$

Harnstoff steht in wäßriger Lösung mit Ammonium- und Cyanat-Ionen im Gleichgewicht. In Gegenwart einer starken Base entweicht Ammoniak,

$$NH_4^{+}(aq) + OH^{-}(aq) \xrightarrow{aq} NH_3(g) + H_2O(l), \qquad (4)$$

während die Cyanat-Ionen ebenfalls zu Ammoniak und zu Carbonat-Ionen umgesetzt werden:

$$NCO^{-}(aq) + OH^{-}(aq) + H_2O(l) \xrightarrow{aq} CO_3^{2-}(aq) + NH_3(g) \qquad (5)$$

faßt man nun die Reaktionen (3), (4) und (5) zusammen, führt dies zu Reaktion (2), Versuch 6:

$$CO(NH_2)_2(aq) + 2\ OH^{-}(aq) \xrightarrow{aq} CO_3^{2-}(aq) + 2\ NH_3(g).$$

Versuch 8)

1. Beobachtungen:

- Natriummetall reagiert so lange mit Ethanol unter Bildung von Gasblasen, bis kein Natriummetall mehr wahrgenommen werden kann.
- Das entweichende Gas ist an der Luft brennbar, und an kälteren Stellen kondensieren über der Flamme farblose Flüssigkeitströpfchen, die einen pH-Wert von pH = 7 zeigen.
- Bei der Prüfung des Reaktionsgemisches mit pH-Papier wird pH ≈ 7 abgelesen; nach dem Versetzen mit Wasser zeigt die Reaktionsmischung pH ≈ 14.

2. Interpretation der Beobachtungsbefunde:
Die Brennbarkeit des entweichenden Gases an Luft und die Folgebeobachtungen deuten auf die Bildung von Wasserstoffgas hin, das mit Luftsauerstoff zu Wasser verbrennt:

$$H_2(g) + \frac{1}{2}\ O_2(g) \longrightarrow H_2O(g) \qquad (1)$$

Da Natriummetall wegreagiert hat und Wasserstoffgas gebildet wurde, kann die abgelaufene Reaktion als Redoxvorgang gedeutet werden, in dessen Verlauf Natrium-Teilchen oxidiert wurden zu Natrium-Ionen, während Wasserstoff-Teilchen auf reduktivem Wege als gasförmiger Diwasserstoff freigesetzt werden:

$$CH_3CH_2OH(l) + Na(s) \xrightarrow{solv} Na^+(solv) + \frac{1}{2} H_2(g) + \text{Folgeprodukt(e)} \quad (2)$$

Das oder die Folgeprodukt(e) müßte(n) eine negative Ladung tragen, also anionisch vorliegen. Für diese Annahme gibt es zwei Gründe: 1. kann das solvatisierte Natrium-Kation, $Na^+(solv)$, nur in Gegenwart eines solvatisierten Gegenions, eines Anions also, existieren. Setzt man voraus, daß keine weiteren Folgeprodukte gebildet werden (was nicht ausgeschlossen werden kann), könnte die Reaktion mit $X^-(solv)$ als anionischem Bestandteil der Reaktionsprodukte dann folgendermaßen formuliert werden:

$$CH_3CH_2OH(l) + Na(s) \xrightarrow{solv} Na^+(solv) + X^-(solv) + \frac{1}{2} H_2(g); \quad (3)$$

2. deutet die stark basische Reaktion nach dem Versetzen der Reaktionsmischung aus Natriummetall und Ethanol mit Wasser darauf hin, daß bei dieser Reaktion Hydroxid-Ionen entstehen. Die Bildung dieser Ionen ist über eine *Brönsted*sche Säure-Base-Reaktion interpretierbar, bei der Wasser als *Brönsted*-Säure und $X^-(solv)$ als *Brönsted*-Base wirken:

$$X^-(solv) + H_2O(l) \xrightarrow{aq} XH(aq) + OH^-(aq) + solv \quad (4)$$

Faßt man die Reaktionen (3) und (4) zusammen, kann man annehmen, daß bei der Reaktion zwischen dem in Lösung verbleibenden Reaktionsprodukt aus Natriummetall mit Ethanol und Wasser Natronlauge als ein Reaktionsprodukt gebildet wird. Eine zuordnende Identifizierung von X^- ist schwierig, da über diese qualitative Untersuchung nicht entschieden werden kann, ob das sich bildende Wasserstoffgas von Wasserstoff-Atomen stammt, die an Sauerstoff- oder an Kohlenstoff-Atome gebunden sind. Um eine Entscheidung herbeiführen zu können, müßten weitere und quantitative Untersuchungen durchgeführt werden.
Ein Vergleich der Reaktion zwischen Alkohol (R-O-H) und Natrium einerseits und zwischen Wasser (H-O-H) und Natrium andererseits läßt den hypothetischen Analogie-Schluß zu, daß die an den Sauerstoff gebundenen Wasserstoff-Atome mit Natrium reagieren, so daß im vorliegenden Falle für $X^- = CH_3CH_2O^-$ gesetzt werden kann:

$$CH_3CH_2OH(l) + Na(s) \xrightarrow{solv} CH_3CH_2O^-(solv) + Na^+(solv) + \frac{1}{2} H_2(g) \quad (5)$$

In Reaktionsschema (4) kann dann für $XH = CH_3CH_2OH$ gesetzt werden. Vergleicht man jetzt Wasser mit Ethanol unter Zuhilfenahme des *Brönsted*schen Säure-Base-Begriffes, macht diese Reaktion deutlich, daß Ethanol die schwächere Säure ist als Wasser; das Ethylat-Ion ($CH_3CH_2O^-$) dagegen ist die stärkere Base als das OH^--Ion, da es mit Wasser als Protonenakzeptor reagiert, wobei die Hydroxid-Ionen gebildet werden und Ethanol.

Weiterführende Informationen:

Malonsäure wurde 1858 von *Dessaignes* als Oxidationsprodukt der Äpfelsäure entdeckt. Dieses Ausgangsprodukt wurde namengebend für die Propandisäure (lat. malum ≙ Apfel). In der Natur ist die Malonsäure bis jetzt noch nicht häufig beobachtet worden. Sie konnte zum Beispiel in den grünen Teilen der Getreidepflanzen nachgewiesen werden, ebenso in Runkelrüben [4, 10].

Die Umwandlungsreaktion von Ammoniumcyanat in Harnstoff wird als Beginn der synthetischen organischen Chemie angesehen (*Wöhler* 1828). Der Begriff >organische< Chemie wurde erstmalig von dem schwedischen Chemiker *Berzelius* verwendet [2, 6], weil er der Meinung war, daß es unmöglich sei, organische Stoffe künstlich (d.h. auf synthetischem Wege) herzustellen. Er glaubte, daß in der belebten Natur organische Stoffe nur unter Mitwirkung einer geheimnisvollen Lebenskraft, der sogenannten 'vis vitalis', entstünden. *Wöhler* schrieb nach seiner Entdeckung an seinen Freund *Berzelius*: 'Ich muß Ihnen sagen, daß ich Harnstoff machen kann, ohne dazu Nieren oder überhaupt ein Tier, sei es Mensch oder Hund, nötig zu haben.' Ammoniumcyanat wurde von den Chemikern als anorganische Substanz angesehen [2] und [L5]. Heute wird Harnstoff im großtechnischen Maßstabe zum Beispiel durch Reaktion von Kohlenstoffdioxid und Ammoniak bei hohen Drucken hergestellt, da er vielfältige Verwendung findet, auch als hochwertiger Dünger; von Bodenbakterien wird er unter anderem zu Ammoniak abgebaut. Neben seiner Verwendung bei der Herstellung von Barbitursäurederivaten und anderer Schlafmittel und Arzneien findet er auch als Reinstoff unter dem Namen 'Urea pura' als Arzneimittel Verwendung, innerlich als harntreibendes, äußerlich als keimtötendes, desodorierendes (geruchvertreibendes) und zellanregendes Mittel in Wundverbänden [4].

Literatur:

[1] *Arendt/Dörmer*, Technik der Experimentalchemie. Quelle & Meyer, Heidelberg 1980
[2] *Beck/Häusler*, Chemie für Gymnasien. CVK/R. Oldenbourg-Verlag, München 1984
[3] *Beyer*, Lehrbuch der organischen Chemie. 13./14. Auflage, S. Hirzel Verlag, Leipzig 1967
[4] *Brockhaus*, Enzyklopädie Bd. 8/12, F.A. Brockhaus. Wiesbaden 1969/71
[5] *Bukatsch/Glöckner*, Experimentelle Schulchemie. Organische Chemie I, Aulis Verlag Deubner & Co KG, Köln 1974
[6] *Fieser/Fieser*, Organische Chemie. 2. Auflage, Weinheim 1982
[7] *Hollemann/Richter*, Lehrbuch der organischen Chemie. 37. - 41. Auflage, de Gruyter & Co, Berlin 1961
[8] *Klages*, Einführung in die organische Chemie. 2. Auflage, de Gruyter & Co, Berlin 1965
[L 5]
[L15]

V. Indikatoren und Farbstoffe

25. Farbstoffe als Indikatoren

Voraussetzungen aus dem Unterricht: Protolysegleichgewichte, Farbstoffklassen, Konstitution und Farbe.

Aufgaben

1. Einige organische Verbindungen sind als Indikatorfarbstoffe für acidimetrische Titrationen geeignet, z.B. Methylorange(I), Bromthymolblau(II), Methylrot(III) und Thymolphthalein(IV). In der folgenden Tabelle finden Sie darüber einige Angaben:

Farbstoff	Umschlagsbereich ΔpH	pK_S	Farbumschlag	Strukturformel (bei pH = 1)
I	3,1 < pH < 4,4	3,5	rot/orange	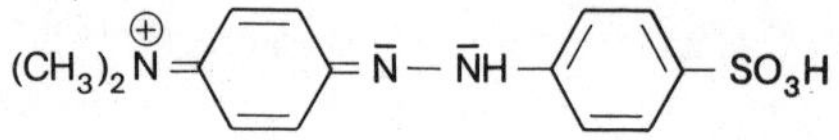
II	6,2 < pH < 7,6	7,1	gelb/blau	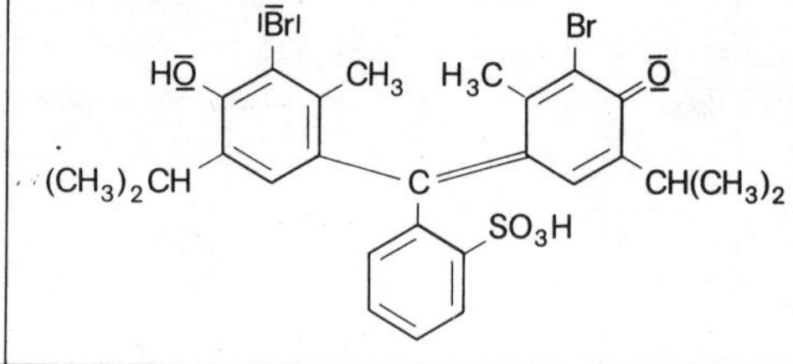
III	4,2 < pH < 6,1	5,0	rot/gelb	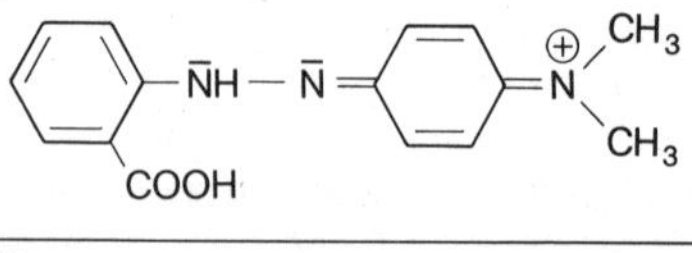
IV	9,4 < pH < 10,6	10	farblos/blau	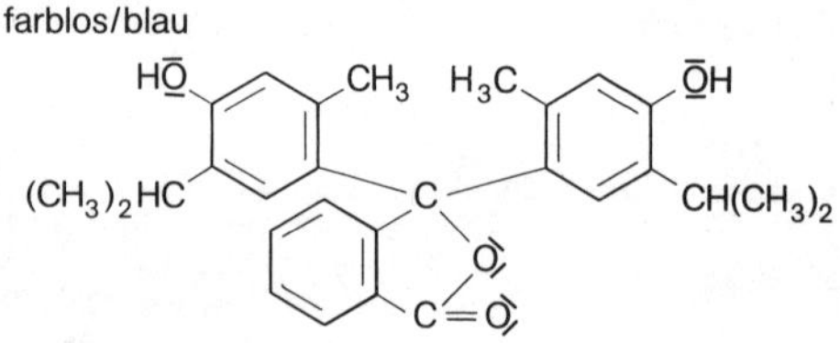

1.1 Ordnen Sie die Farbstoffe bestimmten Farbstoffklassen zu, und begründen Sie diese Zuordnung.

1.2 Deuten Sie an einem der Beispiele den Farbumschlag aufgrund der Molekülstruktur.

1.3 Wie ist es zu erklären, daß der Farbumschlag nicht an einem "Punkt", sondern in einem Bereich ($\Delta pH = \pm 1$) erfolgt?

2. Versuch 1: Auf folgender Farbreaktion beruht ein Nachweis von Hexosen im Blut:
Man mischt V_1 = 4 ml einer wäßrigen Pikrinsäure-Lösung (1%ig) mit V_2 = 1 ml Natronlauge (10%ig), gibt dazu V_3 = 1 ml Glucose-Lösung (10%ig) und erwärmt das Gemisch. Dabei schlägt die Farbe der Lösung von Gelb nach Rot um.

2.1 Halten Sie Pikrinsäure (2,4,6-Trinitrophenol) für einen Indikatorfarbstoff und wenn ja, welche Farbänderung könnte dann bei Zugabe der Natronlauge (vergleiche Versuch 1) auftreten?

2.2 Zur Erklärung der Farbreaktion findet man in der Literatur die Hypothese, daß sich dabei das Natriumsalz der Pikraminsäure (2,4-Dinitro-6-aminophenol) bilden könnte.
Benutzen Sie einmal diese Annahme bei der Erklärung der Reaktion mit Glucose!

3. Die Polarität von Lösungsmitteln kann man mit Hilfe bestimmter Farbstoffe testen. Beispiel: Versuch 2
Ein Pyridinium-Phenol-Betain, für das zwei mögliche Strukturen in Betracht kommen, nämlich

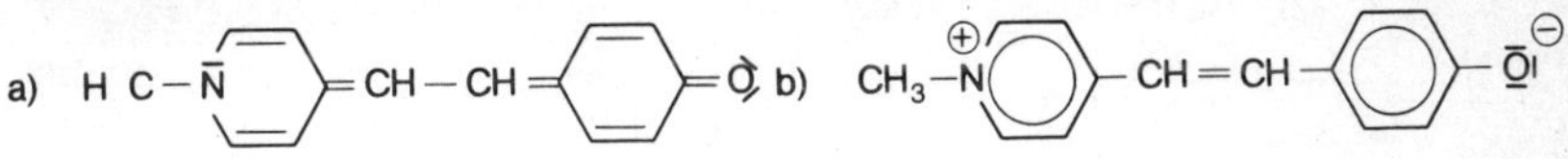

löst sich in wasserfreiem Pyridin (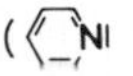) mit blauer Farbe. Tropft man aber Wasser hinzu, so ändert sich die Farbe in Abhängigkeit von der zugegebenen Wassermenge über Violett, Purpur, Rot nach Gelb. Der Fachausdruck für diese Erscheinung lautet "negative Solvatochromie".

3.1 Definieren Sie aufgrund dieses Versuchs und der beigefügten Absorptionsspektren die Begriffe "negative (bzw. positive) Solvatochromie".

3.2 Entwerfen Sie für das Beispiel eine Hypothese, die eine der beiden Strukturen als die wahrscheinlichere erscheinen läßt.

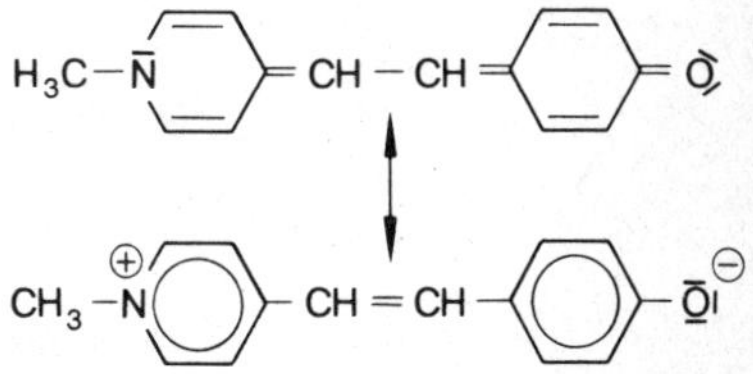

Lichtabsorption und Farben des Pyridinium-4-Phenol-Betains (II); Lösungsmittelabhängigkeit.

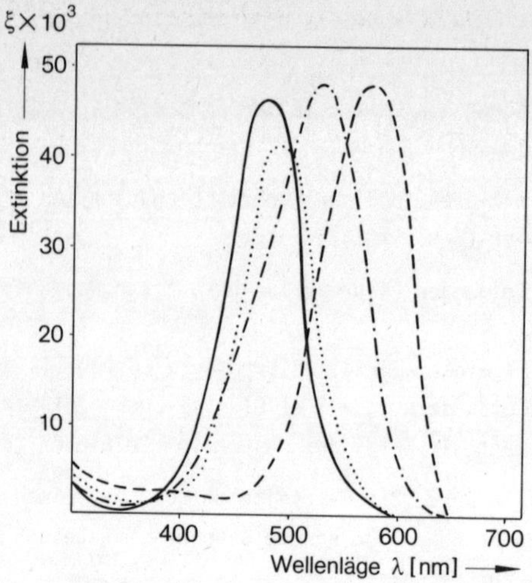

	Lösungsmittel	λ_{max}	Farbe der Lösung
———	Methanol	482 nm	gelborange
········	Formamid	498 nm	rotorange
—·—·—	Benzylalkohol	523 nm	rot
-----	Aceton	582 nm	violett
	[Chloroform	620 nm	dunkelblau]

Abbildung 1: Negative Solvatochromie

Lösungsvorschlag:

Zu 1.1) Als Farbstoffe gehören I und III in die Klasse der Azofarbstoffe; II ist ein Triphenylmethanfarbstoff (ähnlich dem Kristallviolett), und IV ist ein Phthaleinfarbstoff, ähnlich dem Phenolphthalein.

Zu 1.2) Der Farbstoff I besitzt in der Azobrücke ein Donator-Akzeptor-Chromogen; das Proton der Azobrücke unterstützt die Akzeptor-Funktion, so daß die rote Form sich im stark sauren Bereich wegen der geringeren Anregungsenergie leichter ausbilden kann, da der Valenzausgleich zwischen dem linken Arylring und der Azobrücke leicht erfolgen kann.
Ein Phthalein besitzt eine o-Carboxylatgruppe, die zur Lactonbildung (IV) neigt, die so stark ist, daß sich erst oberhalb von pH = 8 ein symmetrisches Absorptionssystem ausbilden kann, wodurch die Anregungsenergie erniedrigt und die Absorption im Sichtbaren erfolgen kann (bathochrome Verschiebung). Die Dianion-Struktur ist blau (λ_{max} bei 600 nm).

Zu 1.3) Aus der Gleichung $pH = pK_S + \lg \frac{c(A^-)}{c(HA)}$ (*Henderson-Hasselbalch*) geht hervor, daß z.B. bei einem Konzentrationsverhältnis $\frac{c(A^-)}{c(HA)} = \frac{1}{10}$ optisch nur die Farbe der Indikatorsäure (HInd) wahrnehmbar ist, wenn $pH = pK_S - 1$. Umgekehrt nimmt das Auge bei $pH = pK_S + 1$ nur die Farbe der Indikatoranionen (Ind^-)

wahr, die in zehnfachem Überschuß vorhanden sind. Das Auge kann im Bereich $\Delta pH = pK_s \pm 1$ keinen Farbumschlag wahrnehmen. Der Umschlagsbereich ist je nach pK_s-Wert verschieden, da die Acidität der Indikatorfarbstoffe von strukturbedingten Parametern abhängt.

Zu 2.1) Das Molekül des 2,4,6-Trinitrophenols besitzt ein delokalisiertes π-Elektronensystem, eine auxochrome OH-Gruppe, die als Elektronendonator fungieren kann, und drei chromophore NO_2-Gruppen als Elektronenakzeptoren. In wäßriger Lösung kann es zur Ausbildung mehrerer mesomerer Grenzstrukturen kommen, so daß die Pikrinsäure (wie das Phenol) eine relativ starke Säure sein kann. Protonierung und Deprotonierung beeinflussen die Wechselwirkung induktiver und mesomerer Effekte, so daß im Prinzip ein Indikatorfarbstoff vorliegt, doch liegt das Absorptionsmaximum am kurzwelligen Rande des sichtbaren Spektrums, so daß der Farbwechsel nicht sehr ausgeprägt ist (Hell-Dunkelgelb). Dies beobachtet man beim Ansäuern bzw. Alkalischmachen einer wäßrigen Pikrinsäurelösung.

Zu 2.2) Bei Zugabe der Natronlauge wird die Gelbfärbung der Lösung etwas intensiver, die Zugabe der Glucose-Lösung bewirkt erst beim Erwärmen einen markanten Farbumschlag nach Rotbraun. Dies könnte mit einer Redoxreaktion erklärt werden, wobei die Glucose, die im alkalischen Medium in offenkettiger Glucosidform vorliegt, zu Gluconsäure oxidiert, und die Pikrinsäure zu Picraminsäure reduziert würde. Mit einer zweiten Auxochromgruppe (-$\bar{N}H_2$) könnte das Elektronensystem so symmetrisch ausgebildet werden, daß ein deutlicher bathochromer Effekt eintritt.

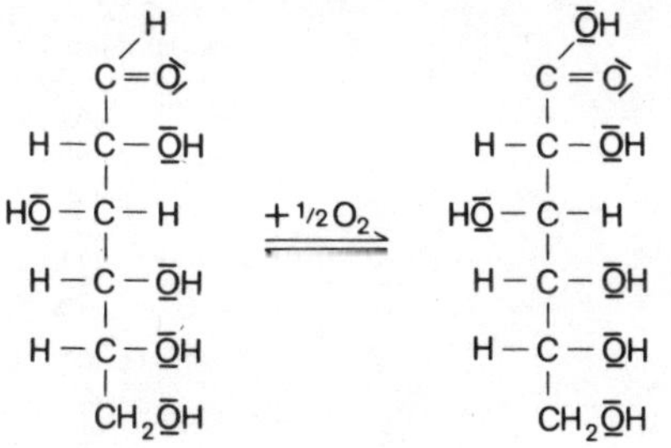

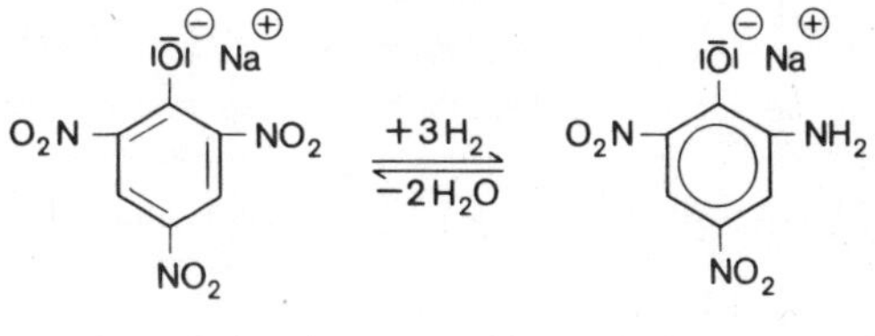

Zu 3.1) Die beschriebene Farberscheinung wird hervorgerufen durch die unterschiedliche Polarität des Lösungsmittels, durch die offenbar die Elektronenverteilung innerhalb des Moleküls verändert und damit der Mesomerieschwerpunkt verschoben wird. Es handelt sich also nicht um Gleichgewichtsverschiebungen zwischen zwei Spezies unterschiedlicher Struktur wie z.B. bei den Protolysegleichgewichten zwischen einer Indikatorsäure und ihrem Anion.
Der Betainfarbstoff, der sich in Pyridin und in Chloroform mit blauer Farbe löst, absorbiert demnach in unpolaren Lösungsmitteln Licht längerer Wellenlänge (620 - 640 nm). Wenn diese Erscheinung "negative Solvatochromie" genannt wird, dann wird eine "positive Solvatochromie" vorliegen, wenn die Absorption in polaren Lösungsmitteln zu längeren Wellenlängen hin verschoben wird, d.h. ein solcher Farbstoff müßte sich in Pyridin mit gelber Farbe lösen und diese Lösung müßte je nach Wasserzugabe ihre Farbe über Rot, Purpur, Violett nach Blau hin ändern.

Zu 3.2) Zur Deutung könnte man annehmen, daß die Moleküle im Grundzustand bzw. im angeregten Zustand unterschiedliche Polarität besitzen. Bei der negativen Solvatochromie des Betainfarbstoffes könnte die Verschiebung des Absorptionsmaximums mit steigender Polarität des Lösungsmittels zu kürzeren Wellenlängen hin eine Erhöhung der Anregungsenergie bedeuten. Dies könnte dadurch erklärt werden, daß die Moleküle im Grundzustand polar sind und daß durch die gute Solvatation in polaren Lösungsmitteln der Grundzustand energetisch weiter abgesenkt wird, wodurch die Differenz zwischen Grund- und Anregungszustand vergrößert würde.

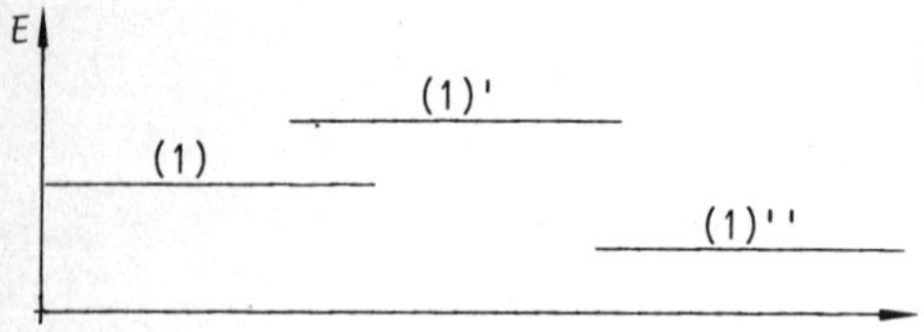

Abbildung 2:
Schematische Darstellung:
(1) Grundzustand
(1)' angeregter Zustand
(1)'' Grundzustand nach Solvatation

Weiterführende Informationen:

Zu 1) Indikatoren zeigen durch einen Wechsel ihrer Farbe an, daß sich bestimmte Bedingungen in ihrer Umgebung verändert haben, z.B. der pH-Wert, wodurch eine Indikatorreaktion, z.B. eine Protolyse, bewirkt wird. Alle in der Acidimetrie gebräuchlichen Indikatorfarbstoffe sind schwache (bis mittelstarke) Säuren, deren Anionen ein anderes Lichtabsorptionsverhalten zeigen als die undissoziierten Säuren.
Robert Boyle hat vermutlich als erster schon um 1660 bestimmte Pflanzenextrakte zu Untersuchungszwecken eingesetzt. *Wilhelm Ostwald* (1853 - 1932) war der eigentliche Begründer der modernen Indikatorentheorie, indem er den Farbumschlag auf eine Protolyse zurückführte:

$$H\,Ind(Farbe\ A) \rightleftharpoons H^+ + Ind^- \ (Farbe\ B)$$

Viele Säure-Base-Indikatoren gehören zu den Polymethinfarbstoffen, die wegen ihrer hohen Symmetrie schon mit relativ kleinen Systemen langwellig absorbieren können und somit farbig sind.

Zu 2) Der Traubenzuckernachweis im Blut nach *Crecelius* (Physiologe) galt als spezifischer Nachweis auf Glucose im Gegensatz zu den unspezifischen Redoxreaktionen (z.B. *Fehling*probe). Moderne Verfahren zur Blutzuckerbestimmung beruhen meist auf Enzymreaktionen; Farbreaktionen werden im allgemeinen durch den Blutfarbstoff gestört, so daß die Eigenfarbe des Blutes erst durch eine aufwendige Vorbereitung ausgeschaltet werden muß. Normalerweise ist die Konzentration der Glucose im Blut sehr konstant (4 - 5 $mmol \cdot l^{-1}$, das sind 720 bis 900 mg/l), doch bei der Stoffwechselkrankheit *Diabetes Mellitus* ist der Blutglucosespiegel deutlich erhöht, was auf eine Störung des Hormonhaushaltes hinweist. Blutglucosesenkend wirkt vor allem das Insulin.

Zu 3) Die Eigenschaft der Solvatochromie, d.h. der Farbveränderung unter dem Einfluß des Lösungsmittels, zeigen viele Merocyanine. Das sind neutrale (nicht ionogene) Polymethinfarbstoffe, deren Struktur gekennzeichnet ist durch je eine auxochrome (Donator) Gruppe und eine antiauxochrome (Akzeptor) Gruppe an den Enden eines linearen oder verzweigten π-Systems. Die Veränderungen der Farbe in den verschiedenen Lösungsmitteln beruhen nicht auf Gleichgewichtsverschiebungen zwischen zwei Spezies unterschiedlicher Struktur; in jedem Lösungsmittel liegt nur eine Art von Molekülen vor. Durch das Lösungsmittel wird nur die Elektronenverteilung innerhalb der Moleküle, also der Mesomerieschwerpunkt, verschoben, Mesomerie also sichtbar gemacht!

Literatur:

[1] G. *Hildenbrand*, Chemie der Kunst- und Farbstoffe. Herder Verlag, Freiburg 1976

[2] S. *Kabuß*, Merocyanine, die Chamäleons unter den Farbstoffen. Vortragsmanuskript in Zusammenhang mit GDCh-Fortbildungskurs Nr. 142/83: Struktur und Farbe; Farbstoffe

[3] W. *Kratzer* und R. *Peichert*, Farbstoffe. Chemische Arbeitsbücher 1, Quelle u. Meyer Verlag, Heidelberg 1981

[4] P. *Rys* und H. *Zollinger*, Leitfaden der Farbstoffchemie. Chemische Taschenbücher 13, Verlag Chemie, Weinheim 1976

[5] K. *Sich* (Hrsg.), Makromoleküle, Farbstoffe, Heilmittel, Schroedel Verlag, Hannover

[6] G. *Wittke*, Farbstoffchemie. Studienbücher Chemie, Verlag Diesterweg-Salle, 1979

[7] H.-G. *Schäfer*, A. *Vogts* und F. *Wetzels*, Ursache und Deutung der Farbigkeit organischer Verbindungen und Stoffgemische, aufgezeigt am Beispiel des Steinkohlen-Teerpechs,in "Chemie für Labor und Betrieb" 29 (1978)

[8] H. *Stapf* und A. *Hradetzky*, Chemische Schulversuche Teil 3. Organische Chemie. Verlag Harri Deutsch, Zürich, Frankfurt (Lizenzausgabe) 1975

26. Vergleich zweier Indikatoren

Voraussetzungen aus dem Unterricht: Farbigkeit, chromophore und auxochrome Gruppen, Triphenylmethanfarbstoffe, Phenol, Bromierung von Phenol, mesomere und induktive Effekte.

Aufgaben

1. Gegeben sind die Säure-Base-Indikatoren Phenolphthalein und Thymolphthalein.

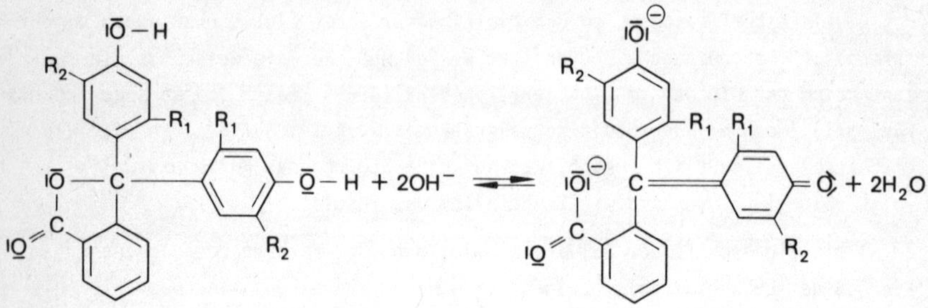

Anmerkung: Die beiden aciden Protonen werden praktisch gleichzeitig, d.h. bei demselben pH-Wert abgespalten.

Tabelle 1: Farbe und Umschlagsbereich der Indikatoren Phenol- und Thymolphthalein

pH-Indikator	R_1	R_2	Umschlagsbereich ΔpH	Farbänderung
Phenolphthalein	H	H	8,2 < pH < 10,0	farblos - rotviolett
Thymolphthalein	CH_3	$CH(CH_3)_2$	9,2 < pH < 10,6	farblos - blau

1.1 Erklären Sie die unterschiedliche Farbe von Thymolphthalein in saurer und alkalischer Lösung.

1.2 Erklären Sie die unterschiedliche Farbe von Phenolphthalein und Thymolphthalein in alkalischer Lösung.

1.3 Geben Sie eine Erklärung dafür, daß die beiden Farbstoffe als Indikatoren wirken und dafür, daß diese bei verschiedenen pH-Werten ihren Farbumschlag zeigen.

1.4 Bei der Umsetzung einer Phenolphthalein-Lösung mit Bromwasser entsteht Tetrabromphenolphthalein sowie Hydrogenbromid (Bromwasserstoff). Thymolphthalein reagiert mit Bromwasser zu Dibromthymolphthalein und Hydrogenbromid (Bromwasserstoff). Stellen Sie die Strukturformeln der beiden Bromderivate begründet auf, und formulieren Sie die entsprechenden Reaktionsschemata. (Hinweis: Hydroxylgruppe übt einen stärkeren Einfluß auf den Ort der Zweitsubstitution aus als eine Alkylgruppe.)

Lösungsvorschlag:

Zu 1.1) In alkalischer Lösung sind die drei Phenylkerne des Thymolphthalein-Moleküls planar im Winkel von 120° um das zentrale Kohlenstoff-Atom angeordnet. Daher ist eine Delokalisierung der π-Elektronen über das ganze Molekül unter Ausbildung chinoider Strukturen möglich, wie die mesomeren Grenzstrukturen verdeutlichen:

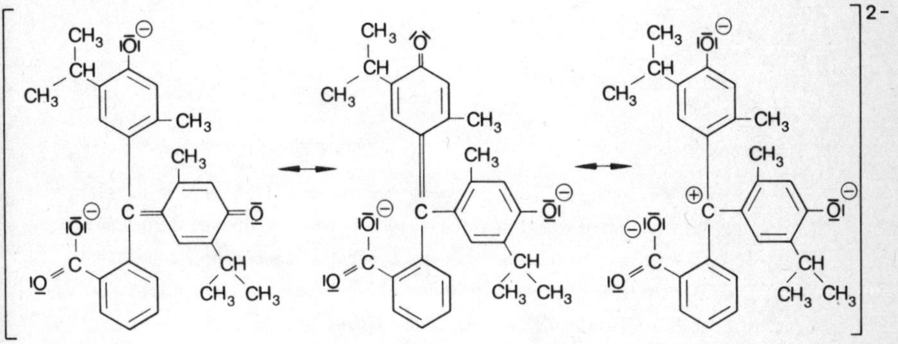

In saurer Lösung ist das zentrale Kohlenstoff-Atom des Thymolphthalein-Moleküls vierbindig. Die Phenylringe sind tetraedrisch angeordnet. Dadurch wird das konjugierte π-Elektronensystem unterbrochen.

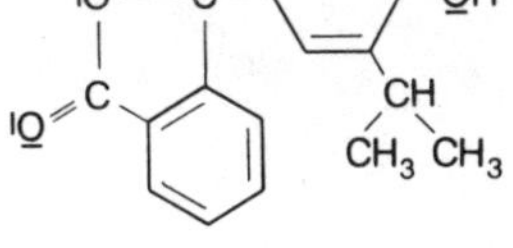

Die Delokalisierung der π-Elektronen ist nur noch innerhalb der einzelnen Phenylkerne möglich, aber nicht mehr über das zentrale Kohlenstoff-Atom hinweg. Je ausgedehnter aber ein π-Elektronensystem ist, um so niedriger ist die Energie des absorbierten Lichtes.

Die basische Form des Thymolphthaleins absorbiert Licht des sichtbaren Spektralbereichs, nämlich gelb-organges, und erscheint deshalb blau, während die saure Form des Thymolphthaleins nur von energiereicherem, nicht sichtbarem Licht angeregt wird und deshalb farblos erscheint.

Zu 1.2) Die unterschiedliche Farbe von Phenolphthalein und Thymolphthalein in alkalischer Lösung ist auf die Methyl- und Isopropylgruppen des Thymolphthaleins zurückzuführen.

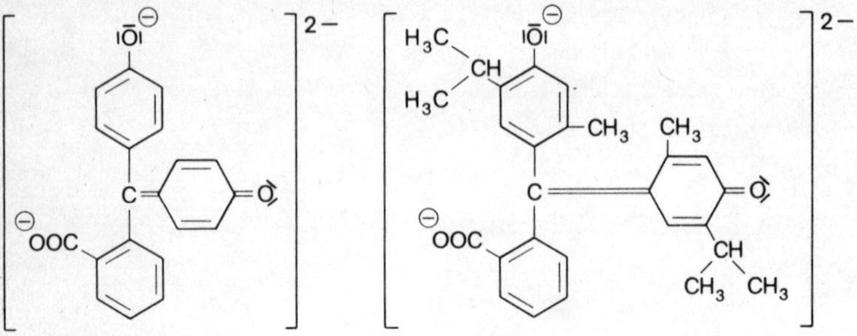

Phenolphthalein-Anion   Thymolphthalein-Anion

Die auxochromen Alkylgruppen üben einen bathochromen Effekt aus, d.h. sie verschieben das Absorptionsmaximum des absorbierten Lichtes in den längerwelligen Bereich. Phenolphthalein absorbiert grünes Licht und erscheint deshalb rotviolett, Thymolphthalein absorbiert längerwelliges gelb-oranges Licht und erscheint deshalb blau (siehe Abbildung 2 in Aufgabe Nr. 25).

Zu 2) Phenolphthalein und Thymolphthalein sind Indikatoren, da sie schwache Säuren (HInd) sind, deren korrespondierende Basen (Ind^-) anders gefärbt sind.

$$HInd + H_2O \rightleftharpoons Ind^- + H_3O^+$$

$$K_S(HInd) = \frac{c(Ind^-) \cdot c(H_3O^+)}{c(HInd)} \quad (1)$$

Am Umschlagspunkt eines Indikators ist die Konzentration der Indikatorsäure gleich der Konzentration der Indikatorbase.

$$\frac{c(Ind^-)}{c(HInd)} = 1 \quad (2)$$

Daraus folgt:

$$K_S(HInd) = c(H_3O^+) \iff pK_S(HInd) = pH \quad (3)$$

Je größer die Säurestärke des Indikators ist, um so niedriger ist der pH-Wert des Farbumschlags. Phenolphthalein ist also eine stärkere Säure als Thymolphthalein. Die Methyl- und Isopropyl-Gruppen des Thymolphthalein-Moleküls üben einen positiven induktiven Effekt (+ I-Effekt) aus und erhöhen die Elektronendichte in den Phenylkernen. Dadurch wird die Polarisierung der O-H-Bindung abgeschwächt und die Acidität im Vergleich zu Phenolphthalein herabgesetzt.

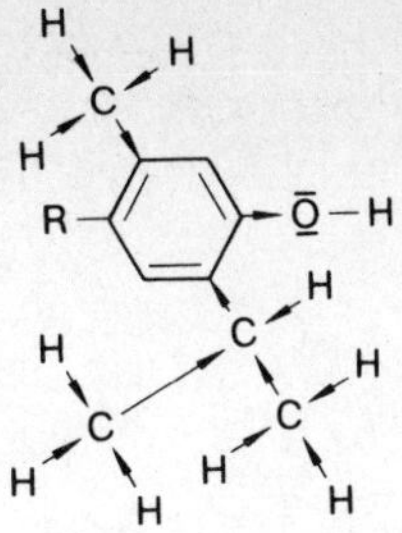

Wirkung des + I-Effekts

Zu 1.4) Bei der Reaktion der beiden Phthaleine mit Brom handelt es sich um eine elektrophile aromatische Substitution.

Die Substitution erfolgt nur an den beiden Kernen, die durch die phenolische Hydroxylgruppe aktiviert sind. Der dritte Phenylkern ist durch die Carboxylgruppe desaktiviert und wird nicht substituiert.

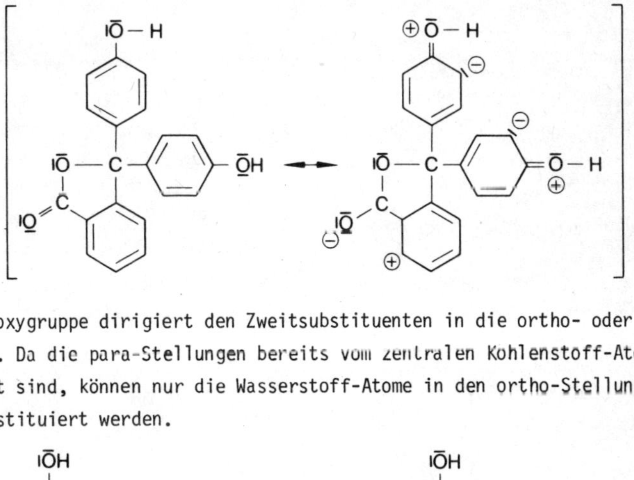

Die Hydroxygruppe dirigiert den Zweitsubstituenten in die ortho- oder para-Stellung. Da die para-Stellungen bereits vom zentralen Kohlenstoff-Atom substituiert sind, können nur die Wasserstoff-Atome in den ortho-Stellungen von Brom substituiert werden.

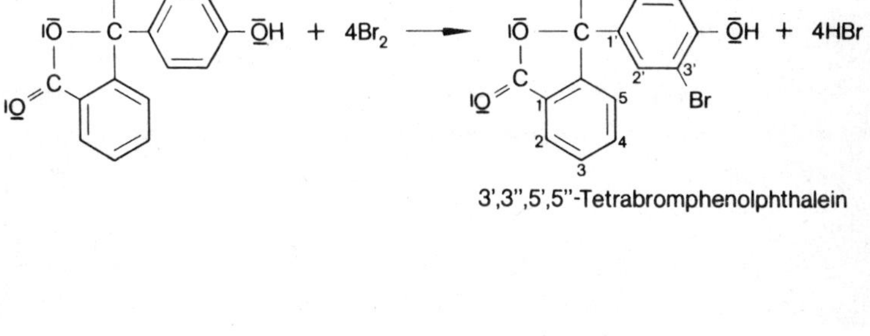

3',3",5',5"-Tetrabromphenolphthalein

Im Thymolphthalein-Molekül sind in beiden Phenylkernen je eine ortho-Stellung zur Hydroxygruppe von einem Isopropylrest substituiert. Es können also im Gegensatz zum Phenolphthalein nur noch zwei Wasserstoff-Atome durch Brom-Atome substituiert werden.

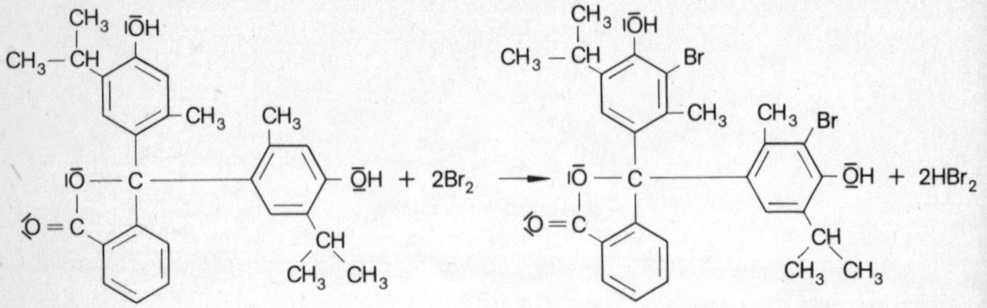

3',3"-Dibromthymolphthalein

Weiterführende Informationen:

Sowohl Phenolphthalein als auch Thymolphthalein sind Indikatorfarbstoffe, die bei der Herstellung von Universalindikator-Lösungen oder -Papieren Verwendung finden. Sie gehören zu den Triphenylmethanfarbstoffen. Der Name "Phthaleine" rührt von der Synthese dieser Farbstoffe her, bei der Phthalsäureanhydrid als Ausgangsstoff eingesetzt wird:

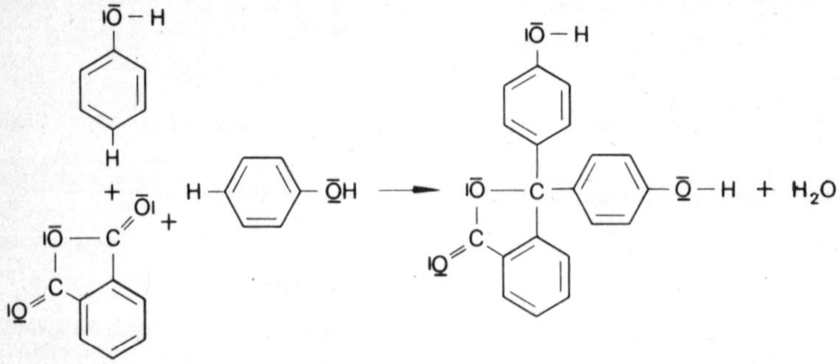

Phthalsäureanhydrid

Vielleicht haben Sie schon einmal beobachtet, daß sich eine stark alkalische Phenolphthalein-Lösung beim Stehenlassen langsam entfärbt, z.B. nach der Titration einer Säure mit Natronlauge mit Phenolphthalein als Indikator. Dies ist auf eine Reaktion mit den Hydroxid-Ionen der Lösung zu einer farblosen Carbinolbase zurückzuführen.

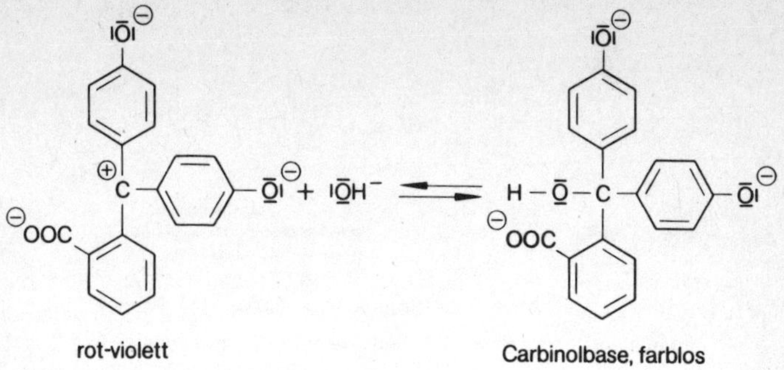

Literatur:

[1] G. *Wittke*, Farbstoffchemie. - Reihe Studienbücher Chemie, Verlag Diesterweg - Salle - Sauerländer, Frankfurt a.M./Aarau 1979
[L 5] Kapitel 6.5 und 11.9
[L 6] Kapitel 8.6
[L10] Kapitel 9.3.3 u. 9.3.4
[L24] Kapitel 15 u. 16
[L28] Kapitel 22

27. Entfärbung von Methylenblau im Licht

Voraussetzungen aus dem Unterricht: Relation Struktur - Farbigkeit, Redoxreaktionen, Oxidationszahlen, Mesomerie (Bindungsdelokalisation), Säuren und Basen (auch Kation-Säuren, für Aufg. 1.5).

Aufgaben

1. Versuch 1: Eine Methylenblau-Lösung, $c = 2 \cdot 10^{-5}$ mol/l, wurde 15 Minuten lang in Gegenwart von Eisen(II)-Ionen, $c = 5 \cdot 10^{-3}$ mol/l, in einem Tauchlampenreaktor mit UV-Licht bestrahlt (Abbildung 1). Die anfangs blaue Lösung entfärbte sich dabei.

Versuch 2: 3 ml der entfärbten Lösung wurden mit Kaliumthiocyanat-Lösung versetzt. Es kam dabei zu einer Rotfärbung.

Versuch 3: Die pH-Werte der unbestrahlten (blauen) Lösung und der bestrahlten Lösung wurden gemessen. Die bestrahlte Lösung hatte einen etwas geringeren pH-Wert als die unbestrahlte.

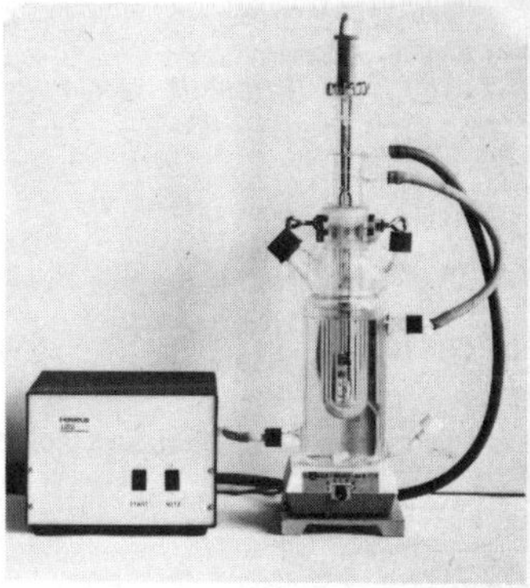

Abbildung 1: Tauchlampenreaktor

Schema der bei der Bestrahlung abgelaufenen Reaktion:

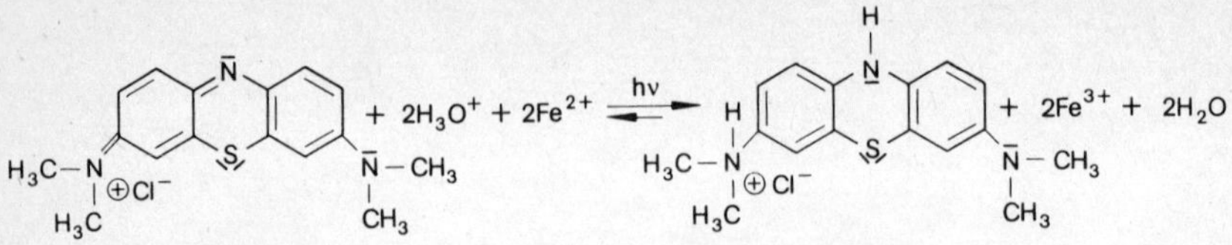

Methylenblau (oxidierte oder chinoide Form) — Methylenblau (reduzierte Form oder Leukoform)

1.1 Erklärt das oben angegebene Reaktionsschema (bzw. die Formeln, die es enthält) die Farbänderungen in Versuch 1 und Versuch 2? Erläutern Sie ausführlich.

1.2 Die oben formulierte Reaktion ist eine photochemische Redoxreaktion. Markieren Sie in den Formeln des Edukts und des Produkts die Atome, deren Oxidationszahlen sich bei der Reaktion verändern. Formulieren Sie Elektronenbilanz-Schemata zwischen den Redox-Partnern in der obigen Reaktion.

1.3 Die Tabelle 1 enthält zwei weitere Farbstoffe, die in Gegenwart der angegebenen Reduktionsmittel bei Bestrahlung mit UV-Licht ebenfalls entfärbt werden. Formulieren Sie in beiden Fällen die reduzierte Form des Farbstoffs und die oxidierte Form des Reduktionsmittels. Welche Ähnlichkeiten und Unterschiede gibt es zwischen jedem dieser beiden Beispiele und dem Beispiel aus Versuch 1?

Tabelle 1: Farbstoffe (oxidierte Form) und Reduktionsmittel

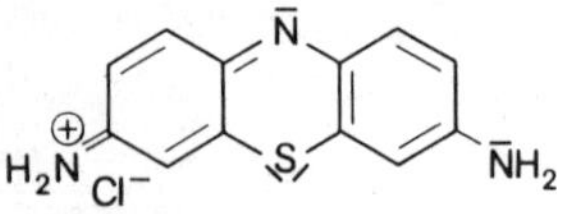 Farbstoff: Thionin	Sn^{2+} Reduktionsmittel: Zinn(II)-Ionen
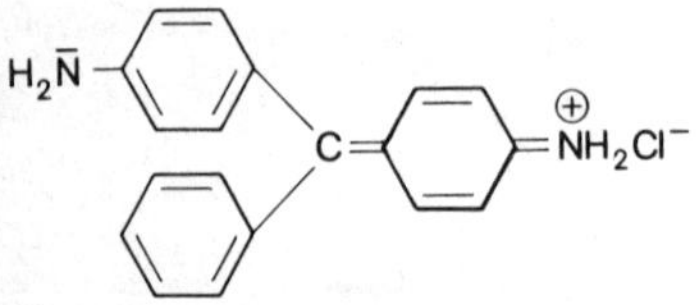 Farbstoff: **Doebners** Violett	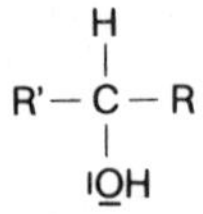 Reduktionsmittel: sekundärer Alkohol

1.4 Wieviel Prozent der chinoiden (blauen) Form des Methylenblaus wurden bis zum Ausschalten der Lampe reduziert, wenn die Konzentration der Eisen(III)-Ionen in der bestrahlten Lösung $c = 3{,}6 \cdot 10^{-5}$ mol/l beträgt?

1.5 Deuten und erklären Sie den pH-Unterschied zwischen der Ausgangslösung und der bestrahlten Lösung.

1.6 Wie könnte man die Reaktionsgeschwindigkeit bei der photochemischen Reduktion des Methylenblaus (Versuch 1) experimentell messen? Planen Sie hierzu einen Versuch, und erläutern Sie diesen ausführlich.

1.7 Welche praktische Bedeutung könnten Reaktionen, wie die aus Versuch 1 haben? (Hinweis: Es muß sich nicht unbedingt um UV-Licht handeln; photochemische Reaktionen finden auch bei Sonnenlicht statt.)

Lösungsvorschlag:

Zu 1.1) Im Edukt-Molekül-Ion (oxidierte oder chinoide Form des Methylenblaus) erstreckt sich die Bindungsdelokalisation der π-Elektronen über 14 Atome, d.h. auch über den mittleren Ring. Beim Produkt-Molekül-Ion (Leukoform oder reduzierte Form des Methylenblaus) dagegen ist die Bindungsdelokalisation am mittleren Ring dadurch unterbrochen, daß das Stickstoff-Atom nicht mehr an π-Bindungen beteiligt ist (siehe Formeln im Reaktionsschema). Größere Bindungsdelokalisation bedeutet eine geringere Energiedifferenz zwischen dem höchsten besetzten und dem niedrigsten unbesetzten Molekülorbital in einem Molekül (Abbildung 2). Geringere Energiedifferenz aber bedeutet, daß auch Licht aus dem sichtbaren Bereich elektronische Anregungen verursachen, d.h. absorbiert werden kann. Die oxidierte Form des Methylenblaus absorbiert Licht aus dem sichtbaren Bereich (gelbes Licht) und erscheint uns farbig (blau); die reduzierte Form absorbiert nur kürzerwelliges Licht aus dem UV-Bereich. Somit erklären die beiden Strukturformeln die Farbänderung in Versuch 1. Die entfärbte Lösung aus Versuch 1 gibt mit Kaliumthiocyanat-Lösung eine Rotfärbung, weil die Eisen(III)-Ionen mit den Thiocyanat-Ionen reagieren:

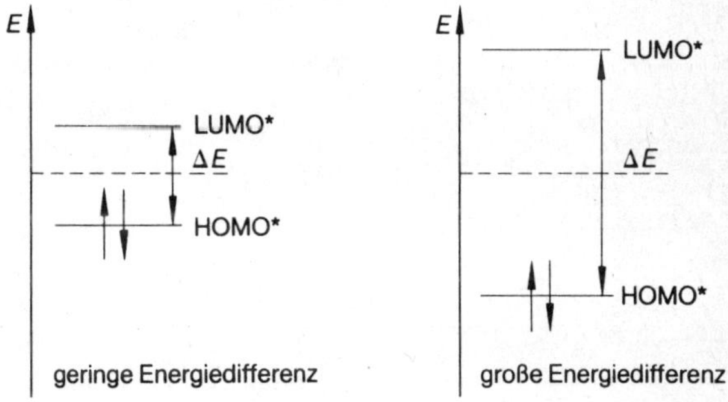

Abbildung 2: Energieschemata

$$Fe^{3+}(aq) + SCN^{-}(aq) \rightleftharpoons \underset{\text{Rotfärbung}}{Fe(SCN)_3(aq)}$$

Dies ist eine bekannte Nachweisreaktion für Eisen(III)-Ionen.

Zu 1.2)

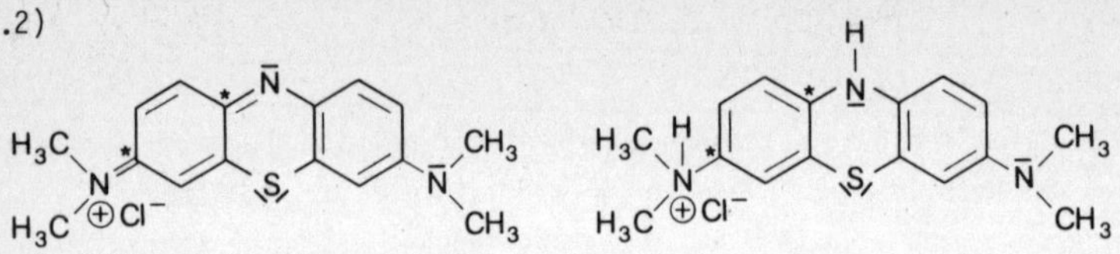

Die Oxidationszahlen der mit * markierten Kohlenstoff-Atome werden jeweils um 1 kleiner (Reduktion), die der Eisen(II)-Ionen um 1 größer (Oxidation). Die Elektronenbilanz-Schemata der Redox-Partner lassen sich vereinfacht so formulieren:

$$^{*}C^{II} + 1e \longrightarrow {}^{*}C^{I}$$
$$^{*}C^{II} + 1e \longrightarrow {}^{*}C^{I} \quad \text{Reduktion}$$

$$2\overset{II}{Fe}{}^{2+} - 2e \longrightarrow 2\overset{III}{Fe}{}^{3+} \quad \text{Oxidation}$$

Zu 1.3)

Tabelle 2: Reduzierte Formen der Farbstoffe und oxidierte Formen der Reduktionsmittel (vergleiche mit Tabelle 1)

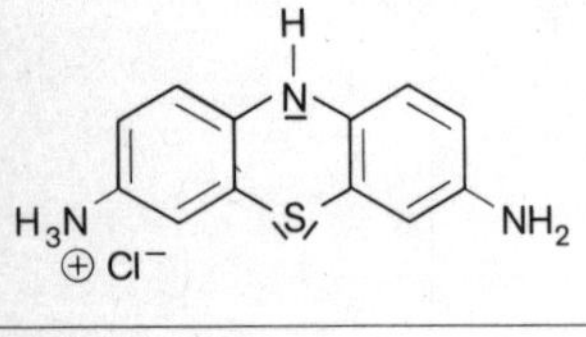 Tionim (reduzierte Form oder Leukoform)	Sn^{4+} Zinn(IV)-Ion
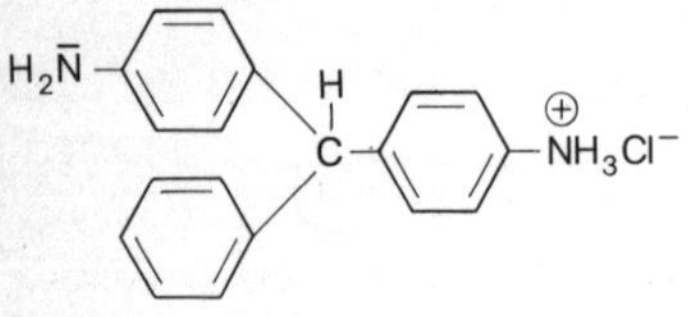 **Doebners** Violett (reduzierte Form)	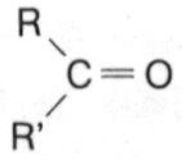 Keton

Thionin ist strukturverwandt mit Methylenblau; der Unterschied besteht lediglich darin, daß das Thionin-Molekül 2 primäre Amino-Gruppen ($-NH_2$) enthält, während beim Methylenblau-Molekül diese beiden Gruppen als $-N(CH_3)_2$-Gruppen vorkommen.

Doebners Violett dagegen gehört zu einer anderen Farbstoffklasse (Triphenylmethan-Farbstoffe). Bei der oxidierten Form erstreckt sich die Bindungsdelokalisation über das gesamte Molekül, bei der reduzierten ist sie am zentralen Kohlenstoff-Atom (sp^3-Hybridisierung) unterbrochen. Die Entfärbung der 3 Farbstoffe kann also jedesmal durch die Einschränkung der Bindungsdelokalisation erklärt werden.

Bei der Reduktion von Thionin werden die Zinn(II)-Ionen zu Zinn(IV)-Ionen oxidiert. Die Elektronenkonfigurationen der beiden Ionen sind: Sn^{2+} = [Kr]$5s^2$, $4d^{10}$ und Sn^{4+} = [Kr]$4d^{10}$. Beides sind relativ stabile Elektronenkonfigurationen (Vollbesetzung eines Orbitaltyps oder einer Energiestufe mit Elektronen).
Bei der Reduktion von *Doebners* Violett wird ein sekundärer Alkohol zu einem Keton oxidiert. Hierbei verändert sich die Oxidationszahl des Kohlenstoff-Atoms aus der funktionellen Gruppe von 0 auf II.

Zu 1.4) Aus dem in der Aufgabenstellung angegebenen Reaktionsschema entnehmen wir folgendes Stoffmengenverhältnis:

$$n(\text{Methylenblau}):n(Fe^{3+}) = 1:2$$

Wenn sich $c = 3{,}6\cdot10^{-5}$ mol/l Fe^{3+}-Ionen gebildet haben, hat sich also $c = 1{,}8\cdot10^{-5}$ mol/l reduziertes Methylenblau gebildet; d.h. die Konzentration der oxidierten Form des Methylenblaus hat sich um den gleichen Betrag verringert. In Prozent sind das:

$$\%\ \text{abreagiertes Methylenblau (oxidierte Form)} = \frac{1{,}8\cdot10^{-5}}{2\cdot10^{-5}}\cdot 100 = 90\ \%.$$

Zu 1.5) Auf den ersten Blick scheint es, als müsse der pH-Wert der Lösung beim Bestrahlen ansteigen, weil in der Hauptreaktion Hydroxonium-Ionen verbraucht werden. Entscheidend für den pH-Wert der Lösung ist aber die Konzentration der Fe^{2+}-Ionen und der Fe^{3+}-Ionen; die Gesamtkonzentration der Eisen-Ionen ist 250mal größer als die des Methylenblaus! Sowohl die Fe^{2+}-Ionen als auch die Fe^{3+}-Ionen sind Kation-Säuren. Protolyseschema:

$$[Fe(H_2O)_6]^{3+} + H_2O \rightleftharpoons H_3O^+ + [Fe(H_2O)_5OH]^{2+}$$

Hexaaquo-Eisen(III)-Ion — Pentaaquo-hydroxy-Eisen(III)-Ion

Hexaaquo-Eisen(III)-Ionen (siehe oben) protolysieren leichter als die analogen Hexaaquo-Eisen(II)-Ionen, weil ein Wasser-Molekül aus der Hydrat-Hülle des stärker positiv geladenen Fe^{3+}-Ions leichter ein Proton abgibt als ein Wasser-Molekül aus der Hydrat-Hülle eines Fe^{2+}-Ions. In dem Maße,wie sich also bei der Reduktion des Methylenblaus Fe^{3+}-Ionen bilden, fällt also der pH-Wert der Lösung.

Zu 1.6) Zur Untersuchung der Reaktionsgeschwindigkeit bieten sich 2 Methoden an:

a) pH-Messung während der Bestrahlung; Erstellung eines pH-Zeit-Diagramms; Umrechnung der pH-Werte in Konzentrationen und Erstellung eines Konzentration-Zeit-Diagramms; Auswertung dieses Diagramms hinsichtlich der Reaktionsordnung der Hauptreaktion. Vorteil: Experimentell sehr einfach zu realisieren (Einhängen einer pH-Elektrode in die Reaktionslösung); Nachteil: schwierige Umrechnungen beim Übergang pH-Werte - Konzentrationen (weil ein Gemisch von 2 Säuren vorliegt).

b) Probeentnahme nach bestimmten Zeitintervallen und Messung der Extinktion bei konstanter Wellenlänge (man wählt eine Wellenlänge in der Nähe des Absorptionsmaximums von Methylenblau); Umrechnung der Extinktionen in Konzentrationen, dann Auswertung wie oben. Vorteil: Umrechnung mit Hilfe des *Lambert-Beer*schen Gesetzes ist leicht; Nachteil: man benötigt ein Photometer und Grundkenntnisse über photometrische Messungen.

Zu 1.7) Wenn Farbstoffe stabil gegenüber Licht sein sollen, dürfen sie nur in jeweils ganz bestimmten Bedingungen verwendet werden; so z.B. dürfen Farbstoffe wie die aus dieser Aufgabe nicht in Gegenwart von Reduktionsmitteln starkem Sonnenlicht ausgesetzt werden. Eine photochemische Redoxreaktion ist auch die Photosynthese - die für die Biosphäre wohl wichtigste Reaktion auf der Erde. Es besteht wahrscheinlich eine Analogie zwischen gewissen Reaktionsschritten bei der Photosynthese und der Entfärbung von Methylenblau; in beiden Fällen wird Lichtenergie mit Hilfe eines Farbstoffes in chemische Energie umgewandelt. Wenn es gelänge, photochemische Redoxreaktionen so gut in den "Griff zu bekommen", daß man das Sonnenlicht künstlich zur Synthese energiereicher Verbindungen (z.B. Wasserstoff, Kohlenwasserstoffe oder Alkohole) ausnutzen könnte, wäre ein Teil der heutigen Energieprobleme gelöst.

Weiterführende Informationen:

Siehe hierzu 1.7 und die "weiterführenden Informationen" bei der Aufgabe "Photochemische industrielle Methoden".

Literatur:

[L 5] Kapitel 1.3 und 2.2
[L 6] Kapitel 22.1
[L15] Kapitel 18
[L20] Kapitel 3.3, 11
[L24] Kapitel 15
[L28] Kapitel 6.1, 8.4, 9.1, 9.2
[L29] Kapitel 12.2

VI. Makromoleküle und Kunststoffe

28. Synthesefasern

Voraussetzungen aus dem Unterricht: Makromolekulare Naturstoffe (Polysaccharide, Proteine), Kunststoffe: Polykondensate, Polymerisate, Polyaddukte, Struktur - Eigenschaft - Beziehung bei Makromolekülen.

Aufgaben

1. Fasern aus Baumwolle, Wolle, Polyamid und Polyester sollen miteinander verglichen werden.
Geben Sie mit Hilfe von Strukturformeln charakteristische Ausschnitte aus den jeweiligen Makromolekülen an. Benennen Sie die Monomeren, und geben Sie die Verknüpfungsart vom Monomer zum Polymer an.

2. Für die Hausfrau ist es interessant zu wissen, wie diese vier Faserarten beim Waschen zu behandeln sind.
Begründen Sie - mit Argumenten aus der Teilchenebene - weshalb Wolle nicht bei so hohen Wassertemperaturen gewaschen werden darf wie beispielsweise Baumwolle.

3. Begründen Sie aus der Molekülstruktur, weshalb Kleidungsstücke aus Wolle oder Baumwolle mehr Wasser aufnehmen, ohne sich feucht anzufühlen, als Polyamidgewebe.

4. Neben Synthesefasern aus Polyamid und Polyester sind solche aus Polyacrylnitril von Bedeutung. Zeigen Sie, wie hier aus dem Monomer das Makromolekül hergestellt wird (Strukturformeln!), und benennen Sie die Verknüpfungsart.

5. Bei der Herstellung von Polyacrylnitril-Fasern kommt kein reines Polyacrylnitril zum Einsatz, sondern es werden ca. 15 % andere Monomere mit Acrylnitril zu einem Copolymerisat verarbeitet. Begründen Sie die Notwendigkeit dieser Maßnahme.

6. In den letzten Jahren werden in der Textilindustrie in zunehmendem Maße Synthesefasern mit elastischen Eigenschaften eingesetzt. Auf diesem Gebiet spielen Diisocyanat-Polyaddukte eine wesentliche Rolle. Erklären Sie die Bildung eines solchen Makromoleküls aus den Monomeren anhand eines selbstgewählten Beispieles. Klären Sie die Voraussetzungen, die erfüllt sein müssen, damit ein solcher Kunststoff elastische Eigenschaften besitzt.

Lösungsvorschlag:

Zu 1)

Baumwolle:

Formelausschnitt:

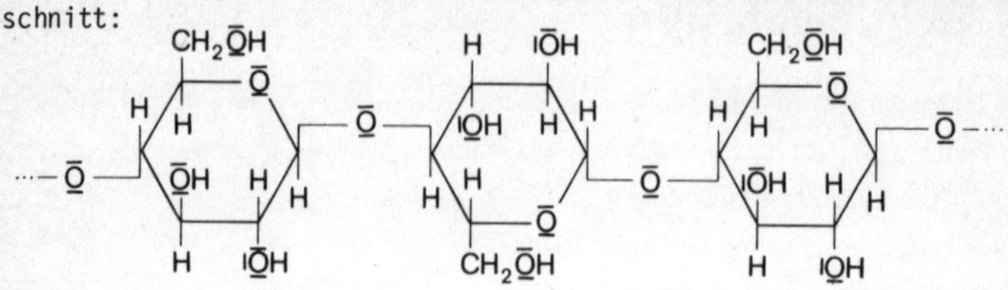

Monomere: β-Glucose

Verknüpfungsart: (Poly-)Kondensation

Wolle:

Formelausschnitt:

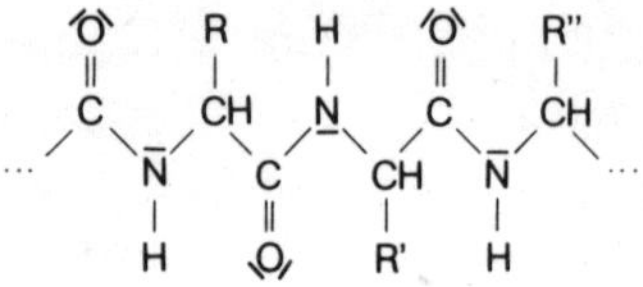

Monomere: unterschiedliche α-Aminosäuren

Verknüpfungsart: (Poly-)Kondensation

Polyamid:

Formelausschnitt:

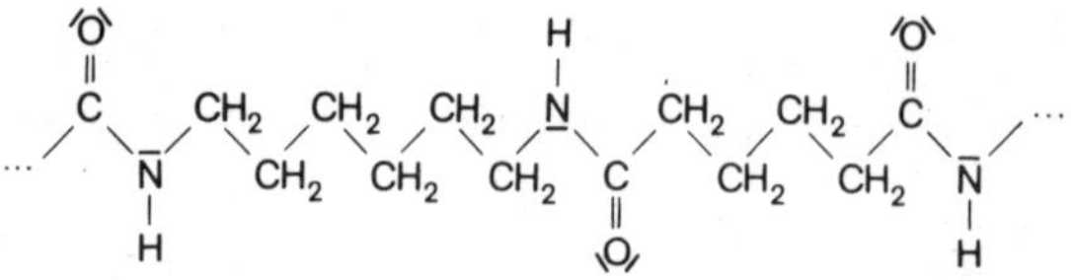

Monomere: z.B. 1,6-Hexandisäure (Adipinsäure) und 1,6-Diaminohexan (Hexamethylendiamin)

Verknüpfungsart: (Poly-)Kondensation

Polyester:

Formelausschnitt:

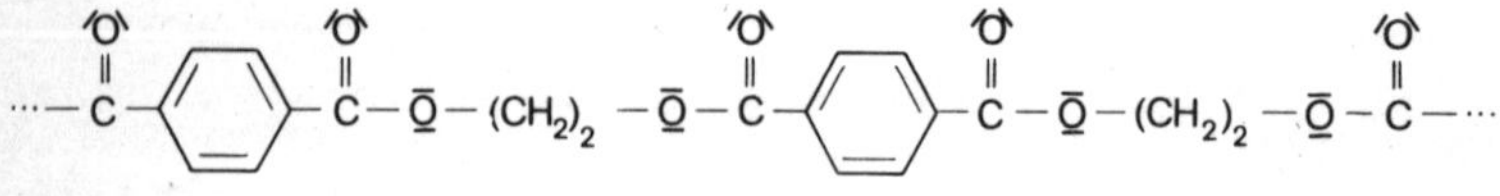

Monomere: z.B. Terephthalsäure und Ethandiol

Verknüpfungsart: (Poly-)Kondensation

Zu 2) Für die geringe Temperaturstabilität der Wolle ist die Tertiärstruktur der Protein-Moleküle verantwortlich. In der Polypeptidkette sind die Seitenketten der einzelnen Aminosäuren nach außen hin gerichtet. Die zwischenmolekularen Kräfte zwischen den Seitenketten (*Van-der-Waals*-Kräfte, Dipol-Dipol-Wechselwirkungen, H-Brücken, ionische Wechselwirkungen) sowie die teilweise zwischen ihnen vorhandenen chemischen Bindungen (Disulfid-Brücken, Ether- oder Esterbindungen) bedingen die Form des Makromoleküls und damit auch den Zusammenhalt der Makromoleküle in der Faser. Schon bei Temperaturen > 45 °C kommt es zu irreversiblen Veränderungen im Bereich der zwischenmolekularen Kräfte und damit auch auf der makroskopischen Ebene der Faserstruktur (Denaturierung).

Zu 3) Baumwolle besitzt an jeder Glucose-Einheit mehrere hydratisierbare OH-Gruppen. Bei der Wolle ragen Seitenketten mit hydratisierbaren Substituenten nach außen. Die Hydratisierbarkeit erlaubt die Anlagerung von Wasser-Molekülen.

Polyamid besitzt außer den NH- und CO-Gruppen keine weiteren polaren Gruppen, die Wasser-Moleküle binden könnten. Die NH- und die CO-Gruppen bilden H-Brükken untereinander aus und sind daher kaum noch hydratisierbar.

Zu 4) Bei der Verknüpfung der Monomeren zum Polymer handelt es sich um Polymerisation.

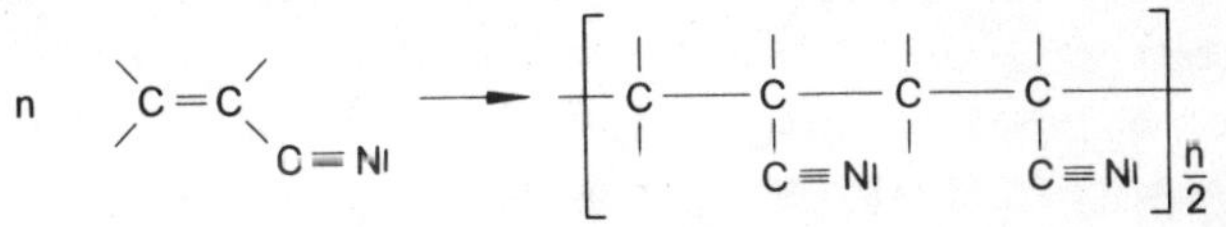

Zu 5) Polyacrylnitril ist wesentlich weniger hydrophil als die übrigen Faser-Substanzen. Wegen der Struktur (lineare C-Kette, relativ kleine Substituenten) gibt es sehr viele und sehr große kristalline Bereiche. Das Material ist recht hart und daher zur Faserherstellung (vor allem für den Textilbereich) wenig geeignet.

Durch die Copolymerisation kommt es zu einer "inneren Weichmachung". Die gleichmäßige Makromolekülstruktur wird gestört. Dadurch nimmt die Härte ab und die Wasseraufnahmefähigkeit zu.

Zu 6) Diisocyanate lassen sich zusammen mit Di- oder Polyhydroxyverbindungen unter Wanderung von Wasserstoff-Atomen durch Polyaddition zu Makromolekülen verknüpfen.

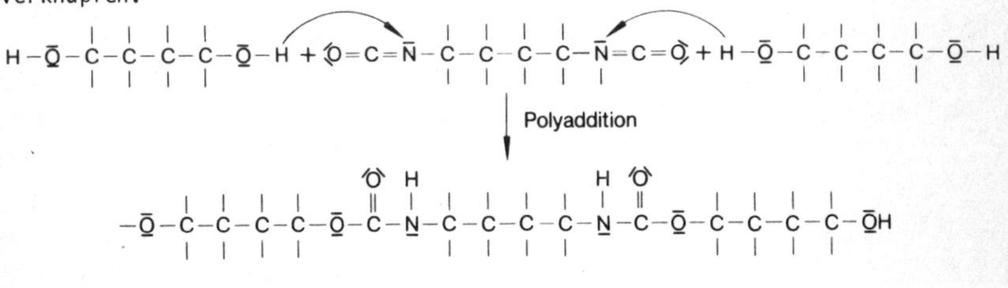

Je nach den verwendeten Ausgangsstoffen kann man lineare oder vernetzte Polyaddukte erhalten. Lineare Makromoleküle entstehen bei der Polyaddition von Diolen mit Diisocyanaten (s.o.:1,4-Butandiol und Tetramethylendiisocyanat). Vernetzte Makromoleküle entstehen bei der Reaktion von Diisocyanaten mit Polyhydroxyverbindungen oder auch bei der Reaktion von Triisocyanaten mit Diolen. Voraussetzung für die Elastizität eines Makromoleküls ist eine Struktur, bei der durch Einwirkung von Zug oder Druck die wahrscheinlichste Struktur ("Zufallsknäuel") reversibel verändert werden kann. Diese Bedingung ist erfüllt, wenn

1. durch räumliche Vernetzung des Makromoleküls verhindert wird, daß die ursprüngliche Struktur durch Streckung ganz verlassen wird und

2. das Makromolekül so wenig vernetzt ist, daß eine Formänderung überhaupt noch möglich ist. (Bei zu starker Vernetzung ergeben sich duroplastische Eigenschaften.)

Weiterführende Informationen:

Zu 2) Bezüglich der Makromolekülstruktur der Wolle wird auf die Kapitel zur Chemie der Eiweißstoffe in den gängigen Oberstufenbüchern verwiesen.

Zu 3) Die Wasseraufnahmefähigkeit von Textilfasern hängt neben der chemischen Beschaffenheit der Faseroberfläche (hydrophile Gruppen) auch von der physikalischen Beschaffenheit der Faser ab. Eine stark zerklüftete Oberfläche bindet durch Kapillarkräfte mehr Wasser als eine glatte Oberfläche. Ist die Packungsdichte der Makromoleküle gering (wenig Kristallite), so stehen Hohlräume zwischen den Makromolekülen zur Verfügung, in denen Wasser-Moleküle adsorbiert werden können. Bei Fasern mit hoher Dichte ist dies in wesentlich geringerem Ausmaß möglich.

Zur Geschichte: Erste Untersuchungen zur Herstellung von Polykondensationskunststoffen gab es in den dreißiger Jahren sowohl in den USA als auch in England und Deutschland.
Aus diesen Forschungsarbeiten resultierten schließlich das *Nylon 6,6* (hergestellt aus Adipinsäure (1,6-Hexandisäure) und Hexamethylendiamin (1,6-Diaminohexan)), das *Nylon 6* (hergestellt aus ε-Caprolactam und das Polyethylenterephthalat (hergestellt aus Terephthalsäure (1,4-Benzoldicarbonsäure) und 1,2-Ethandiol), die alle heute noch größte Bedeutung besitzen.
Der Durchbruch in der industriellen Erzeugung von Polyacrylnitril gelang 1942. Da sich Polyacrylnitril nicht unzersetzt schmelzen ließ und bis dato auch kein Lösemittel bekannt war, war eine industrielle Erzeugung von Polyacrylnitril-Fasern unmöglich. 1942 wurde - unabhängig voneinander - in Deutschland bei der *IG Farben* und in den USA bei *Du Pont* mit Dimethylformamid ein geeignetes Lösemittel gefunden.

Literatur:

[1] G. *Hildenbrand*, Chemie der Kunst- und Farbstoffe. Herder, Freiburg 1976
[2] K. *Maas* (Hrsg.), Themen zur Chemie der Fasern und Textilien. Hüthig, Heidelberg 1975
[3] M. *Schallies*, Kunststoffe, Farbstoffe, Waschmittel, Kapitel 1 - 4. Buchner, Bamberg 1980
[4] K. *Sich*, Makromoleküle, Farbstoffe, Heilmittel, Kapitel 1. Schroedel, Hannover 1973
[5] R. *Franik*, Demonstrationen zur Kunststoff-Chemie. Praxis Schriftenreihe, Aulis Verlag Deubner, Köln 1982
[L9] Kapitel 8

29. Polymerisationen

Voraussetzungen aus dem Unterricht: Ungesättigte Kohlenwasserstoffe, Mesomerie, Vinylalkohol, Acetaldehyd, Formaldehyd, Aldol.

Aufgaben

1. Was versteht man unter einer Polymerisation? Erläutern Sie diesen Begriff ausführlich, und geben Sie ein Beispiel in Form einer Reaktionsgleichung an.

2. Ethen (Ethylen) kann zu Polyethylen polymerisieren. Das Polymere besitzt folgende Struktur:

$$\left(CH_2-CH_2-CH_2-CH_2-CH_2 \right)_n$$

Ähnliche Reaktionsmöglichkeiten bestehen für Derivate des Ethens, wobei folgende Polymere gebildet werden:

a) 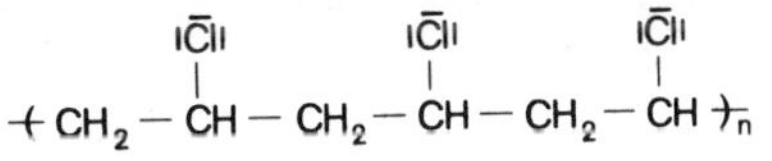

b) 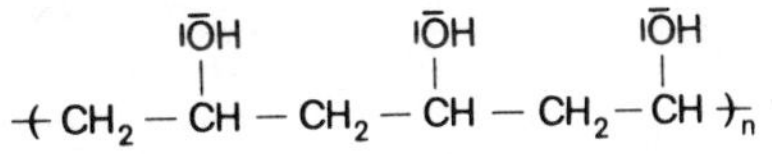

c) 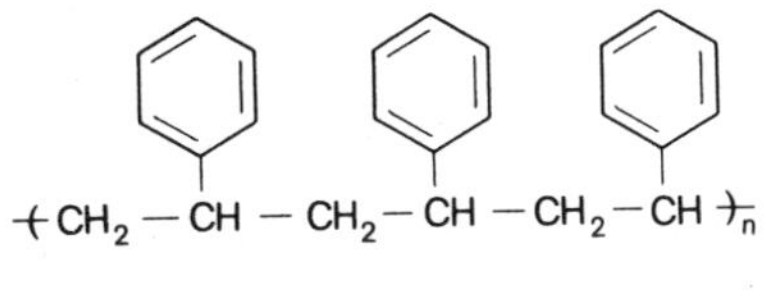

Welche Monomeren-Moleküle wurden jeweils polymerisiert?
Geben Sie in jedem Fall Namen und Strukturformel des Monomeren an.

3. *Hermann Staudinger* untersuchte bereits um 1925 die polymeren Formen des Formaldehyds (Methanal). Er entdeckte dabei die Struktur des Polyoxymethylens $\left(CH_2-O \right)_n$. Geben Sie die Strukturformel des Formaldehyd-Moleküls an, und formulieren Sie die Bildung des Polyoxymethylens als Reaktionsgleichung.

3.1 Jeweils drei Formaldehyd-Moleküle sind in der Lage zu einem stabilen 6-Ring zu polymerisieren (Trioxan):

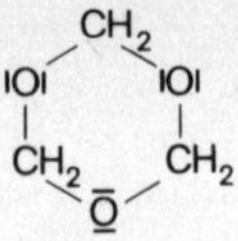

Trioxan

Welche Verbindungen entstehen, wenn in analoger Weise jeweils drei Ethen-, drei Ethin- bzw. drei Acetaldehyd-Moleküle polymerisieren? Geben Sie Namen und Strukturformeln an!

3.2 Die Polymerisation des Acetaldehyds findet unter Protonenkatalyse statt. Welches Zwischenprodukt entsteht bei der Reaktion eines Acetaldehyd-Moleküls mit einem Proton? Geben Sie dazu eine Reaktionsgleichung an!

3.3 Im Basischen besteht für Acetaldehyd-Moleküle eine andere Reaktionsmöglichkeit, bei der Aldol entsteht.

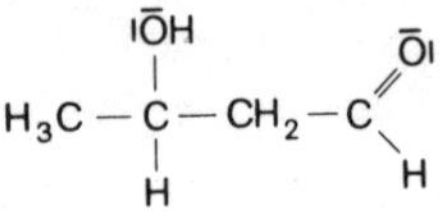

Formulieren Sie die Bildung des Aldols aus Acetaldehyd als Reaktionsgleichung. Liegt hier eine Polymerisation vor?

Lösungsvorschlag:

Zu 1) Unter einer Polymerisation versteht man Umsetzungen, an denen ungesättigte Moleküle teilnehmen, die sich unter Aufrichtung von Doppel- oder Dreifachbindungen zu Makromolekülen zusammenlagern.

Beispiel: Reaktionsgleichung: (vereinfacht)

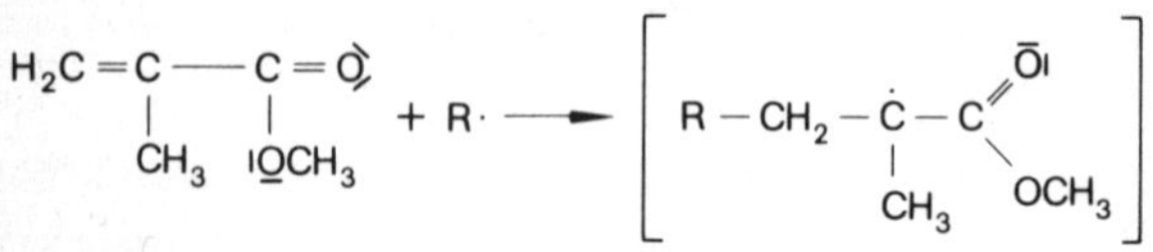

wobei $R\cdot = C_6H_5COO\cdot$

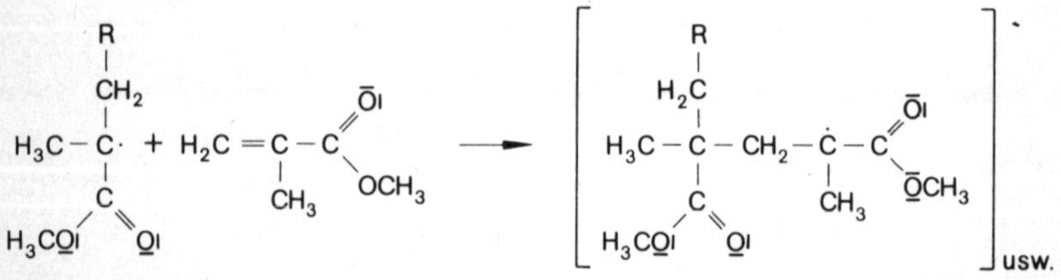

Zu 2)

a) Vinylchlorid oder Chlorethen 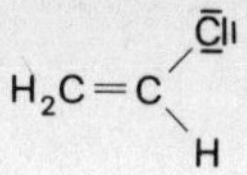

b) Vinylalkohol 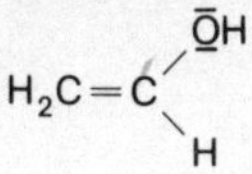

Polyvinylalkohol stellt man technisch durch Umesterung von Polyvinylacetat her. Monomere Vinylalkohol-Moleküle sind bei Zimmertemperatur instabil.

c) Styrol 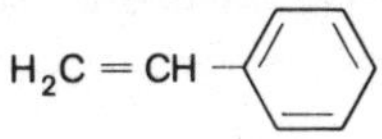

Zu 3)

Formaldehyd (Methanal) 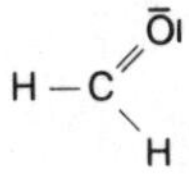

Zu 3.1) Aus drei Ethen-Molekülen entsteht ein Cyclohexan-Molekül. Analog können aus drei Ethin-Molekülen ein Benzol- und aus drei Acetaldehyd-Molekülen ein Paraldehyd-Molekül entstehen.

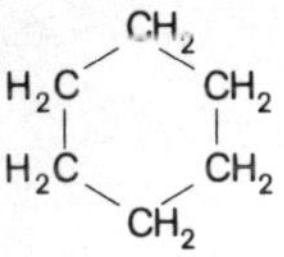

Cyclohexan

Benzol

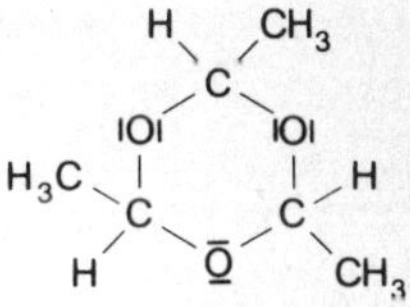

Paraldehyd

Zu 3.2)

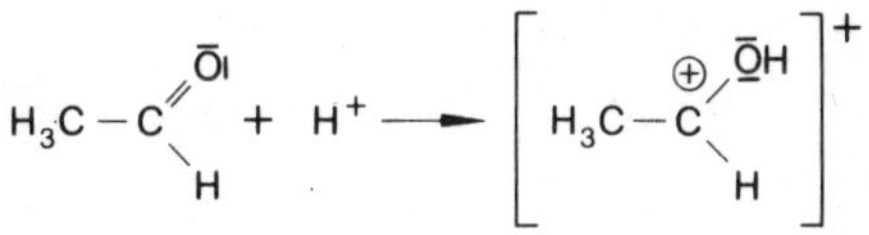

Zu 3.3)

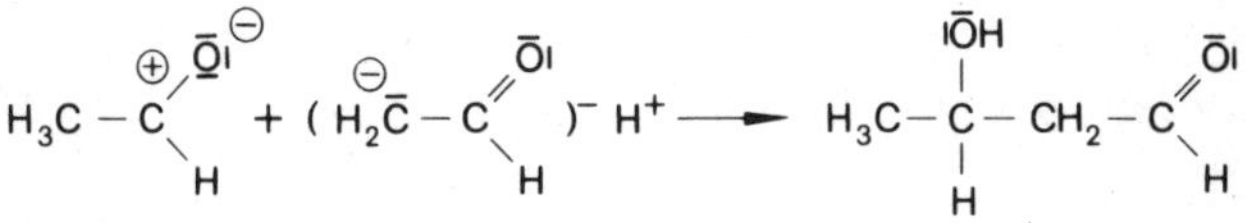

Diese Reaktion ist keine Polymerisation, sondern eine Addition.

Weiterführende Informationen:

Zu 1) Polymerisationen können radikalisch und ionogen gestartet werden. Als Radikalbildner dient häufig Dibenzoylperoxid (DBPO), weil dieses Molekül bei Energiezufuhr leicht in zwei Radikale zerfällt.

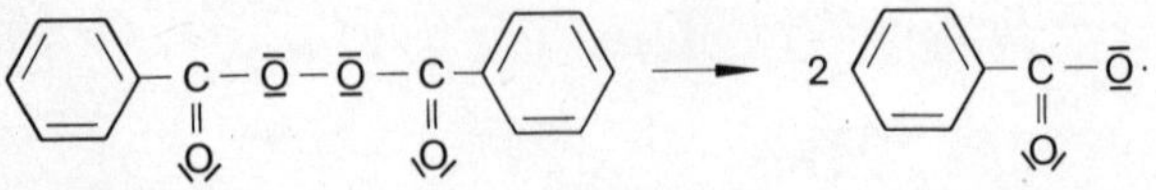

Methacrylsäuremethylester wurde im Lösungsvorschlag zu Aufgabe 1 zum Beispiel radikalisch polymerisiert. Die ionogene Polymerisation (kationisch) des Styrols kann durch konzentrierte Schwefelsäure initiiert werden.

Startreaktion:

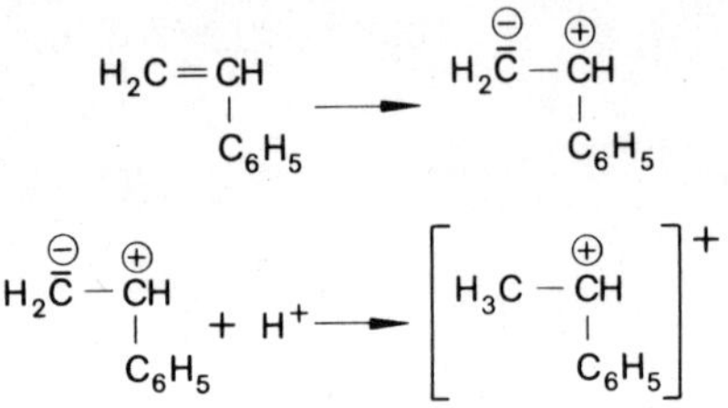

Wachstumsreaktion:

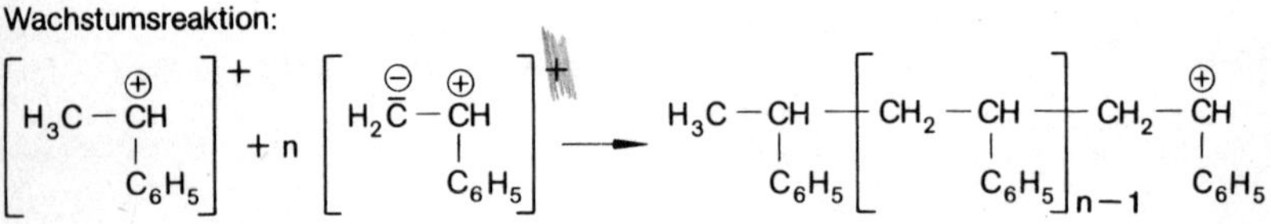

Abbruchreaktion:

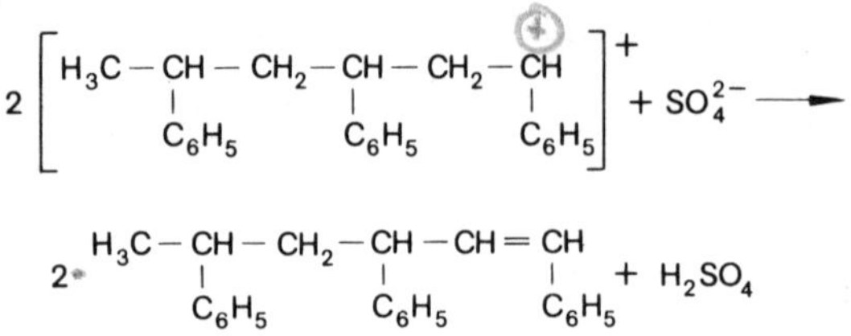

Zu 2) Durch Polymerisation gewinnt man aus Isopren (2-Methylbutadien) Kautschuk.

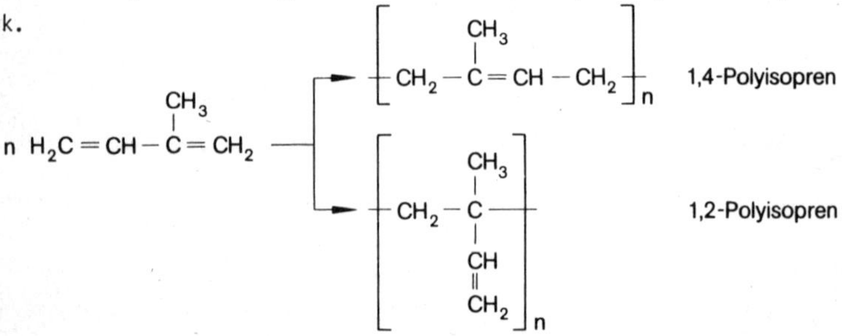

Diese Polymerisation führt zu zwei Isomeren. Bei der 1,4-Verknüpfung tritt eine cis-trans-Isomerie auf. Im 1,4-Polyisopren können beide Isomere unregelmäßig wechseln. Naturkautschuk ist das all-cis-1,4-Polyisopren. Die analoge all-trans-1,4-Verbindung besitzt abweichende Eigenschaften und wird als Guttapercha[1] bezeichnet.

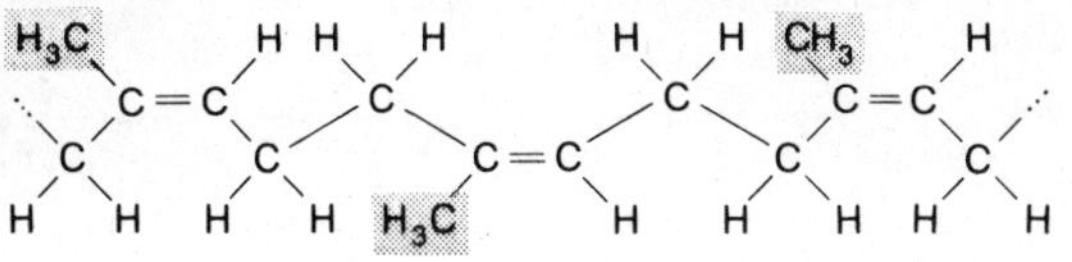

Kautschuk

1,4-cis-Polyisopren

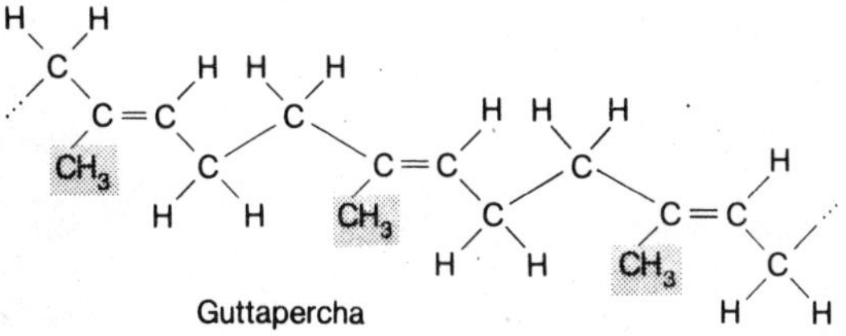

Guttapercha

1,4-trans-Polyisopren

Synthesekautschuk wird heute häufig aus Butadien hergestellt.

$$H_2C{=}CH{-}CH{=}CH_2 + 2\ Na \longrightarrow [Na{-}CH_2{-}\overset{\ominus}{\bar{C}}H{-}CH{=}CH_2]^{-}Na^{+}$$

$$\left[\begin{array}{l} Na{-}CH_2{-}\underset{\substack{|\\ CH\\ \|\\ CH_2}}{CH}{-}CH_2{-}\underset{\substack{|\\ CH\\ \|\\ CH_2}}{\overset{\ominus}{\bar{C}}H} \end{array}\right]^{-} Na^{+}$$

Butadienpolymerisat

Das Polymerisat aus Butadien und dem Aktivator Natrium bezeichnet man als *Buna*. Es wird mit Polystyrol als Mischpolymerisat zur Herstellung von Synthesekautschuk verwendet.

Durch Vulkanisation entsteht aus Kautschuk mit plastischen Eigenschaften ein Gummi mit vorwiegend elastischen Eigenschaften. Bei der Vulkanisation wird durch Zusatz von Schwefel und anschließendes Erwärmen eine Vernetzung der Polymerenstränge erreicht, wobei Disulfidbrücken ausgebildet werden. Durch Zusatz von Peroxiden können auch direkt C-C-Bindungen geknüpft werden.

Zu 3.1) Die Moleküle mit 6-Ring-Form können dann in der Sesselform bzw. Wannenform (auch Twistform) vorliegen, wenn alle Atome des Ringsystems im sp^3-Hybridisierungszustand vorliegen. Dies ist beispielsweise beim Trioxan, Cyclohexan und beim Paraldehyd der Fall. Glucose-Moleküle können ebenfalls in diesen Konformationen vorliegen.

1) gutah (malaiisch) = Gummi, pertjah = Sumatra

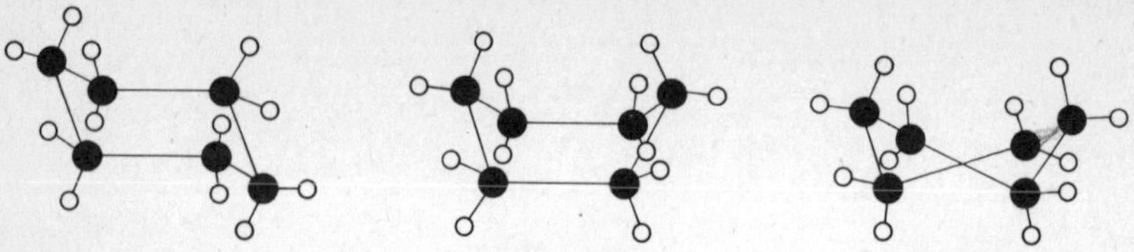

Sesselform Wannenform Twistform

Abbildung 1: Konformationen des Cyclohexan-Moleküls. Die Sesselform ist energetisch die stabilste dieser drei Konformationen. Die Wannenform des C_6H_{12}-Moleküls ist um 23 $\frac{kJ}{mol}$ energiereicher als die Sesselform. Die Twistform ist ebenfalls etwas stabiler als die Wannenform. Die Twistform geht durch Verdrehung aus der Wannenform hervor. Rein schematisch tauschen dabei zwei C-Atome ihre Plätze.

Im Benzol-Molekül C_6H_6 sind alle 6 C-Atome sp^2 hybridisiert. Das Benzol-Molekül ist planar gebaut.

Zu 3.2) Durch Protonenzugabe kann die C=O-Doppelbindung (Carbonylgruppe) aufgerichtet werden. Diese als polare Grenzstruktur bezeichnete Form ist nur eine andere Schreibweise der Doppelbindung.

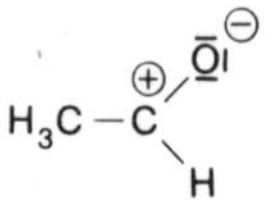

polare Grenzstuktur

Davon streng zu unterscheiden sind die fiktiven Grenzstrukturen bei Mesomerie. Sie symbolisieren einen Molekülzustand, bei dem delokalisierte π-Elektronenpaare und freie Elektronenpaare in konjugierten Systemen in Wechselwirkung treten. Dabei wird Mesomerieenergie abgegeben. Fiktive Grenzstrukturen sind Schreibhilfen, denen kein Wahrheitsgehalt hinsichtlich der Molekülstruktur zukommt.

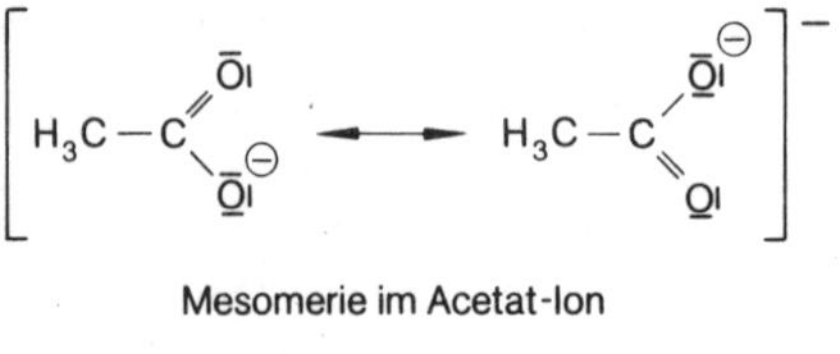

Mesomerie im Acetat-Ion

Die bei der Formulierung von fiktiven und polaren Grenzstrukturen auftretenden partiellen Ladungen sind als formale Ladungen mit anzugeben. C-Atome mit einer partiell positiven Ladung bezeichnet man als Carbenium-C-Atom und solche mit einer partiell negativen Ladung als Carbeniat-C-Atome.

Literatur:

[1] R. *Franik*, Demonstrationen zur Kunststoff-Chemie, Aulis Verlag, Köln 1978
[L13] Kapitel 4.3

30. Polykondensationen

Voraussetzungen aus dem Unterricht: Kondensationen, Ionenaustauscher, elektrophile Substitution, Wasserhärte, Harnstoff, Formaldehyd, Cellulose, Cellulosenitrat, *Schweizers* Reagenz.

Aufgaben

1. Was versteht man unter Polykondensation? Geben Sie ein Beispiel in Form von Reaktionsgleichungen an.

1.1 Ionenaustauscher sind wichtige Polykondensationskunststoffe. Aus welchen Ausgangsstoffen wurde der Ionenaustauscher mit folgender Struktur hergestellt?

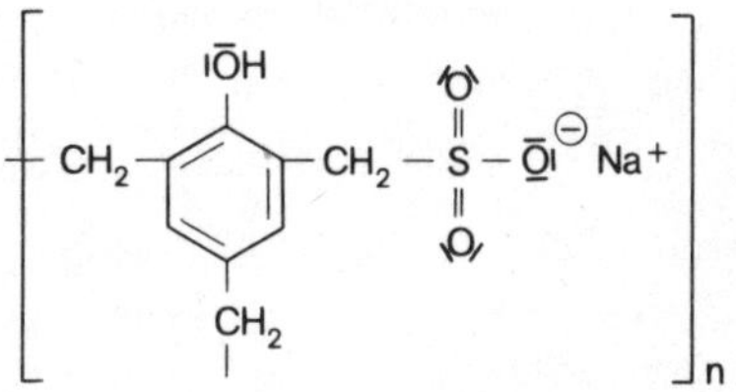

Formulieren Sie die Reaktionsgleichung, nach der das Makromolekül synthetisiert wurde. Handelt es sich um einen Kationen- oder Anionenaustauscher? Erläutern Sie die Vorgänge bei einer Ionenaustauschreaktion.

1.2 Ionenaustauschreaktionen sind Gleichgewichtsreaktionen. Welche Maßnahmen würden Sie ergreifen, um eine möglichst vollständige Bindung der Ionen aus der Lösung an den Ionenaustauscher zu erreichen?

1.3 Im folgenden Beispiel werden Ca^{2+}-Ionen am Austauscher gebunden und Na^+-Ionen in die Lösung abgegeben. Mißt man laufend die Konzentration der Ca^{2+}-Ionen in der Lösung und auf dem Austauscher, lassen sich die nebenstehenden Kurven darstellen.
Welche Kurve beschreibt einen guten Austauschvorgang, bei dem relativ viel Calcium-Ionen aus der Lösung auf den Ionenaustauscher übergehen? Ist das Kurve I oder Kurve II? Begründen Sie Ihre Aussage!

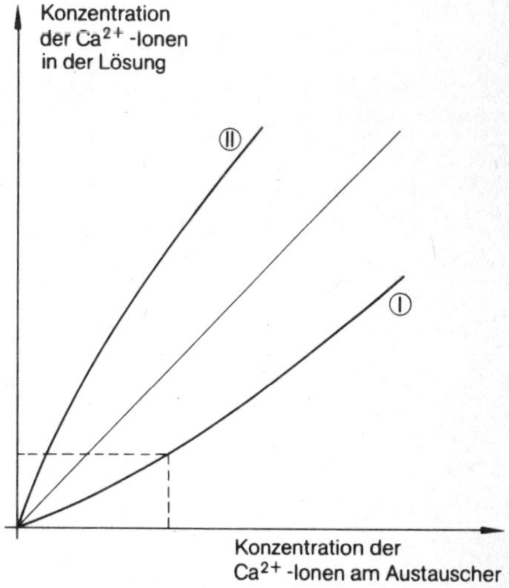

2. Harnstoff und Formaldehyd reagieren in einer Polykondensationsreaktion zu einem Kunststoff-Harz. Diese Reaktion könnte zu zwei verschiedenen Endprodukten führen, zum Beispiel:

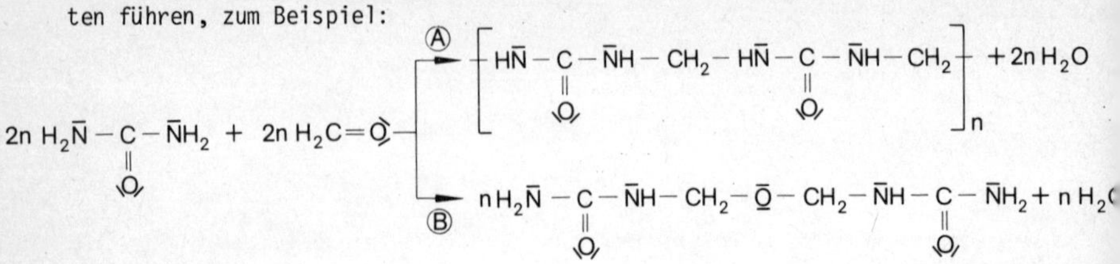

Tatsächlich entsteht aber nur ein einheitliches Endprodukt.
Welche Reaktion ist nach Ihrer Meinung bevorzugt? Begründen Sie Ihre Aussage!

3. Das Grundgerüst des Cellulose-Moleküls kann durch Reaktionen vielfältig variiert werden, wobei Makromoleküle entstehen. Mit Nitriersäure können die OH-Gruppen zum Beispiel wie folgt reagieren:

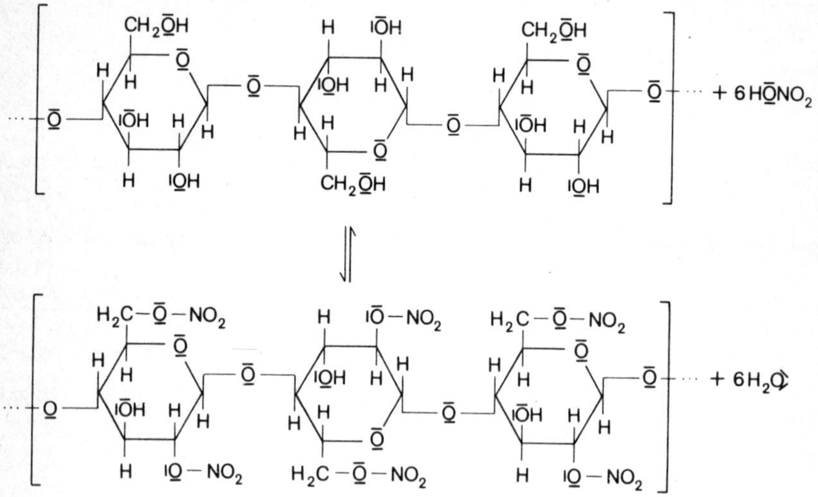

Handelt es sich bei dieser Reaktion um eine Polykondensation? Begründen Sie Ihre Aussage!

3.1 Vereinfacht könnte man letztere Reaktion auch so formulieren:

$$(C_6H_{10}O_5)_n + 2n\,HONO_2 \rightleftharpoons [C_6H_8O_3(O-NO_2)_2]_n + 2n\,H_2O$$

Durch welche Maßnahmen ist das Gleichgewicht zu Gunsten des Cellulosenitrats nach rechts verschiebbar?

3.2 Bei der Herstellung von Cellulosenitrat reagiert Cellulose mit Nitriersäure. Nitriersäure ist ein Gemisch aus Salpeter- und Schwefelsäure. Bei der Säure-Base-Reaktion von Schwefelsäure-Molekülen mit Salpetersäure-Molekülen entsteht das NO_2^+-Ion. Formulieren Sie diese Reaktion, und geben Sie an, welches Molekül als Base reagiert.

3.3 Bei der Herstellung von Kupferseide verwendet man *Schweizer*-Reagenz als Lösungsmittel. Der chemische Name dieser Verbindung ist Tetraamminkupfer(II)-hydroxid. Wie kann man *Schweizers* Reagenz herstellen? Geben Sie dazu eine Reaktionsgleichung an. Schreiben Sie die Elektronenkonfiguration des Cu^{2+}-Ions in der *Pauling*schen Schreibweise (Kästchenschreibweise), und machen Sie die Elektronenpaare der Liganden dabei durch Wahl einer anderen Farbe kenntlich.

Lösungsvorschlag:

Zu 1) Unter Polykondensation versteht man eine chemische Reaktion, bei der bi- oder multifunktionelle Monomeren-Moleküle unter Abspaltung kleinerer Moleküle zu Makromolekülen reagieren.

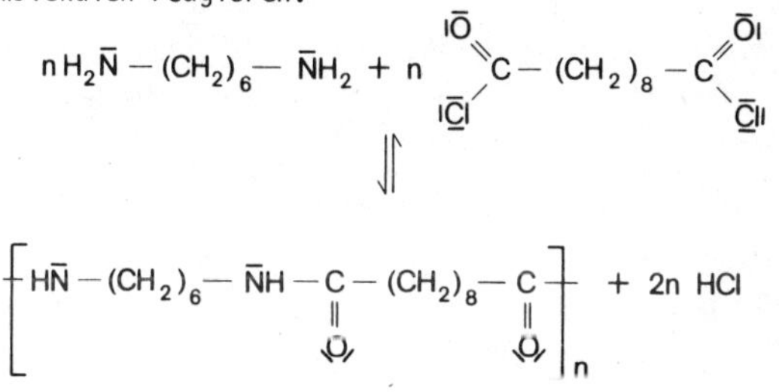

Die hier als Beispiel angeführte Art der Makromoleküle nennt man Polyamide.

Zu 1.1) Dieser Ionenaustauscher wurde aus Phenol (Hydroxybenzol), Formaldehyd (Methanal) und Natriumsulfit oder Natriumhydrogensulfit hergestellt.

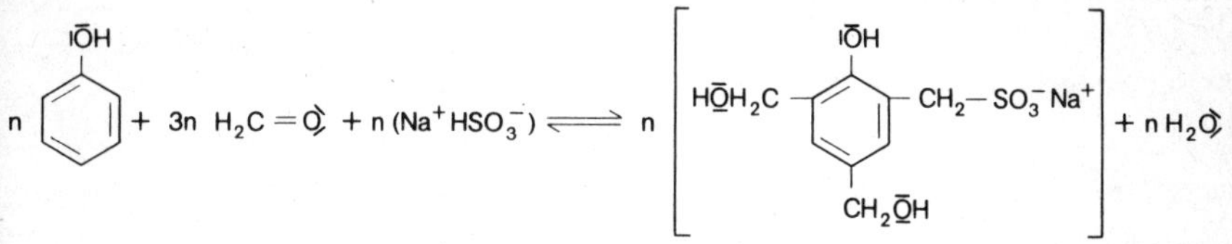

Es handelt sich um einen Kationenaustauscher, da Na^+-Ionen abgegeben und andere Kationen, zum Beispiel Ca^{2+}-Ionen, gebunden werden.
Zwischen den konkurrierenden Kationen stellt sich ein Gleichgewicht ein. Die Ionen, die eine stärker positive Ladung tragen, werden bevorzugt gebunden. Bei gleicher Ionenladung der Erdalkali-Ionen ist die Größe des Ionenradius ausschlaggebend. Größere Ionen werden bei gleicher Ionenladung stärker gebun-

den als Ionen mit kleinerem Ionenradius. Bei den Alkalimetall-Ionen nimmt beispielsweise die Bindungstendenz an den Ionenaustauscher in der Reihe

$$K^+ > Na^+ > Li^+$$

ab.

Zu 1.2) Maßnahmen zur möglichst vollständigen Bindung der Ionen aus der Lösung an den Ionenaustauscher:

a) Im Anfangszustand ist auf vollständige Beladung des Austauschers mit austauschfähigen Ionen (im Beispiel Na^+-Ionen) zu achten.

b) die ausgetauschten Ionen müssen vollständig ausgewaschen werden.

c) Notfalls ist ein wiederholtes Aufgeben des Eluats (der Elektrolytlösung) auf den Austauscher erforderlich.

d) Es ist auf optimale Reaktionsbedingungen zu achten, zum Beispiel auf ausreichend langsame Durchflußgeschwindigkeit und ein gut gewässertes und gequollenes Austauscherharz.

Zu 1.3) Kurve I beschreibt einen guten Austauschvorgang. In jedem Punkt dieser Kurve ist die Konzentration der Ca^{2+}-Ionen am Austauscher größer als die Konzentration dieser Ionensorte in der Lösung.

Zu 2) Bei der Polykondensation von Formaldehyd mit Harnstoff wird das Kunststoff-Harz nach Reaktionsweg A gebildet, da auf diesem Weg mehr Endprodukt-Teilchen entstehen und dadurch die Entropie größer ist als im Vergleichsfall B. Die Reaktion A ist durch den stärker negativen Wert der freien Reaktionsenthalpie begünstigt.

Zu 3) Die dargestellte Reaktion ist keine Polykondensation, da das Makromolekül (Cellulose) bereits als Ausgangsstoff gegeben war. Durch Veresterungen wurde das Grundgerüst des Cellulose-Moleküls lediglich variiert. Dabei werden zwar Wasser-Moleküle abgespalten, diese Kondensationen führen aber nicht zur Bildung eines Makromoleküls. Bei Polykondensationen werden Makromoleküle neu gebildet.

Zu 3.1) Die Beeinflussung dieser Gleichgewichtsreaktion zu Gunsten des Cellulosenitrats ist durch einen Überschuß an Salpetersäure und ständiges Entfernen des entstandenen Wassers aus dem Reaktionsgemisch erreichbar.

Zu 3.2)

$$HNO_3 + H_2SO_4 \rightleftharpoons (H_2NO_3)^+ + HSO_4^-$$

(Übergang von H^+ von H_2SO_4 auf HNO_3)

$$(H_2NO_3)^+ \rightleftharpoons NO_2^+ + H_2O$$

Nitryl-Ion

Bei dieser Säure-Base-Reaktion reagiert das HNO_3-Molekül gegenüber dem Schwefelsäure-Molekül als Base.

Zu 3.3) Herstellung von *Schweizers* Reagenz:

$$Cu(OH)_2 + 4\ NH_3 \rightleftharpoons [Cu(NH_3)_4]\ (OH)_2$$

Elektronenkonfiguration des Cu^{2+}-Ions im Kupfer(II)-Tetraammin-Komplex:

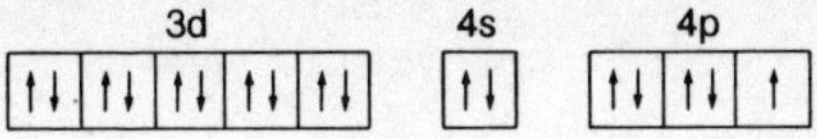

Weiterführende Informationen:

Zu 1) Das Beispiel bei 1.1 stellt einen Ausschnitt aus einem Nylon-6,10-Molekül dar. Die Ziffern bedeuten dabei die Anzahl der C-Atome im Monomeren. Die stabile CO-NH-Bindung (Peptid-Bindung) verknüpft in den Molekülen der Eiweißstoffe die α-Aminosäure-Bausteine.

Reaktionsweise eines Anionenaustauschers:

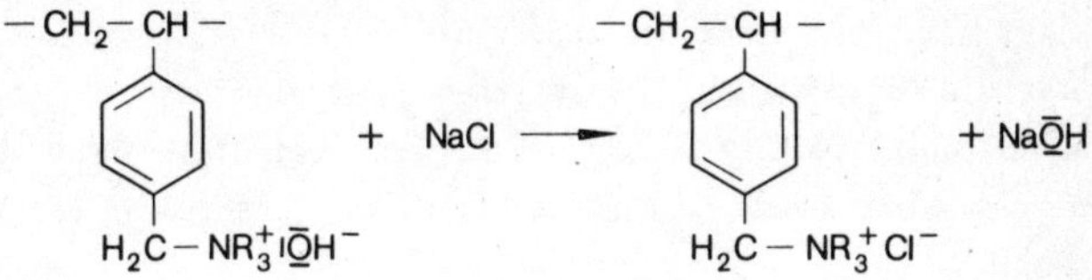

Zu 2) Maßgebend für die Bevorzugung einer Konkurrenzreaktion sind die Werte der Reaktionsenthalpie ΔH_R^{o} und die der Reaktionsentropie ΔS_R^{o} nach der *Gibbs-Helmholtz*-Gleichung, vorausgesetzt, die Aktivierungsenergien unterscheiden sich nicht wesentlich.

$$\Delta G_R^{o} = \Delta H_R^{o} - T\Delta S_R^{o}$$

Weil das H_2O-Molekül ein sehr stabiles Gebilde ist ($\Delta G_f^{o} = -237\ \frac{kJ}{mol}$), wird die Reaktionsenthalpie der Reaktion A negativ sein. Darüber hinaus entstehen im Fall A doppelt soviel H_2O-Moleküle. Die Reaktionsentropie steigt mit der Teilchenzahl.

Literatur:

[L20] Kapitel 23

31. Polyadditionen

Voraussetzungen aus dem Unterricht: Säure-Base-Reaktionen, Protolysen, Makromolekül, Polyaddition, Elemente als Isotopengemische, Mischungsrechnungen.

Aufgaben

1. Was versteht man im *Brönsted*schen Sinne unter einer Säure-Base-Reaktion?

1.1 Welche der angegebenen Reaktionen sind Säure-Base-Reaktionen?

a) $^{17}_{8}O + ^{1}_{1}H \longrightarrow ^{14}_{7}N + ^{4}_{2}He$

b) $H_3C\text{-}COOH + H_2O \longrightarrow H_3C\text{-}COO^- + H^+$

c) $H\underline{\overline{O}}\text{-}CH_2\text{-}\underline{\overline{O}}H + H_2C{=}O \longrightarrow H\underline{\overline{O}}\text{-}CH_2\text{-}\underline{\overline{O}}\text{-}CH_2\text{-}\underline{\overline{O}}H$

Begründen Sie Ihre Aussage!

1.2 Was versteht man unter einer Polyaddition?
Formulieren Sie die Polyaddition, die zwischen 2-Methyl-m-phenylendiisocyanat und 1,4-Butandiol abläuft. Häufig wird das Polymere bei dieser Reaktion durch Kohlenstoffdioxid aufgeschäumt. Wie entsteht aus dem Diisocyanat das Treibgas Kohlenstoffdioxid?

2. Handelt es sich bei der folgenden Reaktion um eine Polykondensation oder um eine Polyaddition? Begründen Sie Ihre Meinung.

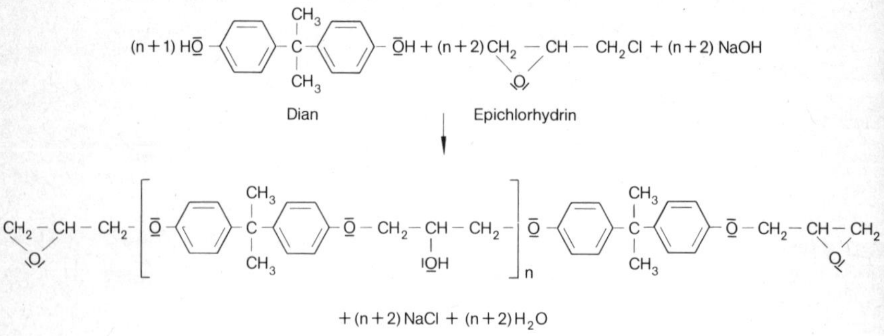

2.1 Wie würden Sie Epichlorhydrin (1-Chlor-epoxipropan) herstellen? Geben Sie dazu mindestens eine Reaktionsgleichung an.

3. In thermisch härtbaren Einkomponentenklebern reagieren Diisocyanate mit der Verkappungskomponente ε-Caprolactam bei Temperaturen zwischen 100 und 150 °C.

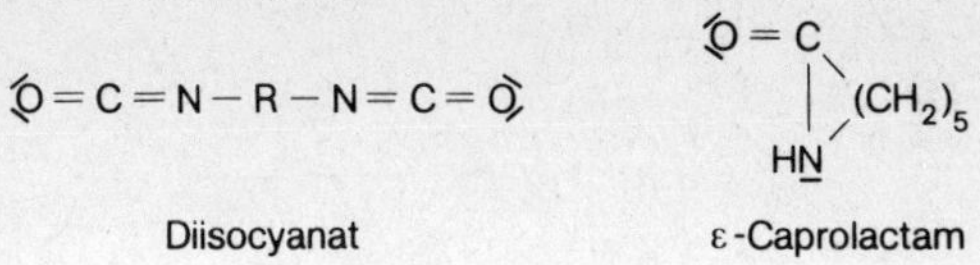

Formulieren Sie die Polyaddition, die zwischen diesen beiden Reaktionspartnern ablaufen kann.

4. Das Element Sauerstoff ist zu 99,7587 % aus dem Isotop [$^{16}_{8}O$] sowie aus den Isotopen [$^{17}_{8}O$] und [$^{18}_{8}O$] zusammengesetzt. Wie groß ist der Anteil dieser Isotope (in %), wenn seine mittlere Atommasse m(Sauerstoff) = 16,004452 beträgt?

Lösungsvorschlag:

Zu 1) Säure-Base-Reaktionen sind chemische Reaktionen, bei denen ein Wasserstoff-Atom als Proton von den Teilchen des einen Reaktionspartners auf die des anderen übergeht. Teilchen fungieren als Säuren, wenn sie Protonen an Teilchen des Reaktionspartners abgeben. Man bezeichnet diese Teilchen auch als Protonendonatoren. Als Basen (Protonenakzeptoren) fungieren Teilchen, die Protonen von anderen Teilchen aufnehmen.

Zu 1.1) Die Reaktionen 1.1 b und 1.1 c sind Säure-Base-Reaktionen, da hier zwischen den Teilchen der Reaktionspartner Protonen übergehen.
Für das Beispiel 1.1 c gilt folgendes Reaktionsschema:

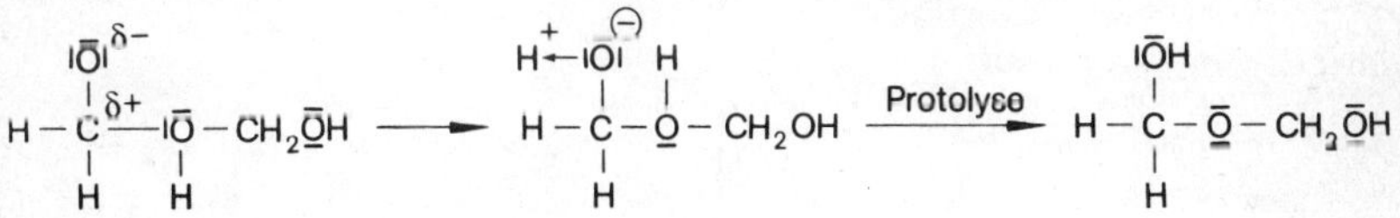

Bei Reaktion 1.1 a reagieren Nuklide (Atomkerne). Hier sind keine Teilchen vorhanden, die Protonen abgeben.

Zu 1.2) Bei einer Polyaddition entstehen aus zwei multifunktionellen Ausgangsstoffen unter Protonenübergängen Makromoleküle. Beispiel:

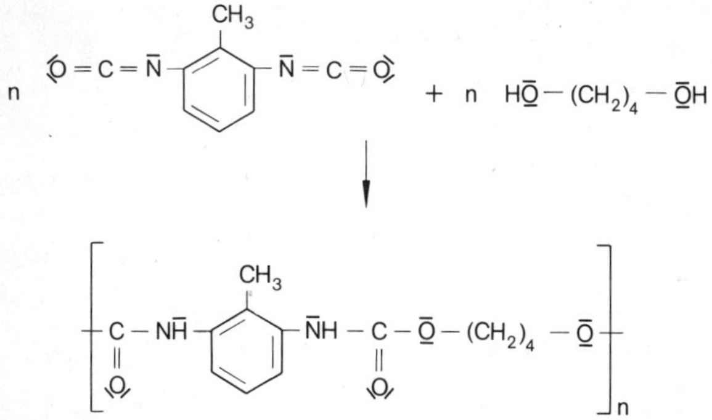

Entstehung des Treibgases Kohlenstoffdioxid:

$$O=C=N-R-N=C=O + 2\,H_2O \longrightarrow H_2N-R-NH_2 + 2\,CO_2$$

Zu 2) Bei der Reaktion zwischen Dian- und Epichlorhydrin-Molekülen handelt es sich um eine Polyaddition, weil Protonen der OH-Gruppen des Dian-Moleküls auf das Cl-Atom bzw. das O-Atom im Epichlorhydrin-Molekül übergehen. Dian-Moleküle fungieren dabei als Säure.

Zu 2.1) Die Herstellung könnte aus Glycerin und Chlorwasserstoff unter Wasserabspaltung erfolgen.

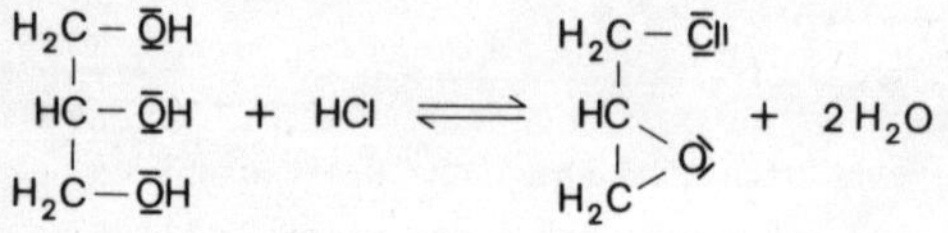

Zu 3) Reaktion zwischen einem Diisocyanat und ε-Caprolactam:

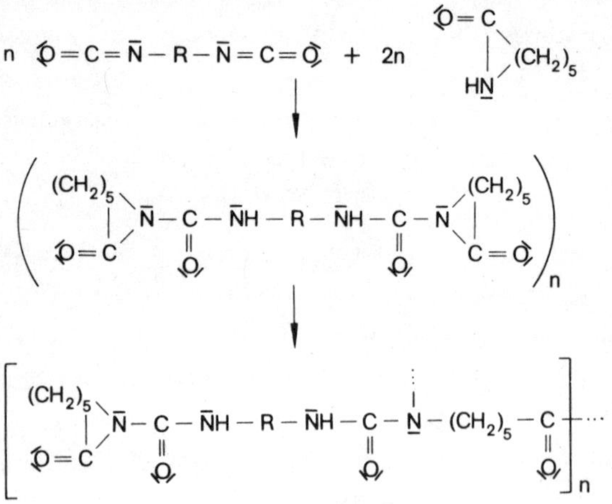

Zu 4) Für Isotop [$^{16}_{8}$O] gilt: 99,7587 %·16u (Produkt aus Prozentsatz p und Masse m_i[$^{16}_{8}$O])

Für Isotop [$^{17}_{8}$O] gilt: 17u·x (x: Prozentsatz für [$^{17}_{8}$O])

Für Isotop [$^{18}_{8}$O] gilt: 18u·y (y: Prozentsatz für [$^{18}_{8}$O])

$$x + y = 100\,\% - 99{,}758\,\% \quad (1)$$

$$x + y = 0{,}2413\,\% \quad (2)$$

Nach Kürzung mit der Masseneinheit u und dem Durchmultiplizieren mit dem Faktor 100 (bewirkt Kürzung von %) erhält man jeweils für das Produkt aus Anteil und Masse pro Isotop:

$$99{,}7587 \cdot 16 + 17\,x + 18\,y = 100 \cdot 16{,}004452 \quad (3)$$

$$1586{,}1392 + 17\,x + 18(0{,}2413 - x) = 1600{,}4452 \quad (4)$$

$$1596{,}1392 + 4{,}3434 - 18\,x + 17\,x = 1600{,}4452 \quad (5)$$

$$\underline{x = 0{,}0374\ \%} \text{ für } [{}^{17}_{8}\mathrm{O}] \quad (6)$$

$$\underline{y = 0{,}2039\ \%} \text{ für } [{}^{18}_{8}\mathrm{O}] \quad (7)$$

Weiterführende Informationen:

Zu 1) Neben den Redoxreaktionen, bei denen zwischen Oxidations- und Reduktionsmittel Elektronen ausgetauscht werden, bilden die Säure-Base-Reaktionen die zweite große Gruppe von Reaktionsarten, bei denen Protonen zwischen den Reaktionspartnern wechseln. Neben Elektronen und Protonen können auch andere Teilchen oder Teilchengruppen zwischen Reaktionspartnern ausgetauscht werden. Diese dritte Art von chemischen Reaktionen rechnet man ebenfalls zu den Donator-Akzeptor-Reaktionen.

Zu 2) Technisch stellt man Epichlorhydrin aus Propen, Chlor, Unterchloriger Säure (Hypochlorit) und Natronlauge her.

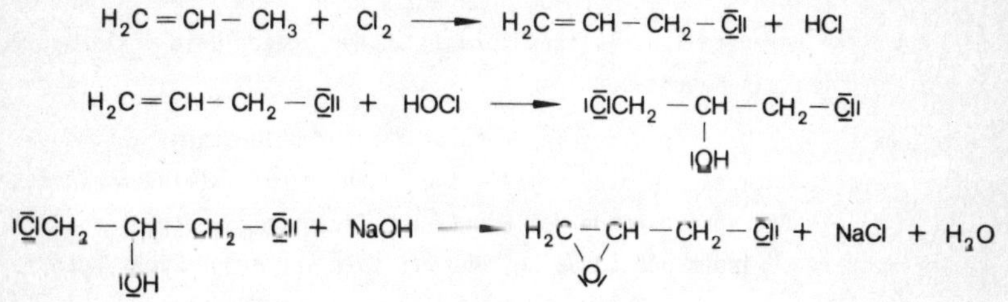

Aus Epichlorhydrin werden mit Diolen und Diaminen hochwirksame Klebestoffe hergestellt, mit denen man Glas, Keramik und Metalle sehr wirksam verkleben kann. Der MAK-Wert für Epichlorhydrin beträgt 18 mg/m^3.

Zu 4) Aufgabe 4 ist ein Beispiel einer Mischungsrechnung. Es ist zu beachten, daß die Summe aus Prozentsatz mal Teilchenmasse jedes Sauerstoff-Isotops gleich dem Produkt aus 100 (%) und der Masse der Mischung ist.

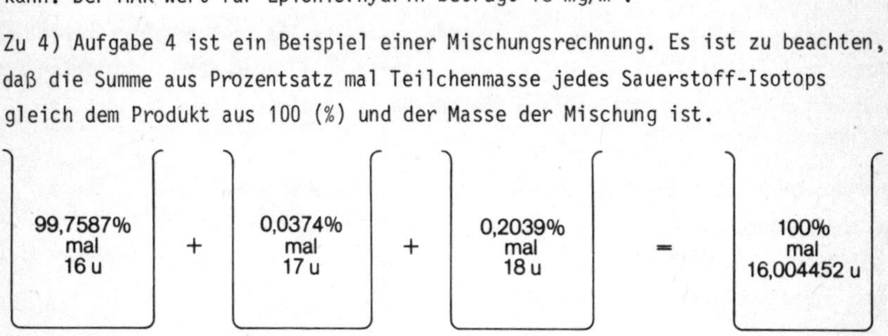

Außerdem gilt: $99{,}7587 + x + y = 100$

Literatur:

[1] R. *Franik*, Demonstrationen zur Kunststoffchemie. Köln 1980
[L20] Kapitel 23

32. Photochemische industrielle Methoden

Voraussetzungen aus dem Unterricht: Radikalische Substitution, Kettenreaktionen, Aufspaltung von chemischen Bindungen durch Licht, stöchiometrisches Rechnen, Relation Struktur - Eigenschaften bei Polymeren.

Aufgaben

1. Chloralkane, die in großen Mengen z.B. bei der Waschmittelherstellung benötigt werden, erhält man in der Industrie durch Bestrahlen des Eduktgemisches (Alkan + Chlor) mit UV-Licht. Die Quantenausbeute Φ, d.h. die Zahl der umgesetzten Moleküle pro absorbierten Lichtquant, ist bei diesen Reaktionen sehr hoch, bis zu 10^5.

1.1 Formulieren Sie den Mechanismus der photochemischen Chlorierung eines Alkans R-H, erläutern Sie, um was für einen Mechanismus es sich handelt, und erklären Sie damit, wieso die Quantenausbeute bei diesen Reaktionen so hoch sein kann.

1.2 Wieviel m^3 Chlorgas (unter Normbedingungen) sind notwendig, um 1 Tonne Monochlordodecan herzustellen? Welches Volumen an Hydrogenchlorid (Chlorwasserstoff) fällt dabei als Nebenprodukt an?

1.3 Wie könnte Ihrer Meinung nach ein Photoreaktor zur Chlorierung von Dodecan gebaut sein? Fertigen Sie eine Skizze, und erläutern Sie. (Hinweis: Denken Sie an a) die Aggregatzustände der Edukte und Produkte, b) daran, daß die Reaktion exotherm verläuft und c) daran, daß die UV-Lampe außer Licht auch Wärme ausstrahlt.)

2. In Abbildung 1 wird ein neues Verfahren zur Druckplattenherstellung gezeigt (siehe Seite 191).

2.1 Beschreiben Sie den in Abbildung 1 dargestellten technologischen Prozeß in Sätzen. Erklären Sie mit Hilfe des in Abbildung 1 angegebenen chemischen Prinzips die Eigenschaftsunterschiede der unbestrahlten und der bestrahlten Reliefschicht.

2.2 Das UV-Licht bewirkt an bestimmten Stellen in den Makromolekülen chemische Veränderungen. Nennen Sie diese Stellen, beschreiben Sie die Veränderungen (sofern Sie dies nicht bei 1.1 getan haben), und begründen Sie, warum gerade diese Stellen in den Makromolekülen am lichtempfindlichsten sind.

2.3 Welche Vorteile hat das *Nyloprint*-Verfahren Ihrer Meinung nach gegenüber dem herkömmlichen Verfahren der Druckplattenherstellung aus Blei?

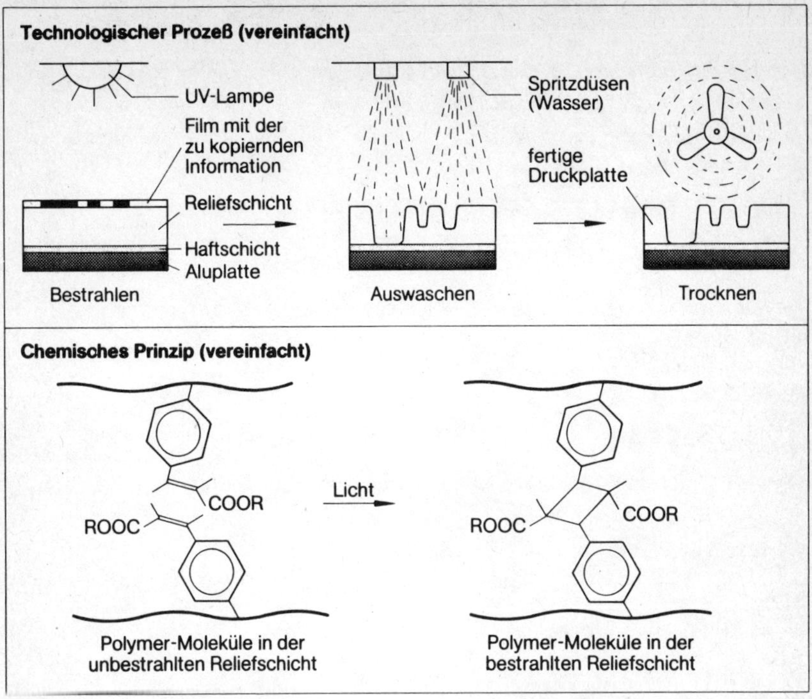

Abbildung 1: Photochemische Herstellung von Polymerdruckplatten nach dem *Nyloprint*-Verfahren (BASF)

Lösungsvorschlag:

Zu 1.1) Die photochemische Chlorierung von Alkanen verläuft nach einem radikalischen Kettenmechanismus.

I. Startreaktion (homolytische Spaltung von Chlor-Molekülen unter Lichteinwirkung in Chlor-Atome oder Chlor-Radikale):

$$|\overline{Cl}-\overline{Cl}| \xrightarrow{h\nu} |\overline{Cl}\cdot + \cdot\overline{Cl}|$$

II. Reaktionskette (Reaktion der Radikale mit Edukt-Teilchen zu Produkt-Teilchen und neuen Radikalen):

$$|\overline{Cl}\cdot + R\text{-}H \longrightarrow H\text{-}Cl + R\cdot$$

$$R\cdot + |\overline{Cl}-\overline{Cl}| \longrightarrow R\text{-}Cl + \overline{Cl}|\cdot$$

usw.

III. Abbruchreaktion (Reaktion jeweils zweier Radikale unter Bildung von Molekülen):

$$R\cdot + \cdot\overline{Cl}| \longrightarrow R\text{-}\overline{Cl}|$$

$$R\cdot + \cdot R \longrightarrow R\text{-}R$$

u.a.

Die Quantenausbeute Φ ist wie folgt definiert: $\Phi = \frac{\text{Anzahl der Produkt-Moleküle}}{\text{Anzahl der absorbierten Lichtquanten}}$

Da in II. (Reaktionskette) aus einem Radikal und einem Edukt-Teilchen immer wieder ein Produkt-Teilchen gebildet wird, kann pro Radikal (das in I. gebildet wurde) eine sehr große Anzahl Produkt-Teilchen entstehen. Die Quantenausbeute kann also sehr groß sein.

Zu 1.2) Reaktionsschema (vereinfacht für die Rechnung):

$$C_{12}H_{26}(l) + Cl_2(g) \longrightarrow C_{12}H_{25}Cl(l) + HCl(g)$$

Aus dem Reaktionsschema folgt folgendes Stoffmengenverhältnis:

$$n(RCl):n(Cl_2) = 1:1;$$

daraus folgt:

$$n(RCl) = n(Cl_2)$$

Statt der Stoffmengen n setzen wir in diese Gleichung geeignete Größen ein und erhalten:

$$\frac{m(RCl)}{M(RCl)} = \frac{V(Cl_2)}{22,4}$$

Daraus folgt:

$$V(Cl_2) = \frac{22,4\ l/mol \cdot 10^6\ g}{204,5\ g/mol} = 109,54 \cdot 10^3\ l$$

Es werden also $V(Cl_2) = 109,54\ m^3$ Chlor benötigt. Da pro mol verbrauchten Chlors laut Reaktionsschema 1 mol Hydrogenchlorid entsteht, bilden sich ebenfalls $109,54\ m^3$ Hydrogenchlorid (Chlorwasserstoff).

Zu 1.3) In Abbildung 2 sind 2 mögliche Reaktortypen angegeben. Bei a) handelt es sich um einen Reaktor mit Außenlampe, bei b) um einen Tauchlampenreaktor.

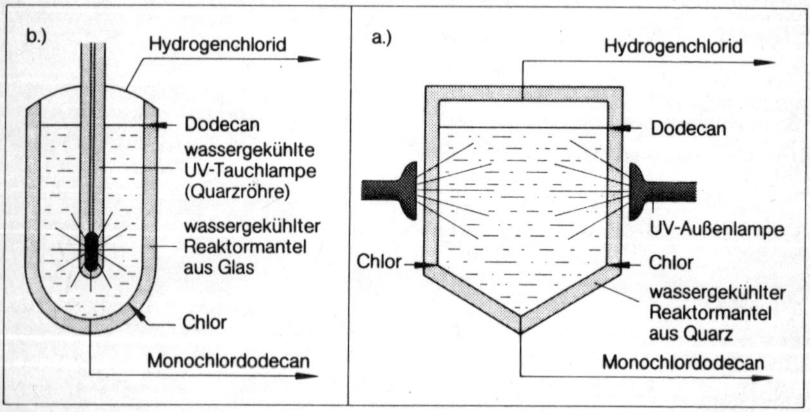

Abbildung 2: Reaktortypen für die Chlorierung von Dodecan

In beiden Varianten sind die Einleitung des gasförmigen Chlors in das flüssige Dodecan und die Kühlung sowohl des Reaktors als auch der Lampe wichtig (die Reaktionswärme und die Wärme der Lampe müssen abgeführt werden). Ob der Reaktor kontinuierlich funktionieren kann (das Halogenderivat könnte sich aufgrund seiner größeren Dichte unten absondern?) oder ob er periodisch gefüllt und entleert werden muß, kann nicht vorausgesagt werden. Die Wirtschaftlichkeit der einen oder anderen Funktionsweise müßte experimentell untersucht und mit Kostenberechnungen ermittelt werden.

Zu 2.1) Der technologische Prozeß besteht aus 3 Arbeitsgängen. Im 1. Arbeitsgang wird die "Rohplatte" mit einem Negativ-Film, der die zu kopierende Information trägt, bedeckt und mit Licht bestrahlt. An den hellen Stellen des Films kommt Licht hindurch und wirkt auf die darunterliegende Reliefschicht ein. Beim Auswaschen werden die Stellen von der Reliefschicht, an die kein Licht gekommen ist, weggespült; die belichteten Stellen sind hart und wasserunlöslich geworden. Das eigentliche Relief der Druckplatte (Erhebungen und Vertiefungen) entsteht dabei. Nach dem Entfernen der Wasserreste im 3. Arbeitsgang ist die Druckplatte fertig.
In der unbestrahlten Reliefschicht liegen lineare Polymer-Moleküle vor. Beim Bestrahlen kommt es zwischen den Makromolekülen zu Querverbindungen durch kovalente Bindungen (ähnlich wie beim Vulkanisieren des Kautschuks). Die einzelnen Moleküle verlieren dadruch an Beweglichkeit, sie sind jetzt in einem dreidimensionalen Netzwerk relativ fest gebunden. Die Stoffeigenschaften, die sich daraus als Konsequenz ergeben, sind eine größere Härte und eine geringere Löslichkeit (nicht nur in Wasser, sondern in allen Lösungsmitteln).

Zu 2.2) Die Veränderungen finden in den Seitenketten der Polymer-Moleküle, an Doppelbindungen statt: aus jeweils 2 substituierten Ethylen-Einheiten bildet sich ein substituierter Cyclobutan-Ring. Er bildet die Querverbindung zwischen zwei Polymer-Ketten.
Das Licht wird am leichtesten von diesen Ethylen-Einheiten absorbiert, weil sie mit dem benachbarten Benzolring jeweils ein konjugiertes System mit ausgedehnter Bindungsdelokalisation bilden. Die Veränderung erfolgt aber nicht im Benzolring, weil dadurch das energetische besonders günstige aromatische System (6 delokalisierte π-Elektronen im Ring) aufgehoben würde. Die Hauptkette eines Makromoleküls absorbiert wahrscheinlich deshalb kein Licht der hier verwendeten Wellenlängen, weil in der Hauptkette nur σ-Bindungen vorkommen (das ist in Abbildung 1 allerdings nicht erkennbar, aber annehmbar).

Zu 2.3) Die Druckplattenherstellung nach dem *Nyloprint*-Verfahren ist weniger arbeitsaufwendig als das Blei-Verfahren, kommt ohne das giftige und teure Schwermetall Blei aus und kann (wie Abbildung 1 zeigt) weitgehend automatisiert werden. Zum Unterschied vom Blei-Verfahren können Texte oder Bilder mittels eines Negativ-Films direkt auf die Druckplatte übertragen werden.

Es wäre aber wichtig, die nicht mehr benutzbaren *Nyloprint*-Druckplatten durch Recycling wiederzuverwerten, ähnlich wie man das mit dem Blei von den Druckplatten macht (Einschmelzen, Rückgewinnung des Bleis).

Weiterführende Informationen:

Auf unserem von Sonnenlicht überfluteten Planeten Erde sind photochemische Reaktionen für biologische und ökologische Systeme von größter Bedeutung. Die Photosynthese bei den Pflanzen, der Sehprozeß beim Menschen, die Bildung von pflanzenschädigenden Stoffen im Smog und viele andere Vorgänge, die für das Leben wichtig sind, beinhalten photochemische Reaktionen. Dennoch hat sich die chemische Wissenschaft jahrhundertelang fast ausschließlich mit Reaktionen, die durch Wärme ausgelöst werden, befaßt.
Heute weiß man, daß eine photochemische Reaktion immer mit der Absorption eines Lichtquants durch ein Teilchen beginnt. Dabei findet eine elektronische Anregung statt, wobei ein Elektron in ein höheres Energieniveau übergeht. Ein solcher Übergang findet in 10^{-15} Sekunden statt - das Alter des Universums wird auf 10^{16} bis 10^{17} Sekunden geschätzt! Die Verweildauer eines Teilchens im angeregten Zustand ist auch sehr kurz. Ein angeregtes Teilchen kann in Bruchstücke zerfallen und eine radikalische Reaktion in Gang setzen (wie in Aufgabe 1) oder an ein anderes Teilchen addiert werden (wie in Aufgabe 2) oder isomerisieren (das geschieht z.B. beim Sehprozeß) oder Elektronen verlieren oder dazugewinnen (das geschieht bei photochemischen Redoxreaktionen, z.B. bei der Photosynthese). Am bekanntesten sind die photochemischen Reaktionen der Alkane mit Halogenen [L6] - [L28]. Da diese Reaktionen "kettenförmig" verlaufen, ist ihre Quantenausbeute sehr hoch; sie werden schon seit einigen Jahrzehnten auch industriell zur Erzeugung von Halogenalkanen eingesetzt. In den letzten Jahren werden photochemische Verfahren auch bei der Herstellung vieler anderer Erzeugnisse der chemischen Industrie eingesetzt: Kunststoffe, Medikamente, Waschmittel, Gläser mit Farb- und Helligkeitstönung, kosmetische Artikel usw.. Viele neue Technologien (z.B. die Druckplattenherstellung, die Herstellung von Chips für die Computer, die Herstellung von laserlesbaren Ton- und Videoplatten) basieren auf photochemischen Verfahren. In Literatur [22] und [23] sind Übersichten zu den obengenannten Verfahren angegeben und für besonders Interessierte weitere Literaturstellen mit ausführlicheren Informationen.

Literatur:

[L 6] Kapitel 6.6
[L18] Kapitel 4.4
[L25] Kapitel 8.1
[L28] Kapitel 7.5

[Z 2] 32, 79, 1983; M. *Tausch*: "Chemische Solarenergiespeicherung in Valenz-Isomeren".
[Z 3] 40, 92, 1987; M. *Tausch*: "Photochemische cis-trans-Isomerisierungen"

Zusammenstellung wichtiger Lehrbücher und Monographien

[L1] *W. Beck* und *K. Häusler*, Chemie für Gymnasien. Cornelsen-Velhagen & Klasing/ R. Oldenbourg Verlag, München 1984

[L2] *H. Breuer*, dtv-Atlas zur Chemie, Bd. 1, Allgemeine und anorganische Chemie. Deutscher Taschenbuch Verlag, München 1981

[L3] *H. Breuer*, dtv-Atlas zur Chemie, Bd. 2, Organische Chemie und Kunststoffe. Deutscher Taschenbuch Verlag, München 1983

[L4] *W. Botsch*, *E. Höfling* und *J. Mauch*, Chemie in Versuch, Theorie und Übung. Verlag Diesterweg - Sauerländer, Aarau, Frankfurt a. M., Berlin, München, Salzburg 1984

[L5] *H.R. Christen*, Chemie. Verlag Diesterweg - Salle - Sauerländer, Frankfurt/M., Aarau, 11. Auflage 1978

[L6] *K. Dehnert*, *M. Jäckel*, *H. Oehr*, *H. Rehbein* und *H. Seitz*, Allgemeine Chemie. Schroedel Verlag, Hannover 1979

[L7] elemente Chemie, Sekundarstufe I. Ausgabe NW für das 9. und 10. Schuljahr. E. Klett Verlag, Stuttgart 1986

[L8] *Flörke/Wolff*, Kursthemen Chemie Band 1, Allgemeine und Physikalische Chemie. Dümmler Verlag, Bonn 1983

[L9] *Flörke/Wolff*, Kursthemen Chemie Band 2, Organische Chemie und Biochemie. Dümmler Verlag, Bonn 1984

[L10] *Flörke/Wolff*, Kursthemen Chemie Band 3, Spezielle chemische Arbeitsgebiete. Dümmler Verlag, Bonn 1984

[L11] *R. Franik*, Chemie, Sekundarstufe I N. Bayrischer Schulbuch-Verlag, München 1983

[L12] *R. Franik*, Oberstufenchemie 1B. Bayerischer Schulbuch-Verlag, München 1986

[L13] *R. Franik*, Kohlenstoffverbindungen - Funktionelle Gruppen. Bayerischer Schulbuch-Verlag, München 1985

[L14] *F. Goetze* und *W. Fischer*, Anorganische und allgemeine Chemie. C.C. Buchners Verlag, Bamberg 1982

[L15] *K.H. Grothe* und *M. Jäckel*, Chemie heute. Schroedel Verlag, Hannover 1982

[L16] *U. Hübschmann* und *E. Links*, Einführung in das chemische Rechnen. Verlag Handwerk und Technik, Hamburg 1978

[L17] *W. Jansen*, Chemie in unserer Welt. J.B. Metzler Verlag, Stuttgart 1982

[L18] *O. Jakob*, *W. Hoffmann* und *W. Glöckner*, Struktur und Reaktionsverhalten organischer Verbindungen. C.C. Buchners Verlag, Bamberg 1984

[L19] *A. Jenette* und *R. Franik*, Chemie 1. Bayerischer Schulbuch-Verlag, München, 3. Auflage 1976

[L20] *A. Jenette* und *R. Franik*, Chemie 2. Bayerischer Schulbuch-Verlag, München, 3. Auflage 1977

[L21] *A. Kemper* und *R. Fladt*, Chemie. Ernst Klett Verlag, Stuttgart 1980

[L22] *H. Kiechle* und *H.R. Christen*, Vom Atom zum Makromolekül (Organische Chemie, Biochemie, Technische Anwendungen). Verlag Diesterweg - Salle - Sauerländer, Frankfurt/M., Aarau 1983

[L23] *H. Krug*, Chemie, Experiment und Erkenntnis. J.B. Metzler Verlag, Stuttgart 1981

[L24] *B. Löwe, A. Riedl* und *M. Schallies*, Grundlagen der organischen Chemie 2. C.C. Buchners Verlag, Bamberg 1984

[L25] *D. Lissautzki, K.-D. Ohlmer, R. Stück* und *D. Zerger*, Organische Chemie, Band 1. Verlag Diesterweg - Salle - Sauerländer, Frankfurt/M., Aarau 1978

[L26] *B. Löwe*, Biochemie. C.C. Buchners Verlag, Bamberg 1976

[L27] *C.E. Mortimer*, Chemie. G. Thieme Verlag, Stuttgart, New York, 3. Auflage 1980

[L28] *U. Risch* und *H. Seitz*, Organische Chemie. Schroedel Verlag, Hannover 1981

[L29] *M. Tausch*, Bindung und Struktur. Schöningh Verlag, Paderborn 1981

Auf Aufsätze in folgenden Zeitschriften wurde hingewiesen:

[Z1] Bild der Wissenschaft, Deutsche Verlagsanstalt, Stuttgart

[Z2] Praxis der Naturwissenschaften, Teil Chemie, Aulis Verlag Deubner, Köln

[Z3] Zeitschrift Der Mathematische und Naturwissenschaftliche Unterricht. Dümmler's Verlag, Bonn

Namen- und Sachregister